CANADA

캐나다 동부

CHALET Travel Book

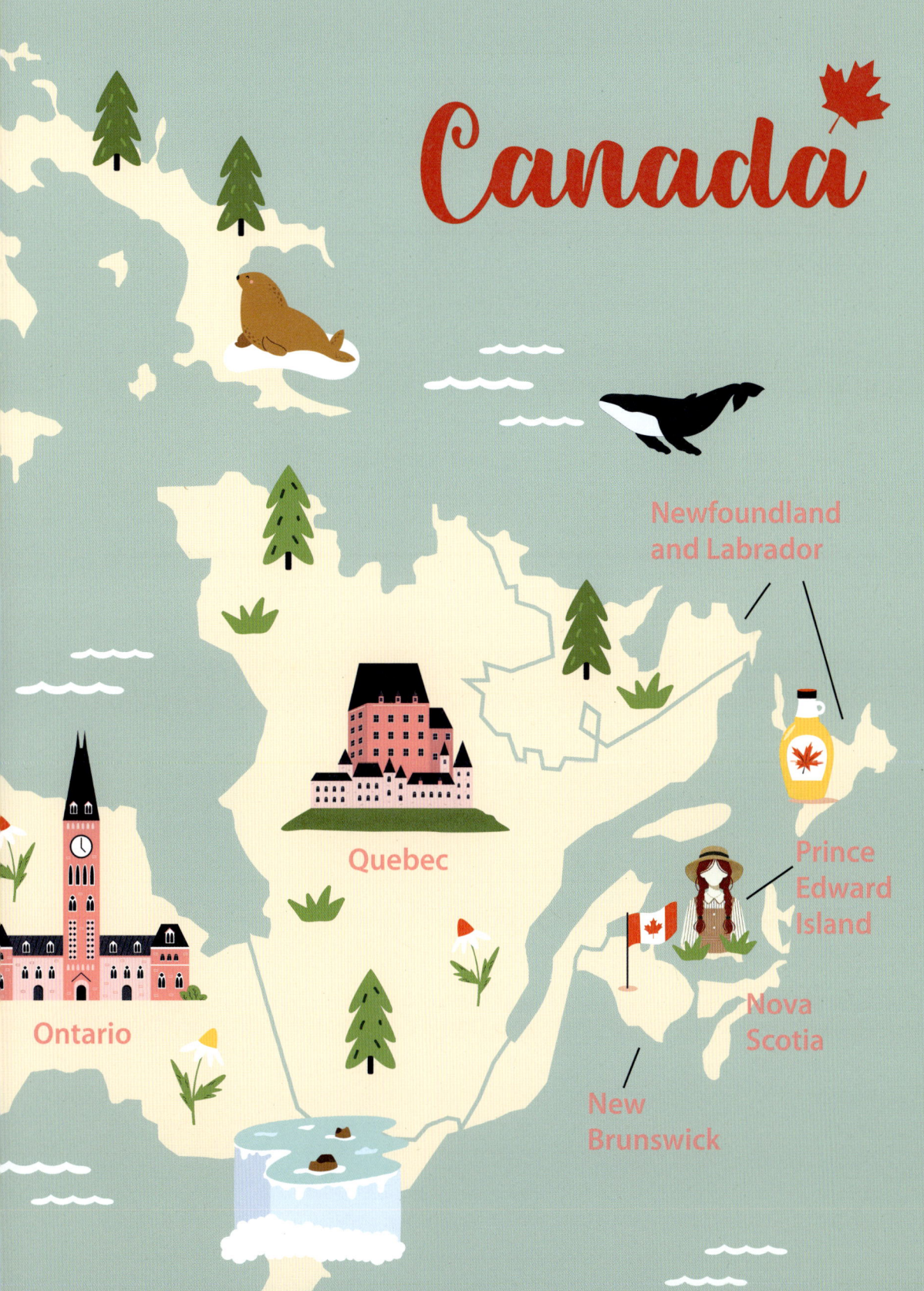

CONTENTS

여행정보 업데이트

샬레트래블북 캐나다 동부의 내용은 2025년 2월까지 수집한 정보와 자료로 만들었습니다. 단, 책에 소개되어 있는 관광지와 숍, 레스토랑의 오픈 시간 및 요금, 교통편과 관련된 내용은 현지 사정에 따라 변경될 수 있습니다. 샬레트래블북은 6개월 또는 1년 마다 가장 최신 정보가 업데이트 된 개정판을 발행합니다.

이 책을 보는 방법

지도
- 관광명소
- 와이너리
- 전망 포인트
- 기차역
- 레스토랑
- 숍·백화점
- 투어 업체
- 버스 터미널
- 카페
- 호텔
- 푸니쿨라
- 선착장
- 베이커리
- 관광 안내소
- 다리
- 지하철, 오-트레인, 메트로
- 아이스크림
- 비치
- 공항
- UP 익스프레스

본문 정보
- 찾아가기
- 전화번호
- 주소
- CAD 요금, 가격
- 오픈시간
- 홈페이지
- 투어

GETTING STARTED EASTERN CANADA

캐나다 추천 여행 일정	007
메이플 로드를 따라 캐나다 동부 여행 한눈에 보기	014
가장 선명한 가을 색채를 만나는 여정, 단풍 열차	016
떨쳐낼 수 없는 유혹, 다디단 메이플 시럽!	017
자연이 껴안은 쉼의 세계, 포고 아일랜드 인	020
캐나다 여행을 더 찬란하게, 더 눈부시게 만들어줄	
캐나다 세계유산	022
차곡차곡 맛을 쌓는다! 캐나다 동부의 지역별 맛 기행	033
매력 넘치는 발효주의 유혹! 맥주 VS 와인	035
몸을 깨우는 이로운 영양제, 잘 사는 방법	037
남다른 센스를 발휘할 시간! 선물용으로 좋은 기념품	038

GETTING AROUND EASTERN CANADA

토론토 TORONTO 042
토론토 한눈에 보기 043
토론토 3일 관광 루트 050
워터프런트 052
시티 센터 056
SPECIAL | 토론토 패스, 도시 아래 펼쳐진 또 다른 세상 065
올드 타운 066
SPECIAL | 우드바인 비치, 온타리오 호수가 선사하는
　　　　　여름의 행복 072

웨스트사이드 073
미드타운 079
커피 러버라면? 토론토 체인 카페 088
부담 없는 한 끼, 토론토의 체인 레스토랑 090
SPECIAL | 렌터카로 즐기는 토론토 근교 단풍 여행 094

나이아가라 폭포 NIAGRA FALLS 097
나이아가라 1일 관광 루트 103

나이아가라 온 더 레이크 NIAGARA ON THE LAKE	116
SPECIAL ｜ '겨울의 진주'라 불리는 아이스 와인의 달콤한 유혹	124
프린스 에드워드 카운티 PRINCE EDWARD COUNTY	127
킹스턴 KINGSTON	132
킹스턴 1일 관광 루트	135
SPECIAL ｜ 신의 정원, 천섬	140
오타와 OTTAWA	144
오타와 1일 관광 루트	147
SPECIAL ｜ 아찔한 봄의 환희, 캐나다 튤립 축제	163
SPECIAL ｜ 엘사도 부러워할 겨울 왕국, 윈터루드	164
온타리오주 소도시들 SMALL TOWNS IN ONTARIO	165
블루 마운틴	166
세인트 제이콥스	168
토버모리	169
수세인트마리	171
무스코카	172
몬트리올 MONTREAL	173
몬트리올 2일 관광 루트	177
올드 몬트리올	179
다운타운 몬트리올	188
SPECIAL ｜ 몬트리올 국제 재즈 페스티벌	193
몬트리올 인근 지역	196
SPECIAL ｜ 도시를 물들이는 형형색색 이야기, 몬트리올 벽화 축제	202
SPECIAL ｜ 몬트리올 근교 단풍 여행지	205
퀘벡 시티 QUEBEC CITY	212
퀘벡 시티 1일 관광 루트	217
퀘벡 시티 주변 도시 QUEBEC CITY'S COUNTRYSIDE	234
몽모랑시 폭포	235
오를레앙 섬	237
생탄 드 보프레	239

몽 생탄	240
생탄 캐니언	241
샤를부아	242
애틀랜틱 캐나다 ATLANTIC CANADA	246
노바스코샤 NOVA SCOTIA	250
핼리팩스	251
핼리팩스 1일 관광 루트	254
핼리팩스 근교	261
SPECIAL ｜ 자연이 빚은 절경, 케이프 브레튼 섬	264
프린스 에드워드 아일랜드 PRINCE EDWARD ISLAND	267
샬럿타운	268
SPECIAL ｜ 빨간 머리 앤, 그 자유로운 영혼을 찾아서	277
캐번디시	278
뉴브런즈윅 NEW BRUNSWICK	283
프레더릭턴	284
세인트 존	285
몽튼	286
뉴펀들랜드 & 래프라도 NEWFOUNDLAND & LABRADOR	288
세인트 존스	289
SPECIAL ｜ 영화 같은 장관! 환상적인 빙산 투어	293
SPECIAL ｜ 시간을 초월한 대자연의 드라마! 그로스 몬 국립공원	296

TRAVEL INFO
CANADA

한눈에 보는 캐나다 기본 정보	297
알아두면 유용한 캐나다 실용 정보	298
캐나다 출입국 정보	300
캐나다 교통	301

GETTING STARTED
EASTERN CANADA

캐나다 추천 여행 일정

연중

추천 일정 1 캐나다 동부 기차 일주 여행

토론토 2박 | 킹스턴 1박 | 오타와 1박 | 몬트리올 2박 | 퀘벡 2박

Day 1

토론토 공항 도착, 공항 철도로 시내로 이동 및 관광

Day 2

나이아가라 폭포 데이 투어

Day 3

비아레일로 킹스턴으로 이동, 킹스턴 트롤리 관광

Day 4

비아레일로 오타와 이동, 오타와 관광

Day 5

비아레일로 몬트리올 이동, 몬트리올 관광

Day 6

전일 몬트리올 또는 근교 관광

Day 7

비아레일로 퀘벡 이동, 퀘벡 시티 자유 일정

Day 8

전일 퀘벡 또는 퀘벡 근교 자유 일정

Day 9

퀘벡 공항 출발, 토론토 경유

Day 10

인천 도착

단풍 시즌

추천 일정 2 렌터카로 즐기는 캐나다 동부 메이플 로드 드라이빙 일주

토론토 1박 | 무스코카 1박 | 오타와 1박 | 몽트랑블랑 1박 | 몬트리올 1박 | 이스턴 타운십 1박 | 퀘벡 시티 2박

Day 1
토론토 도착, 렌터카 픽업, 토론토 시내로 이동 및 관광

Day 2
무스코카로 이동 후 증기 유람선 탑승 및 단풍 즐기기

Day 3
메이플 로드의 최정점인 알곤퀸 주립 공원에서 돌셋 전망대 방문 후 메이플 로드를 따라 오타와로 이동

Day 4
메이플 명소로 유명한 몽트랑블랑 국립공원으로 이동, 곤돌라 탑승해 단풍 즐기기

단풍 시즌

추천 일정 3 렌터카 없이 즐기는 나이아가라와 캐나다 동부 단풍 여행

나이아가라 2박 | 수세인트마리 2박 | 토론토 2박 | 몬트리올 2박

Day 1
토론토 도착, 셔틀로 나이아가라 이동, 나이아가라 야경 감상

Day 2
나이아가라 전일 자유 일정

Day 3
셔틀버스로 토론토 공항 이동, 국내선 탑승해 수세인트마리로 이동

Day 4
아가와 캐니언 단풍 열차 탑승, 지구에서 가장 아름다운 단풍 절경 감상

5월 ~10월

추천 일정 4 렌터카로 즐기는 애틀랜틱 캐나다 일주

핼리팩스 1박 | 케이프 브레튼 2박 | 프린스 에드워드 아일랜드 2박 | 몽튼 1박 | 핼리팩스 2박

Day 1
토론토 경유 핼리팩스 도착, 렌터카 픽업해 핼리팩스 다운타운 이동

Day 2
핼리팩스 다운타운 반일 관광 후 바덱으로 이동, 호텔 체크인

Day 3
세계에서 가장 아름다운 드라이브 코스 중 하나인 캐벗 트레일 여행 후 포트 혹스베리 체크인

Day 4
페리를 타고 샬럿타운 이동 및 관광

Day 5

몬트리올로 이동, 올드 몬트리올과 다운타운 몬트리올 관광

Day 6

또 다른 단풍 명소인 이스턴 타운십으로 이동 및 관광

Day 7

퀘벡 시티로 이동 및 관광

Day 9

퀘벡 공항에 렌터카 반납 후 출발, 토론토 경유

Day 8

세인트 로렌스 강을 따라 베생폴, 라말베 등 샤를부아 드라이빙

Day 10

인천 도착

Day 5

국내선 탑승해 토론토 도착, 토론토 시내 관광

Day 6

무스코카와 알곤퀸 주립 공원 메이플 데이 투어

Day 7

비아레일로 몬트리올 이동 및 관광

Day 9

몬트리올 공항 출발

Day 8

몽트랑블랑 메이플 데이 투어

Day 10

인천 도착

Day 5

빨간 머리 앤의 고장 캐번디시 관광

Day 6

컨페더레이션 브리지를 건너 몽튼으로 이동, 세계에서 가장 조수 간만의 차가 큰 호프웰 록스 공원 관광

Day 7

핼리팩스로 이동 및 다운타운 관광

Day 9

핼리팩스 공항으로 이동 및 렌터카 반납 후 출발, 토론토 경유

Day 8

루넨버그, 마혼 베이와 페기스 코브 등대 등 근교 여행

Day 10

인천 도착

추천 일정 5 캐나다 동부와 애틀랜틱 캐나다 기차 여행

5월~10월

나이아가라 2박 | 퀘벡 2박 | 몬트리올 1박 | 비아레일 1박 | 핼리팩스 3박 | 샬럿타운 2박

Day 1
토론토 도착, 셔틀버스로 나이아가라 이동, 나이아가라 야경 감상

Day 2
나이아가라 관광

Day 3
셔틀버스로 토론토 공항 이동, 국내선 탑승해 퀘벡 시티로 이동

Day 7
저녁에 핼리팩스 기차역 도착, 핼리팩스 호텔에서 휴식

Day 8
핼리팩스 관광

Day 9
루넨버그 데이 투어

추천 일정 6 퀘벡주 소도시 렌터카 여행

5월~10월

몬트리올 2박 | 이스턴 타운십 1박 | 퀘벡 시티 1박 | 베생폴 1박 | 라말베 1박 | 퀘벡 시티 2박

Day 1
직항편으로 몬트리올 공항 도착, 렌터카 픽업해 다운타운으로 이동

Day 2
몬트리올 및 근교 관광

Day 3
이스턴 타운십 이동 및 관광

Day 4
퀘벡 시티로 이동 후 휴식

Day 4
퀘벡 시티 관광

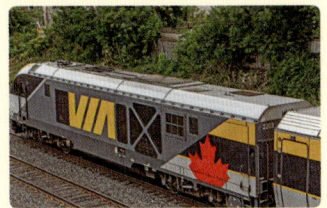
Day 5
비아레일로 몬트리올 이동, 몬트리올 다운타운 관광

Day 6
몬트리올 관광 후 저녁에 비아레일 핼리팩스행 탑승

Day 10
버스로 샬럿타운 이동 및 관광

Day 11
캐번디시 데이 투어

Day 12
샬럿타운 공항으로 이동 및 출발, 토론토 경유

Day 13
인천 도착

Day 5
몽모랑시 폭포, 생탄 캐니언 경유 베생폴로 이동, 관광 및 숙박

Day 6
라말베로 이동, 관광 및 숙박

Day 7
타두삭 고래 투어 후 퀘벡 시티로 귀환

Day 9
퀘벡 시티 공항으로 이동 및 출발, 토론토 또는 몬트리올 경유

Day 8
퀘벡 시티 관광

Day 10
인천 도착

추천 일정 7 온타리오주 소도시 렌터카 여행

블루 마운틴 2박 | 프린스 에드워드 카운티 1박 | 킹스턴 1박 | 토론토 2박 | 나이아가라 온 더 레이크 2박

Day 1

토론토 공항 도착, 렌터카 픽업해 블루 마운틴 빌리지로 이동

Day 2

블루 마운틴, 토버모리 등 관광

Day 3

프린스 에드워드 카운티로 이동 및 관광

Day 4

록포트 또는 가나노크로 이동, 천섬 크루즈 후 킹스턴으로 이동

Day 5

킹스턴 관광 후 토론토로 이동, 렌터카 반납

Day 6

토론토 시내 관광

Day 7

셔틀버스로 나이아가라 온 더 레이크로 이동, 와이너리 등 관광

Day 8

나이아가라 온 더 레이크 및 나이아가라 폭포 관광

Day 9

셔틀버스로 토론토 공항으로 이동 및 출발

Day 10

인천 도착

CANADA HIGHLIGHTS

메이플 로드를 따라
캐나다 동부 여행 한눈에 보기

캐나다 여행에서 빼놓을 수 없는 것은 바로 '단풍'일 것이다. 매년 가을 캐나다를 물들이는 강렬한 단풍 물결은 동부 여행의 매력을 한층 높여준다. 캐나다 동부의 토론토부터 가스페 반도까지 이어진 1900km의 길을 '메이플 로드'라 부르는데, 그중 나이아가라~퀘벡 시티로 이어지는 800km 구간은 캐나다 동부를 대표하는 도시와 유명 단풍 스폿이 모여 있어 가장 인기 있다.

> **TIP** 실시간 단풍 지도 사이트
> - 퀘벡 www.quebecoriginal.com/en/discover/seasons-in-quebec/fall
> - 온타리오 www.ontarioparks.com/fallcolour

나이아가라

퀘벡 시티

몬트리올

킹스턴

알곤퀸 주립 공원

가장 선명한 가을 색채를 만나는 여정, 단풍 열차

캐나다에서는 다양한 방법으로 단풍 여행을 즐길 수 있지만 그중 많은 여행객이 선호하는 것은 객차에 편히 앉아 시시각각 변하는 창 밖의 경치를 감상할 수 있는 열차 여행이다. 차로는 갈 수 없는 해안가, 협곡, 숲속의 레일을 따라 달리는 캐나다의 단풍 열차는 멀리서 바라보는 것과는 달리 단풍 숲속으로 들어가 자연을 느낄 수 있어 더욱 매력적이다.

수세인트마리의 아가와 캐니언 열차
Agawa Canyon Tour Train

아가와 캐니언은 〈론리 플래닛〉이 선정한 '지구상에서 가장 아름다운 단풍 풍경을 볼 수 있는 곳'으로 9월 말 무렵 아가와 캐니언을 둘러싼 단풍나무 숲은 가을의 화려한 색으로 물든다. 차로는 갈 수 없는 협곡에 놓여 있는 레일을 따라 숲속을 누비며 진정한 가을 단풍의 정취를 느낄 수 있다. 자세한 내용은 171P

이스턴 타운십의 오포드 익스프레스
Orford Express

전원 풍경을 감상할 수 있는 이스턴 타운십의 마곡과 셔브룩 사이를 운행하는 관광 열차인 오포드 익스프레스. 천장이 유리로 되어 있는 파노라마 칸에 앉아 이스턴 타운십의 풍경을 감상하고 객차 안에서 로컬 식재료로 만든 식사를 즐기며 여유로운 단풍 여행을 만끽할 수 있다.

떨쳐낼 수 없는 유혹, 다디단 메이플 시럽!

• **캐나다의 메이플 시럽**

전 세계에 퍼져 있는 메이플 시럽의 80%는 캐나다에서 생산한 것이라고 한다. 또한 그중 90%가 퀘벡에서 생산된다고 하는데 그 이유는 무엇일까? 바로 수액을 추출하는 단풍나무가 북미 대륙 동부 지역에 집중되어 있기 때문이다. 캐나다에서 메이플 시럽은 과거 원주민들의 중요한 에너지원이었다고 하니 메이플 시럽의 역사가 얼마나 오래되었는지 짐작해볼 수 있다.

• 메이플 시럽은 어떻게 만들어질까?

메이플 나무는 여름 동안 광합성으로 녹말이 만들어지고 겨울이 되기 전 녹말을 당으로 바꾸며 추운 겨울을 대비한다. 겨울 동안 얼어 있던 당 성분이 초봄이 되면 얼었다 녹았다를 반복하며 신기하게도 나무에서 흘러내린다. 이 수액을 채취해 고온에서 끓여 수분을 없애고 당도를 높인 후 시럽으로 만든다. 메이플 시럽은 색과 당도에 따라 Golden, Amber, Dark, Very Dark 네 가지로 나뉘는데 Golden이 가장 연하며 풍미가 약하고 Very Dark는 색이 진하고 풍미가 강하다.

• 맛도 영양도 듬뿍인 메이플 시럽 활용법

설탕에 비해 칼로리가 적고 칼슘, 마그네슘, 미네랄, 비타민, 아미노산, 폴리페놀 등 영양소가 풍부하게 함유된 메이플 시럽은 특히 항산화 작용이 뛰어나다. 메이플 시럽은 설탕, 버터 등으로 가공해 베이킹에 활용하거나 사탕, 초콜릿, 과자, 커피 등 간식으로 만들기도 한다. 또한 메이플 시럽을 와인, 식초, 플레이크 등 다양하게 가공한 것도 캐나다에서는 쉽게 찾아볼 수 있다.

- **슈거 섁** Sugar Shack **(메이플 농장)**

메이플 시럽의 수확 시즌은 3월~4월 초순이다. 이 시즌에는 슈거 섁에서 수액 채집을 직접 볼 수 있고 생산 방법에 대해 들으며 색다른 경험을 할 수 있다. 또한 메이플을 이용한 캐나다 전통 요리와 간식을 맛보며 새하얀 눈밭에서 달콤한 축제를 즐길 수 있다. 관광객을 위해 생산철이 아닌 시기에도 방문할 수 있도록 만든 슈거 섁도 있으니 캐나다에 왔다면 꼭 경험해보길 추천한다. 슈거 섁 방문 전 예약은 필수.

Cabane A Sucre Chez Dany

- 195 Rue de la Sablière, Trois-Rivières
- 수~일요일 10:00-13:30, 월~화요일 휴무
- www.cabanechezdany.com

Cabane à Sucre Au Pied de Cochon

- 11382 Rang de la Fresnière, Mirabel
- 2~5월
- www.aupieddecochon.ca

Sucrerie de la Montagne

- 300 Chemin Saint-Georges, Rigaud
- 연중 운영
- www.sucreriedelamontagne.com

Cabane à Sucre Constantin

- 1054 Boulevard Arthur-Sauvé, Saint-Eustache
- 일~화요일 09:00-17:00, 수~목요일 09:00-19:30, 금~토요일 09:00-20:00
- www.constantin.ca

Érablière le Chemin du Roy

- 237 Chemin du Lac
- 월~수요일 10:00-17:00, 목~토요일 10:00-21:00, 일요일 10:00-16:00
- www.erabliere-cheminduroy.qc.ca/en

자연이 껴안은 쉼의 세계,
포고 아일랜드 인 Fogo Island Inn

캐나다 땅끝의 포고 섬에 있는 이곳은 자연의 아름다움을 반영한 친환경 호텔로 세계 여러 매체에서 좋은 평가를 얻었으며 각종 수상 경력을 자랑한다. 호텔은 바닷가 주변의 자연환경을 보호하기 위해 일부분은 나무 기둥으로 만들었고 호텔 제품도 최대한 플라스틱을 줄여 사용하고 있다. 또한 호텔 운영 수익금을 포고 아일랜드 지역 커뮤니티의 발전을 위해 사용해 섬의 부흥에 힘쓰는 곳이다. 호텔의 지역 가이드와 함께 야생화, 야생동물, 암석 등 포고 섬의 자연환경을 탐험할 수 있고 호텔에서 대여해주는 자전거를 이용해 주변 어촌 마을과 지역 아티스트의 갤러리를 방문할 수 있다. 총 29개의 소박하면서도 모던한 객실에는 현지인이 만든 퀼트, 카펫, 공예품, 가구 등으로 인테리어되어 있다. 모든 객실에서 바닥부터 천장까지 시원스럽게 뚫린 창문을 통해 대서양의 수평선이 보이고 포고 섬의 아름다운 자연환경을 만끽할 수 있다.

- 포고 아일랜드 인으로 가기 위해서는 뉴펀들랜드 섬의 갠더 공항에 도착해 렌터카를 빌려 페리를 타고 들어가야 한다. 갠더 공항에서 약 1시간 거리의 페어웰Farewell 항구에서 페리를 타면 포고 섬 항구로 갈 수 있다. 페리는 약 50분 걸리고 포고 섬 항구에서 호텔까지는 약 30분 거리다.
- 210 Main Road, Joe Batt's Arm
- +1 709 658 7260
- CAD 1박 CAD 2475~4475
- www.fogoislandinn.ca

캐나다 여행을 더 찬란하게,
더 눈부시게 만들어줄 캐나다 세계유산

캐나다는 문화유산 9개, 자연유산 10개, 복합 유산 1개의 총 20개 유네스코 세계유산을 가지고 있다. 아름다운 자연을 가진 나라답게 세계유산의 절반 이상은 이미 소문난 여행지다. 많이 알려지지 않았지만 역사적, 지질학적으로 가치를 지닌 장소도 많으니 캐나다 여행을 계획할 때 참고하면 좋을 캐나다의 세계유산을 알아보자.

· 문화유산 ·

1

란세오메도스 국립 역사 지구
L'Anse aux Meadows National Historic Site | 1978

뉴펀들랜드 섬의 가장 북쪽에 있는 란세오메도스 국립 역사 지구는 1000년 전 바이킹족이 북아메리카에 정착했다는 사실을 증명하는 유적지다. 잔디로 덮인 목조건물이 그린란드와 아이슬란드에서 발견된 바이킹의 유적지와 매우 닮아 있으며 바이킹의 전설에 등장하는 빈란드Vinland가 이곳이라는 소문이 있을 정도로 풍경이 뛰어나다.

2

스구앵 과이
SGang Gwaay | 1981

스구앵 과이는 태평양 연안의 퀸샬럿 제도에 속한 섬 중 하나인 앤서니 아일랜드Anthony Island에 있다. 하이다Haida족이 살았던 곳으로 유골, 토템 폴, 가옥 등 원주민의 흔적이 자연적인 모습 그대로 남아 있다.

3

헤드 스매시드 인 버펄로 점프
Head-Smashed-In Buffalo Jump | 1981

이곳의 이름은 원주민이 버펄로를 절벽 끝으로 몰아 떨어뜨려 잡는 사냥법에서 따온 것이다. 수천 년간 북아메리카에 살았던 원주민들의 사냥 도구와 생활용품이 전시되어 있어 그들의 삶의 방식을 엿볼 수 있다.

4

퀘벡 역사 지구
Historic District of Old Quebec | 1985

1608년 프랑스의 개척자 사뮈엘 드 샹플랭이 세운 도시 퀘벡 시티는 캐나다 안에서 프랑스 문화를 엿볼 수 있는 곳이다. 북미에서 유일하게 성벽으로 둘러싸인 도시 올드 퀘벡은 마치 중세 시대로 시간을 거슬러 온 듯한 착각을 불러일으킨다.

5

루넨버그 올드 타운
Old Town Lunenburg | 1995

루넨버그는 독일과 스위스 등의 프로테스탄트가 이주해 처음 만들어진 도시이며, 영국 식민도시 중 예스러운 모습을 보존한 곳이다. 마을에는 18~19세기에 지어진 목조건물이 줄지어 서 있으며 북미에서 가장 아름다운 마을로 알려져 있다.

6

리도 운하
Rideau Canal | 2007

오타와부터 킹스턴까지 이어진 202km 길이의 리도 운하는 1832년 건설되었다. 유럽의 기술을 활용해 만들어진 이곳은 지금까지도 운하의 기능을 수행하며 잘 보존되어 있다. 현재는 아름다운 풍경을 자랑하며 여름에는 크루즈를 타는 사람들로 붐비고, 겨울은 세계에서 가장 긴 아이스스케이트장으로 인기다.

7

그랑프레 경관
Landscape of Grand Pre | 2012

펀디만과 인접한 그랑프레는 아카디아 정착민이 조수 간만의 차가 큰 해안 지대를 수백 년에 걸쳐 농업지로 탈바꿈시킨 곳이다. 그랑프레는 시골 모습의 상징이라고 할 수 있을 정도로 아름다운 풍경을 지니고 있다.

8

레드 베이의 바스크 고래잡이 기지
Red Bay Basque Whaling Station | 2013

이곳은 16세기 중반 바스크Basque인이 고래를 사냥하고 유럽으로 수출할 등불을 얻기 위해 고래 기름 정제 작업을 한 장소다. 레드 베이는 래브라도반도의 벨 아일 해협Strait of Belle Isle 연안에 있으며 당시 주민들이 살았던 장소와 고래 사냥의 흔적이 남아 있다.

9

라이팅 온 스톤 주립 공원
Writing-on-Stone Provincial Park | 2019

2019년에 새롭게 등재된 문화유산인 라이팅 온 스톤 주립 공원은 미국과 국경을 맞댄 남부 앨버타의 가장 남쪽에 있다. 공원에는 오랜 시간 바람과 물에 의해 퇴적된 후두스가 펼쳐져 있으며 기암괴석에는 1만 년 전 이곳에 살던 원주민의 벽화가 그려져 있다.

· 자연유산 ·

1

나하니 국립공원
Nahanni National Park | 1978

노스웨스트 준주 사우스 나하니 강을 따라 조성된 나하니 국립공원은 높은 낙차를 자랑하는 버지니아 폭포와 깊은 협곡, 나하니 강을 감싸는 다양한 자연환경이 매력적인 곳이다. 경비행기를 이용해 때 묻지 않은 수려한 자연경관을 감상할 수 있다.

2

공룡 주립 공원
Dinosaur Provincial Park | 1979

공룡 주립 공원은 1억 년 전 캐나다에 서식한 공룡의 화석이 발굴된 곳이다. 세계 최대의 화석 발굴지이며 이곳에서 약 300개의 공룡 화석이 발굴되었다. 발굴된 화석은 드럼헬러 마을의 로열 티렐 고고학 박물관을 비롯해 캐나다 전역의 주요 박물관에서 볼 수 있다.

Kluane

Glacier Bay

Wrangell-St. Elias

Tatshenshini-Alsek

3
알래스카 캐나다 국경의 산악 공원
Kluane / Wrangell-St. Elias / Glacier Bay / Tatshenshini-Alsek | 1979

캐나다와 알래스카 사이에 걸쳐 있는 클루아니, 랭겔-세인트 엘리아스, 글래시어 베이, 태츠헨시니-앨섹의 4개 지역을 아우르는 산악 공원은 캐나다 최고봉 로건산, 세계 최대 빙원, 툰드라지대, 빙하 활동으로 생긴 피오르드 해안 등 다양한 자연환경이 펼쳐진다.

4

우드 버펄로 국립공원
Wood Buffalo National Park | 1983

캐나다에서 가장 넓은 국립공원이며 1922년 북아메리카 들소인 버펄로를 보호하기 위해 만들어진 곳이다. 국립공원에서 보호 중인 버펄로는 4000마리 이상으로 세계에서 가장 많은 개체 수이며 사슴, 늑대, 무스, 여우 등 다양한 야생동물을 만날 수 있다.

5

캐나디안 로키산맥 국립공원
Canadian Rocky Mountain Parks | 1984

로키산맥 분수령을 따라 조성된 공원은 4개의 국립공원(밴프, 재스퍼, 쿠트니, 요호)과 3개의 주립 공원(햄버, 로브슨 산, 아시니보인 산)으로 이루어졌다. 에메랄드빛 빙하 호수와 하이킹의 천국이며 매년 전 세계에서 수백만 명의 관광객이 방문하는 캐나다 최고의 인기 관광지다.

6

그로스 몬 국립공원
Gros Morne National Park | 1987

아메리카 대륙과 아프리카 대륙이 부딪히며 융기한 고원지대와 빙하 활동으로 생긴 호수, 피오르드 해안, 지구의 맨틀로 이루어진 바위 등 대륙 이동의 특징을 보여주는 다이내믹한 요소가 압축되어 있다.

7

워터튼 글레이셔 국제 평화 공원
Waterton Glacier International Peace Park | 1995

캐나다의 워터튼 호수 국립공원과 미국의 글레이셔 국립공원을 합해 최초의 국제 평화 공원으로 지정되었다. 거대한 산과 호수, 빙하 지형, 초원, 야생동물 등 풍부한 자연환경이 만들어내는 아름다움을 느낄 수 있다.

8

미과샤 국립공원
Miguasha National Park | 1999

퀘벡주 가스페 반도 남쪽에 있는 미과샤 국립공원은 약 3억 8000만 년 전의 지층이 노출되면서 생긴 곳으로 대량의 어류 화석이 발견되어 고고학상 귀중한 가치를 가지게 되었다. 발굴된 화석은 미과샤 국립공원 자연 역사박물관에서 전시한다.

9

조긴스 화석 절벽
Joggins Fossil Cliffs | 2008

조수 간만의 차가 큰 펀디만에 있는 조긴스 화석 절벽은 파도에 의한 침식작용으로 약 3억 년 전의 지층이 노출되며 다수의 화석이 발굴된 곳이다. 간조 시 밖으로 드러나는 절벽의 단면과 바닥에 쌓인 화석을 관찰할 수 있다.

10

미스테이큰 포인트
Mistaken Point | 2016

뉴펀들랜드섬 남동부 해안가에 위치한 절벽인 미스테이큰 포인트는 약 5억 6000~8000년 전의 생물 화석이 발견된 곳이다. 세계에서 가장 오래된 화석 집합체가 발견되어 고고학적으로 중요한 장소다.

· 복합 유산 ·

피마치오윈 아키
Pimachiowin Aki | 2018

'생명을 주는 땅'이란 뜻인 피마치오윈 아키는 문화유산과 세계유산이 함께 있는 복합 유산으로 원주민 아니시나아베그 Anishinaabeg족이 거주하던 강, 호수, 습지 지대가 펼쳐져 있다. 광활한 자연에서 살아온 원주민 문화를 엿볼 수 있어 높은 평가를 받는 곳이다.

차곡차곡 맛을 쌓는다!
캐나다 동부의 지역별 맛 기행

미식을 빼고 여행의 재미를 논할 수 있을까? 짧은 역사임에도 다인종이 어울려 사는 나라답게, 그리고 넓은 땅덩이를 가진 나라답게 캐나다에는 다양한 음식이 고루 발전해왔다. 여행 중 지친 몸을 위로해줄 캐나다 동부의 지역별 소울 푸드를 만나보자.

• 토론토 •

피밀 베이컨 Peameal Bacon

돼지고기 등심을 소금에 절인 후 옥수수 가루를 덮어서 만든다. 우리에게 익숙한 미국식 베이컨과 확연히 다르며 샌드위치 재료로 사용하는 것이 가장 일반적이다. 겉면을 덮은 옥수수 가루 덕에 바삭한 식감이 특징이다.

비버 테일즈 Beaver Tails

한국의 호떡처럼 캐나다를 대표하는 겨울 간식으로 튀긴 반죽 위에 초콜릿, 설탕, 시나몬, 바나나, 피칸 등 원하는 재료를 올려 만든다. 비버의 꼬리처럼 생겼다고 해서 붙은 이름이다.

버터 타르트 Butter Tart

바삭하고 얇은 타르트 위에 메이플 시럽, 버터, 설탕, 달걀로 만든 필링을 채워 넣은 간식이다. 보통 크리스마스 때 많이 먹는데 필링에 호두, 피칸, 건포도 등을 추가하기도 한다.

• 토론토 •

플래퍼 파이 Flapper Pie

19세기에 탄생한 음식으로 머랭을 얹은 바닐라 커스터드 파이다. 부드럽고 달콤한 머랭을 파이에 올린 다음 그 위를 토치로 살짝 구워 완성한다.

• 노바스코샤 •

랍스터 Lobster

캐나다는 세계 최대의 랍스터 생산국 중 하나로 우리나라보다 저렴한 가격으로 신선한 랍스터를 맛볼 수 있다. 살짝 구운 번 사이에 마요네즈와 버터를 바르고 랍스터를 얹은 랍스타 롤이 인기 메뉴다.

• 뉴펀들랜드 & 래브라도 •

피기 더프 Figgy Duff

빵처럼 보이지만 푸딩으로 분류된다. 밀가루, 당밀, 건포도, 빵가루, 흑설탕, 버터를 혼합해 만들며 완성된 푸딩 위에 휘핑크림, 초콜릿 시럽, 메이플 시럽 등을 얹어 먹기도 한다.

프린스 에드워드 아일랜드

굴 Oyster

프린스 에드워드 아일랜드는 해산물의 천국으로, 특히 굴이 유명하다. 갓 잡은 굴부터 요리된 굴까지 다양하게 맛볼 수 있으며, 아이스 와인과 잘 어울린다.

몬트리올

베이글 Bagel

폴란드계 유대인이 전한 베이글 문화는 몬트리올, 뉴욕, 필라델피아를 비롯해 전 세계로 퍼졌다. 특히, 몬트리올에서는 갓 구운 베이글을 어디서나 맛볼 수 있다.

훈제 미트 샌드위치 Smoked Meat Sandwich

호밀빵 사이에 얇게 썬 고기를 잔뜩 넣고 머스터드소스를 뿌린 것이 전부지만 풍미는 오랜 시간 공을 들인 요리 못지않다.

퀘벡

푸틴 Poutine

바삭한 감자튀김 위에 치즈 커드와 브라운 그레이비소스를 듬뿍 얹은 요리. 1950년대 러시아에서 탄생한 것으로 캐나다의 소울 푸드로 통한다.

메이플 태피 Maple Taffy

메이플 시럽을 112℃ 이상의 온도로 팔팔 끓인 후 눈 위에 뿌리고 굳기 전에 나무 막대로 살살 돌려 먹는 캔디다.

투르티에르 Tourtière

프랑스에서 퀘벡으로 이주한 정착민들이 만든 고기 파이로, 바삭한 파이 안에 감자와 다진 고기를 넣어 굽는다. 해안 도시에서는 생선을 사용하기도 한다.

슈거 파이 Sugar Pie

프랑스 북서부의 파이 조리법을 퀘벡 정착민들이 메이플 시럽을 넣어 발전시켰다. 달걀과 버터로 속을 채우며, 메이플 시럽 대신 흑설탕을 사용하기도 한다.

푸딩 쇼뫼르 Pouding Chômeur

대공황 시기 여성 노동자들이 만든, 빵과 비슷한 디저트로 직역하면 '실업자 푸딩'이다. 바닐라 시럽, 흑설탕, 아이스크림 등을 위에 얹어 즐긴다.

아이스 사이다 Cidre de Glace

가을에 수확한 사과를 퀘벡의 혹독한 추위 속에서 얼려 당분을 농축한 뒤 발효시켜 만든 달콤한 사과주로, 알코올 도수는 7~13%다.

매력 넘치는 발효주의 유혹!
맥주 VS 와인

· 맥주 ·

광활한 캐나다 대륙의 크기만큼 수많은 종류의 맥주가 생산되고 있다. 몬트리올에서 시작된 몰슨 캐나디안Molson Canadian, 노바스코샤주의 다트머스가 기원인 무스헤드Moosehead, 핼리팩스에서 탄생한 알렉산더 키스Alexander Keith 등이 동부의 대표 맥주다. 대서양과 접해 있는 만큼 해안 지역의 상쾌함이 맥주에 녹아 있으며 각종 베리와 메이플 시럽 등 지역 특산물을 활용해 만든 수제 맥주도 곳곳에 숨어 있다. 지역 구분 없이 캐나다에서 유명한 맥주를 만나보자.

Molson Canadian

라거 맥주 본연의 깔끔한 맛이 살아 있는 캐나다의 프리미엄 맥주.

Moosehead

1867년에 탄생했으며 오랜 시간 양조를 거친 라거 맥주.

Granville Island Brewing

그랜빌 아일랜드의 대표적인 브루어리 맥주.

Alexander Keith

과일과 맥아 향이 강한 에일 맥주.

Kokanee

캐나다 서부를 대표하며 빙하수로 만든 청량한 라거 맥주.

Big Rock

캐나다 서부 전역에서 맛볼 수 있는 앨버타주 대표 맥주.

와인

캐나다 동부의 와인 산업은 웅장한 나이아가라 반도에서 시작됐다. 장엄한 폭포가 선사하는 독특한 기후와 석회질이 풍부한 토양은 리슬링, 샤르도네, 피노 누아 등 다양한 품종을 키워낸다. 이곳의 대표 주자는 단연 아이스 와인이다. 프랑스의 AOC, 이탈리아의 DOC처럼 VQA 시스템으로 캐나다 와인의 우수성을 입증하고 있다. 800헥타르가 넘는 퀘벡과 해양의 향이 물씬 풍기는 노바스코샤도 뛰어난 와인을 선보이며 애호가들의 발길이 끊이지 않는다.

Inniskillin Okanagan Riesling Icewine

살구, 복숭아 등의 과일 향이 짙은 아이스 와인.

Road 13 Vineyards Roussanne

플래티넘 상을 받은, 파인애플과 꿀 등이 가미된 화이트 와인.

Cedar Creek Meritage

블랙 건포도, 딸기, 자두, 바닐라 등 과일 향을 느낄 수 있는 레드 와인.

Cedar Creek Syrah

시라 포도나무에서 재배한 포도로 만들어 깊은 풍미가 느껴지는 레드 와인.

Summerhill Cipes Rose

100% 오카나간 밸리산 피노 누아를 사용한 스파클링 와인.

어디에서 사야 할까?

캐나다는 주류 판매 규정이 매우 엄격해 일반 슈퍼마켓이나 편의점에서는 주류를 판매하지 않는다. 리쿼 스토어 Liquor Store로 표기된 곳에서만 주류를 구매할 수 있다.

BC Liquor Store   Liquor Depot

LCBO   SAQ

몸을 깨우는 이로운 영양제, 잘 사는 방법

캐나다의 영양제는 정부의 까다로운 승인 절차를 거쳐 생산되기 때문에 품질이나 안정성 면에서 믿고 먹을 수 있다. 또한 캐나다의 깨끗한 자연환경에서 생산되는 제품을 한국보다 상대적으로 저렴한 가격에 구매할 수 있어 인기가 높다. 대표적인 브랜드로는 자미에슨Jamieson, 뉴트리돔Nutridom, 웨버 내추럴스Webber Naturals 등이 있다. 제품을 구매할 때는 캐나다 보건부에서 발급하는 NPN*번호가 적혀 있는지 확인하자. 가장 유명한 오메가 3를 비롯해 종합비타민, 유산균, 루테인, 달맞이유 등 다양한 제품을 살 수 있다.

● NPN(Natural Health Products, 캐나다 보건부에서 권장하는 조건에 적합하며 안전과 효과를 인증하는 번호)

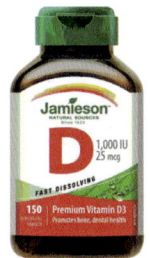
Jamieson

Nutridom

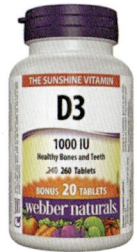
Webber Naturals

● 어디에서 사야 할까? ●

Shoppers Drug Mart

London Drugs

Rexall

037

남다른 센스를 발휘할 시간!
선물용으로 좋은 기념품

캐나다에서 여행자들이 기념품을 구매하기 가장 좋은 곳은 주요 관광지에 마련된 기념품 상점이다. 캐나다의 상징인 단풍 모양이 들어간 의류나 마그넷, 컵 등 인테리어 소품을 비롯해 다양한 기념품을 구매할 수 있다. 다음의 품목을 참고해 자신만의 쇼핑 리스트를 만들어보자.

1

마그넷
캐나다 단풍이 그려진 아기자기한 디자인의 마그넷.

2

스티커
톡톡 튀는 디자인으로 인테리어 소품이나 캐리어에 붙이기 좋은 스티커.

3

양말

겨울철 개성 있게 멋을 낼 수 있는 양말.

4

후드 티셔츠

캐나다 여행을 기념할 수 있는 후드 티셔츠.

5

코스터

캐나다의 상징인 빨간색 무늬와 야생동물이 그려진 코스터.

6

컵

다양한 색과 디자인의 머그컵.

7
랍스터 연어 파테

특별한 선물로 좋은 해산물 파테.

8
장갑

도톰한 솜으로 채워진 귀여운 장갑.

9
데이비드티

캐나다 감성을 담은 대표 프리미엄 차.

10
룰루레몬

전 세계가 사랑하는 애슬레저 룩의 선두 주자.

11
팀홀튼 머그컵

캐나다 곳곳의 정취를 담은 시그니처 컵.

GETTING AROUND EASTERN CANADA

TORONTO
토론토

토론토는 캐나다의 수도가 아니지만 경제와 교통의 중심지 역할을 하는 캐나다에서 가장 큰 도시다. 토론토 시내 중심과 주변 지역을 모두 포함해 약 630만 명이 이곳에 거주한다. 현대식 고층 빌딩과 계획적으로 설계된 도로 등 세련된 도시의 문화를 경험할 수 있다. 유명 박물관과 미술관을 비롯해 패션, 문화의 중심인 토론토는 캐나다를 방문했다면 지나칠 수 없는 매력적인 도시.

관광 안내소
- Union Station, 65 Front Street West
- 월~토요일 09:00-17:00

토론토 한눈에 보기

❶ **워터프런트 & 토론토 섬** Waterfront & Toronto Island
바다 같은 온타리오 호수를 마주하고 있는 지역으로 석양으로 물드는 토론토의 아름다운 풍경을 감상할 수 있다. 현지인이 주말 피크닉이나 운동을 즐기는 동네이며 여행자는 여유롭게 산책하기에 좋다.

❷ **시티 센터** City Centre
토론토의 가장 중심부로 주변 도시로 뻗어나가는 버스 터미널, 유니언역이 있으며 유명 박물관을 비롯한 주요 관광지와 고급 호텔이 모여 있다.

❸ **올드 타운** Old Town
토론토 관광에서 빼놓을 수 없는 지역으로 세인트 로렌스 마켓, 디스틸러리 역사 지구 등 역사적으로 중요한 건축물과 관광지가 있다.

❹ **웨스트사이드** Westside
토론토에서 가장 다채로운 매력을 느낄 수 있는 지역이다. 이국적인 분위기를 느낄 수 있는 켄싱턴 마켓과 힙한 분위기의 퀸 웨스트 스트리트 등 즐길 거리로 가득하다. 다국적 레스토랑, 바, 디자이너 숍 등이 들어서면서 힙한 지역으로 탈바꿈한 곳이다.

❺ **미드타운** Midtown
퀸스 공원을 중심으로 토론토 대학교 캠퍼스가 자리해 활기찬 분위기를 띠며 빅토리아풍 건물이 늘어선 요크빌 애비뉴는 토론토에서 가장 세련미 넘치는 곳이다.

· 찾아가기 ·

AIRPLANE
항공

토론토 피어슨 국제공항Toronto Pearson International Airport은 캐나다 동부에서 가장 규모가 크며 국제선과 국내선의 수많은 항공편이 드나든다. 우리나라에서 토론토까지는 대한항공, 에어캐나다가 하루 1편씩 직항 스케줄을 운영한다. 또는 델타항공 미국 경유 등 다양한 스케줄을 이용할 수 있다. 직항은 약 13시간, 경유는 항공사에 따라 다르지만 대략 17~20시간 소요된다. 캐나다의 다른 도시나 미국에서 오는 경우라면 에어캐나다, 웨스트젯, 델타항공, 아메리칸 항공 등 미국과 캐나다 항공사를 이용할 수 있다.

토론토 공항에서 시내로

1. 유니언 피어슨 익스프레스 Union Pearson Express**(UP 익스프레스)**

공항 1터미널 UP 익스프레스 탑승장 — 유니언역까지 25분, 15~20분마다 1편 운영 / 성인 CAD 12.35, 12세 이하 무료 — 토론토 유니언역

- 공항에서 첫차 05:27, 막차 00:57 │ 유니언역에서 첫차 04:55, 막차 01:00
- www.upexpress.com

2. 택시 Taxi

공항 도착 층 택시 승강장 — 시티 센터까지 30~40분 / CAD 55~65 / *요금의 10~15%를 팁으로 주는 것이 관행 — 호텔 등 원하는 목적지

3. 우버 Uber **& 리프트**Lyft

택시 이외에 우버 또는 리프트 등을 이용할 수 있다. 다만 8세 미만의 아이와 탑승할 경우 카시트 사용이 의무이니 유의하자.

> **TIP 토론토의 택시와 우버 이용 시 카시트 규정**
> 토론토에서는 택시가 대중교통의 한 형태로 간주되므로 버스에서와 마찬가지로 승객은 택시에서 카시트를 사용할 필요가 없다. 하지만 우버와 리프트는 8세 미만, 몸무게 약 36.3kg 미만, 키 약 145cm 미만인 어린이가 탑승할 경우 카시트를 사용해야 한다.

3. 기차 Train

토론토 유니언역은 캐나다 동부의 주요 도시와 연결되는 교통의 허브이자 미국에서 캐나다로 들어오는 관문 역할을 하는 곳이다. 밴쿠버, 오타와, 몬트리올, 나이아가라 폭포 등과 비아레일로 연결되고 미국 뉴욕에서 출발해 나이아가라 폭포를 거쳐 토론토까지 오는 암트랙 노선도 연결되어 있다. 캐나다에서 가장 웅장한 건물임을 자랑하는 유니언역 내부에는 레스토랑, 카페, 숍, 관광 안내소 등의 편의 시설이 잘 갖추어져 있다.

▶ 비아레일 www.viarail.ca/en | 암트랙 www.amtrak.com

주요 도시~토론토 기차 이동 시간 & 비용(이코노미 기준)

밴쿠버	3박 4일(수, 일요일 출발)	CAD 514~
오타와	4시간 26~53분	CAD 54~
몬트리올	4시간 53분~5시간 29분	CAD 54~
나이아가라 폭포	2시간	CAD 25~
뉴욕(경유 1회)	12시간 56분	USD 174~

4. 버스 Bus

유니언역 버스 터미널은 주변 도시를 오가는 여러 버스가 드나드는 토론토의 중심 역이다. 나이아가라 폭포, 몬트리올, 오타와 등 토론토 주변의 주요 도시를 운행하는 메가 버스, 그레이하운드, 코치 캐나다, 그리고 온타리오의 윈저, 서드베리 등 소도시를 운행하는 온타리오 노스랜드가 있다. 기차에 비해 비용적인 면에서 저렴하다는 장점이 있지만 소요 시간이 긴 편이다.

▶ 메가 버스 ca.megabus.com | 그레이하운드 www.greyhound.ca
온타리오 노스랜드 ontarionorthland.ca/en

주요 도시~토론토 버스 이동 시간 & 비용

오타와	5시간~5시간 50분	CAD 20~
몬트리올	6시간 10분~6시간 50분	CAD 65~
나이아가라 폭포	1시간 50분	CAD 12~

유니언역 버스 터미널 Union Station Bus Terminal
📍 유니언 기차역 뒤 스코샤뱅크 아레나 옆에 위치
🕐 81 Bay Street

· 시내 교통 ·

토론토의 대중교통은 토론토 교통국(Toronto Transit Commission, TTC)에서 관할하며 버스, 지하철, 스트리트카 세 종류로 나뉜다. 토론토를 관광할 때 유용한 교통수단은 지하철이며 대부분의 관광지를 갈 수 있고 토론토의 극심한 교통 체증에 영향받지 않아 편리하게 이용할 수 있다. 1개 승차권으로 세 가지 교통수단을 이용할 수 있으며 2시간 이내에 환승할 수 있다. 승차권은 지하철역의 티켓 머신이나 TTC 지정 드러그스토어, 편의점에서 구매할 수 있다.
@ www.ttc.ca

종류	성인	65세 이상, 청소년
1회권(현금, 티켓, 토큰)	CAD 3.35	CAD 2.3, CAD 2.4
프레스토 카드	CAD 3.3	CAD 2.25, CAD 2.35
1일권	CAD 13.5	

* 12세 이하 어린이 무료

프레스토 카드 PRESTO Card
금액을 충전해두고 사용하는 전자식 카드. 환승도 간편하고 토론토 광역시를 비롯해 오타와나 해밀턴의 교통도 이용할 수 있다.

TIP TTC 환승하기
토큰, 티켓(드러그스토어, 편의점에서 구매한 경우)을 구매하거나 탑승 후 현금으로 지불하는 경우 환승 티켓을 받아야 환승 가능하다. 지하철의 경우 개찰구를 들어간 후 빨간색 기계에서 직접 출력해야 하고 버스와 스트리트카는 기사에게 받아야 한다. 지하철역 기계에서 구매한 티켓과 프레스토 카드, 1일권은 환승이 자동 적용되어 환승 티켓이 필요 없다.

SUBWAY
지하철

지하철은 한국인에게 매우 익숙한 교통수단으로 이용하기 편리하다. 총 3개 노선을 운행하는데, 관광객은 노란색의 영-유니버시티Young-University 라인(1호선)을 주로 이용하게 된다. 지하철로 시티 센터는 물론 미드타운, 웨스트사이드, 올드 타운까지 다닐 수 있어 편리하다.

BUS
버스

버스는 노선이 다양해 토론토 시내를 비롯해 근교까지 다닐 수 있지만 배차 간격이 넓은 편이라 스케줄을 잘 확인해야 한다. 버스를 놓치면 오래 기다려야 하기 때문에 불편하다. 캐나다 어디에서나 그렇듯 거스름돈을 주지 않으니 정확한 금액을 준비해두자.

STREETCAR
스트리트카

지상으로 다니는 트램인 스트리트카는 이색적인 교통수단으로 한 번쯤 경험해볼 만하다. 도심 곳곳으로 다양한 노선을 운행해 지하철보다 편리할 때도 있지만, 교통 체증에 영향을 받으니 출퇴근 시간에는 피하는 것이 좋다. 현금으로 낼 때는 거스름돈을 주지 않으니 정확한 금액을 준비해두자.

토론토를 더욱 특별하게
투어 프로그램

시티 투어 버스
City Sightseeing Bus

토론토의 주요 관광지를 도는 시티 투어 버스는 이용한 날짜에 무제한으로 타고 내릴 수 있는 홉–온Hop-on, 홉–오프Hop-off 방식이다. 버스는 오전 9시 30분부터 45분 간격으로 운행하며 마지막 버스는 오후 4시 15분에 출발한다. CN 타워, 카사 로마, 온타리오 아트 갤러리, 로열 온타리오 박물관, 디스틸러리 역사 지구 등 주요 관광지에는 모두 정류장이 있으니 이 버스만 잘 이용해도 대중교통으로 관광지를 찾아다니는 것보다 훨씬 편하게 관광할 수 있다. 티켓은 온라인으로 미리 예약하는 것이 기사에게 직접 구매하는 것보다 저렴하다.

CAD 1일권 성인 CAD 66, 65세 이상 CAD 63, 3~12세 CAD 42, 2세 이하 무료

▸ citysightseeingtoronto.com

토론토 시티패스
Toronto CityPASS

CN 타워, 리플리 아쿠아리움, 카사 로마, 로열 온타리오 박물관, 토론토 동물원 또는 온타리오 과학 센터 총 5개 관광지를 9일간 원하는 날짜에 입장할 수 있는 패스다. 다섯 곳을 모두 방문한다면 금액이 저렴한 편이며, 티켓 구매 줄을 서지 않고 패스를 보여주면 입장할 수 있으니 시간을 절약할 수 있다. 홈페이지 또는 시내 관광 안내소에서 구매할 수 있다.

CAD 성인 CAD 76.96, 4~12세 CAD 57.58

▸ www.citypass.com/toronto

맛있는 토론토, 푸디 투어

토론토는 여러 나라 이민자들이 모여 사는 도시인 만큼 다양한 음식 문화가 녹아 있다. 전문 가이드와 함께 베스트 스폿을 방문해 로컬 문화에 대한 설명을 들으며 퓨전 음식을 맛볼 수 있다. 리틀 인디아, 차이나타운, 켄싱턴 마켓, 세인트 로렌스 마켓 등 푸드 투어 종류가 다양하니 취향에 맞게 선택해서 즐겨볼 수 있다. 가격은 회사마다 다르지만 보통 CAD 84~99 정도이고 투어는 2~3시간 진행된다. 참여 가능한 인원수가 제한되어 있기 때문에 온라인으로 미리 예약하는 것이 좋다.

▸ www.culinaryadventureco.com/city/toronto

나이아가라 폭포 & 나이아가라 온 더 레이크 투어

투어 프로그램을 이용해 토론토에서 나이아가라 폭포까지 당일 여행이 가능하다. 폭포의 주요 명소와 나이아가라 온 더 레이크 지역을 방문할 수 있는 일정이니 렌터카가 없거나, 대중교통보다 편하게 다녀오길 원하는 경우 투어를 이용하면 좋다. 한인 여행사에서 운영하는 당일 투어부터 외국 가이드가 진행하는 투어까지 종류가 다양하니 선호도에 맞게 선택하자. 가격은 회사마다 투어에 포함된 옵션에 따라 천차만별이나 보통 CAD 140~260 정도이니 선택할 때 포함 내용을 꼼꼼히 확인하자. 또한 토론토에서 시작해 다시 토론토로 돌아오기까지 온전히 하루가 필요하기 때문에 투어 당일에는 다른 일정을 잡지 않는 것이 좋다.

▸ www.niagaraairbus.com/Niagara-Falls-Tours

· DAY 1 ·

1. CN 타워 — 도보 15분 → 2. 하키 명예의 전당

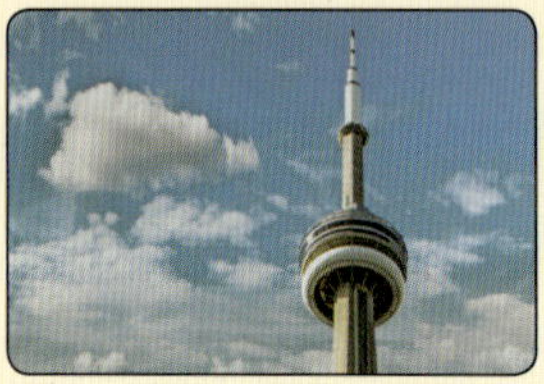

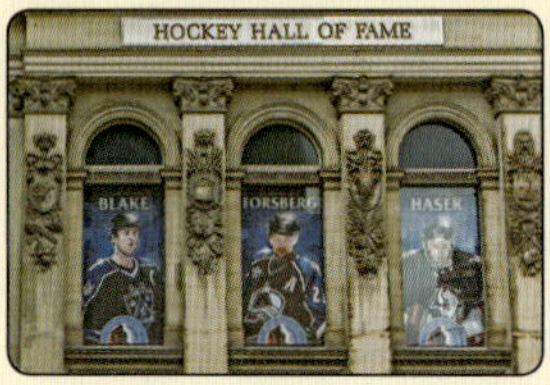

도보 13분

4. 온타리오 미술관 ← 도보 15분 — 3. 토론토 시청 & 네이슨 필립스 광장

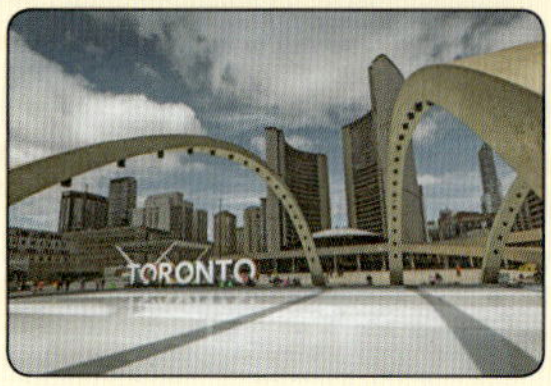

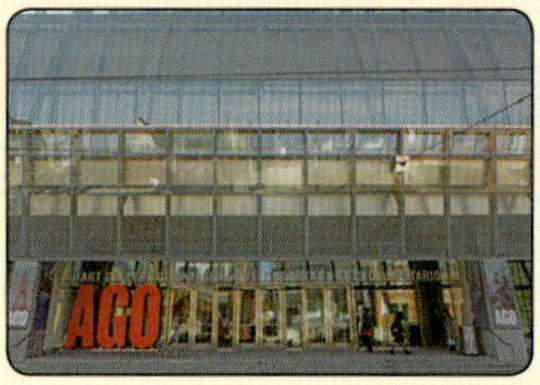

도보 10분

5. 켄싱턴 마켓 — 도보 10분 → 6. 퀸 스트리트 웨스트

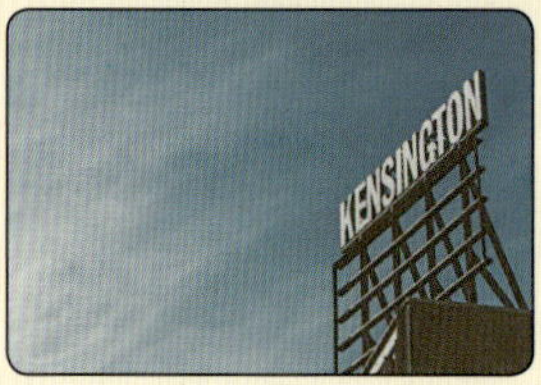

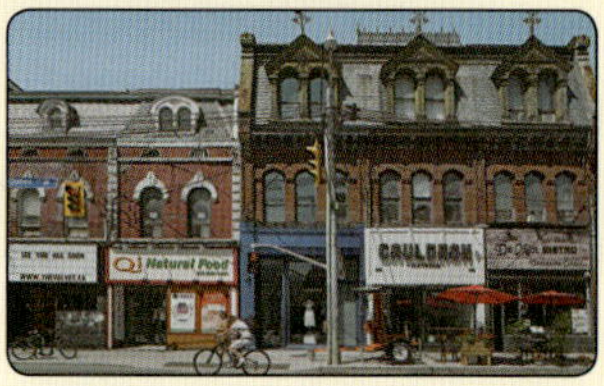

Waterfront
워터프런트

시티 센터 남쪽으로 온타리오 호수를 맞대고 있는 워터프런트 지역은 야외 활동을 즐길 수 있는 곳으로 호숫가의 산책로를 따라 휴식을 즐기는 현지인과 관광객으로 가득하다. 하버프런트에서 페리를 타고 갈 수 있는 토론토 섬은 토론토 시민에게 사랑받는 공간이며 낮에는 비치와 놀이공원에서 시간을 보내고 밤이면 토론토 시티의 환상적인 야경을 볼 수 있는 명소다.

TRAVEL HIGHLIGHTS

하버프런트 센터
Harbourfront Centre

하버프런트 센터는 토론토의 예술, 문화를 이끄는 엔터테인먼트 공간이자 시민이 휴식을 취할 수 있는 공원이다. 예술 공연, 지역 행사, 전시회 등 문화 행사가 열리기도 하고 온타리오 호숫가를 바라보는 멋진 풍경을 감상하며 산책을 즐길 수도 있다. 또한 다양한 보트 크루즈 등 액티비티도 즐길 수 있다.

- 스트리트카 509, 510 노선 Queens Quay West at Harbourfront Centre역 하차 / 지하철 1호선 Union역에서 온타리오 호수 방향으로 도보 10분
- 수~일요일 12:00-18:00, 월~화요일 휴무

토론토 섬 Toronto Island

토론토 가장 남쪽에 위치한 토론토 섬은 다양한 레저 활동이 가능한 야외 테마파크 같은 곳이다. 섬에는 실제로 시민이 거주하는 주택가나 작은 공항도 있지만 대부분의 구역은 놀이 시설과 공원, 잘 닦인 비치로 조성되어 있어 관광객과 휴식을 즐기려는 시민이 많이 방문한다. 하버프런트의 잭 레이튼 페리 터미널 Jack Layton Ferry Terminal에서 페리를 타고 이동할 수 있으며, 페리는 섬 세 곳인 워즈 아일랜드 Ward's Island, 센터 아일랜드 Center Island, 핸란스 포인트 Hanlan's Point를 운항한다. 센터 아일랜드로 들어가면 놀이공원이나 남쪽의 비치로 접근하기 쉬우며, 잘 조성된 해변이 있어서 휴식을 즐기기 좋다. 토론토 섬을 효과적으로 둘러보려면 여름 시즌에만 운영하는 유료 트램 투어를 이용하거나 자전거를 대여해서 여행하는 것을 추천한다. 센터 아일랜드 페리 터미널에서 해변 방향으로 15분 정도 걸어가면 자전거 대여점이 있으며 페리를 타기 전 무인 자전거 대여도 가능하다. 토론토 섬으로 가는 페리 티켓은 페리 터미널에서 사거나 온라인으로 구매 가능하다.

토론토 섬 찾아가기

토론토 섬 페리 Toronto Island Ferry

- 📍 스트리트카 509, 510 노선 Queens Quay Ferry Docks Terminal역 하차 후 호수 방향으로 도보 3분, 웨스틴 하버 캐슬 호텔 뒤편
- ◎ Jack Layton Ferry Terminal, 9 Queens Quay West
- ⏰ 여름 시즌 30~40분 간격 1대 운영, 시즌에 따라 변동 있음
- CAD 성인 CAD 9.11, 65세 이상 CAD 5.86, 2~14세 CAD 4.29 (왕복 요금)

토론토 하버 워터 택시 Toronto Harbour Water Taxi

- 📍 스트리트카 509, 510 노선 Queens Quay West at Harbourfront Centre역에서 도보 2분
- ◎ 99 Harbour Square
- ⏰ 6~9월 매일 09:00~22:00, 시즌에 따라 변동 있음
- CAD 1인당 CAD 12.5
- ▸ www.torontoharbourwatertaxi.com

> **TIP 토론토 섬 페리**
>
> 5~9월은 센터 아일랜드, 핸란스 포인트, 워드 아일랜드 세 곳으로 운행하며 10~4월은 워드 아일랜드로만 운행한다.

토론토 스카이라인 뷰포인트
Toronto Skyline Viewpoint

검색창에 토론토를 검색했을 때 가장 많이 나오는 CN 타워와 함께 토론토의 스카이라인이 한눈에 들어오는 풍경이다. 이 구도로 사진을 찍을 수 있는 곳이 바로 토론토 스카이라인 뷰포인트다. 잭 레이튼 페리 터미널Jack Layton Ferry Terminal에서 페리를 타고 워드 아일랜드로 이동한 후 도심 풍광이 한눈에 들어오는 곳에 자리를 잡으면 끝. 해 질 무렵, 그리고 해가 진 후의 야경을 카메라에 담기 위해 많은 사람들이 이 지점을 찾는다. 조용한 마을과 해변이 있어 산책하기에도 그만이다.

📍 잭 레이튼 페리 터미널에서 워드 아일랜드행 페리 탑승 16분

센터빌 어뮤즈먼트 파크
Centreville Amusement Park

토론토 아일랜드에 자리한 소규모 테마파크다. 1967년에 문을 연 곳으로 손에 땀을 쥐게 하는 스릴 만점의 놀이기구는 없지만 초등학교 저학년 아이들이 좋아할 만한 아담한 사이즈의 탈것들이 들어서 주말이면 가족 단위의 방문객이 많이 찾는다. 작은 규모라고는 하나 공원 내에는 녹음이 우거진 호숫가도 있고, 피자와 아이스크림 가게도 있어 가벼운 마음으로 여유를 만끽하며 쉬어 가기 좋다.

📍 잭 레이튼 페리 터미널에서 센터 아일랜드행 페리 탑승 6분
🕐 매일 10:30-17:00

City Centre
시티 센터

시티 센터는 토론토의 경제·문화·교통·관광의 중심이 되는 곳이며 지리적으로 토론토시 한가운데에 있다. 높고 화려한 현대식 건물이 즐비한 시티 센터는 토론토에서 가장 세련된 지역으로 고급 호텔, 대형 쇼핑센터, 토론토 시청과 여행객이 모여드는 네이슨 필립스 광장 등 주요 관광 스폿이 있으며 지하철이 이곳을 관통하기 때문에 관광하기 매우 편리한 곳이다.

유니언역
Union Station

토론토의 유니언역은 캐나다에서 가장 번잡한 기차역이다. 캐나다 시민이 많이 이용하는 통근 열차를 비롯해 피어슨 국제공항 철도와 비아레일 캐나디안 라인과 코리더 라인, 미국으로 가는 암트랙 등 여러 열차가 지나기 때문이다. 또한 토론토 지하철의 중심이 되기 때문에 항상 많은 인파로 붐빈다.

- 지하철 1호선 Union역

토론토 시청
City Hall

2개의 높은 반원형 건물이 마주 보는 형태의 시청은 핀란드 출신의 건축가가 설계한 건물이다. 놀라울 만큼 현대적인 시청 건물과 앞에 펼쳐진 네이슨 필립스 광장Nathan Phillips Square은 시민의 휴식처이자 관광객의 랜드마크다. 광장의 영어로 된 TORONTO 조형물과 시청 건물을 배경으로 멋진 사진을 남기기 위해 많은 관광객이 방문한다. 밤에는 아름다운 조명이 빛을 밝혀 한층 멋진 모습을 볼 수 있으며 광장의 분수는 겨울 시즌 대형 아이스링크로 이용된다. 시청 주변으로는 옛 시청 건물 Old City Hall과 캐나다 최초의 법률 집행 기관이었던 오스구드 홀Osgoode Hall이 자리해 캐나다 역사 관광의 중심이 된다. 6월 중순부터 10월 초까지 매주 수요일 08:00~14:00, 네이슨 필립스 광장에서 파머스 마켓이 열리니 잊지 말고 방문해보자.

- 지하철 1호선 Osgoode, Queen역에서 도보 5분
- 월~금요일 08:30~16:30, 토~일요일 휴무

❶ 글라스 플로어

CN 타워 CN Tower

553.33m의 CN 타워는 캐나다의 유명한 랜드마크이자 세계적으로 인정받는 건축물이다. 세계적 수준의 즐길 거리가 많은 CN 타워에는 천장부터 바닥까지 이어지는 대형 창문을 통해 토론토에서 가장 아름다운 전망을 볼 수 있는 룩아웃LookOut, 342m 높이의 통유리 바닥으로 까마득한 발아래를 내려다볼 수 있는 ❶글라스 플로어 Glass Floor, 447m에 있는 가장 높은 전망대 스카이팟Skypod의 3가지 전망대와 CN 타워를 둘러싼 난간을 줄 하나에 의지한 채 걸어보는 스릴 체험 ❷에지워크EdgeWalk가 있다. 또한 토론토에서 가장 높은 곳에 위치한 ❸360도 회전 레스토랑에서는 현지에서 재배한 제철 재료로 만든 창의적인 메뉴를 즐길 수 있다. 레스토랑 예약 시 CN 타워의 메인 전망대 입장이 포함된다. 기념품 숍에서는 기념품뿐 아니라 로컬 예술가들의 디자인 작품도 구매할 수 있다.

❷ 에지워크

- 지하철 1호선 Union역에서 도보 10분
- 매일 10:00-21:00, 360도 회전 레스토랑 런치 11:30-14:30, 디너 16:30-21:30, 상점가 매일 10:00-22:00
- CAD **입장료** 성인 CAD 43, 65세 이상 CAD 30, 6~13세 CAD 30, 3~5세 CAD 14 **스카이팟+입장료** CAD 53, 65세 이상 CAD 40, 6~13세 CAD 40, 3~5세 CAD 24 **시 투 스카이** 성인 CAD 74, 65세 이상 CAD 50, 6~13세 CAD 50, 3~5세 CAD 23 **에지워크** 13세 이상 CAD 199~

❸ 360도 회전 레스토랑

> **TIP 에지워크 즐기기**
>
> 6명이 한 팀으로 체험은 총 1시간 30분이 소요되며 실제 꼭대기에서 걷는 시간은 약 30분이다. 투어를 한 사람에게는 CN 타워 전망대, 유리 바닥, 꼭대기 층에 접근할 수 있는 티켓을 제공한다. 비디오, 사진 인화와 인증서를 포함한 패키지도 판매하니 기념하고 싶다면 구매를 고려해 보자.

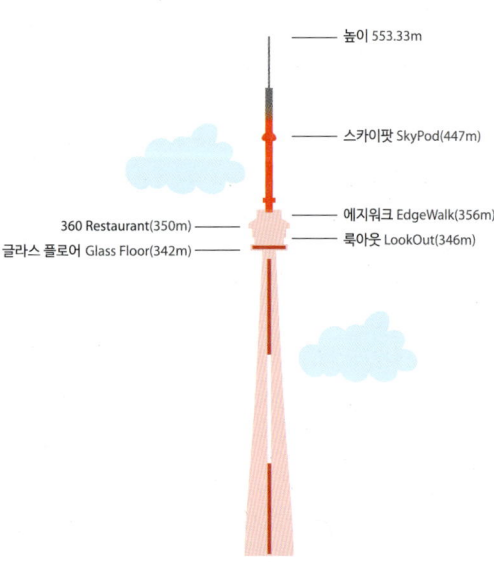

높이 553.33m
스카이팟 SkyPod(447m)
에지워크 EdgeWalk(356m)
360 Restaurant(350m)
룩아웃 LookOut(346m)
글라스 플로어 Glass Floor(342m)

로저스 센터
Rogers Centre

캐나다 메이저리그 야구팀 토론토 블루제이스 Toronto Blue Jays의 홈구장이다. CN 타워 바로 옆에 있어 지붕이 열렸을 때 3루 쪽에서는 CN 타워가 보이는 멋진 전망을 자랑한다. 1989년 개장한 로저스 센터는 세계 최초의 자동 개폐식 구장이며 수용 인원은 5만 명 정도다. 경기가 없을 때는 콘서트나 행사가 열리는 다목적 시설로 이용된다.

- 지하철 1호선 Union역에서 도보 12분 / 스트리트카 510 노선 Spadina Avenue at Front Street West역에서 도보 2분, CN 타워 옆

리플리 아쿠아리움
Ripley's Aquarium of Canada

토론토 시내에 있는 리플리 아쿠아리움은 570만 ℓ가 넘는 탱크와 2만 종 이상의 해양 동물, 북미에서 가장 긴 수중 터널을 자랑한다. 직접 만져보는 체험과 교육 프로그램을 비롯해 총 9개 갤러리로 구성되어 있다. 다양한 상어 종류와 푸른바다거북, 해파리 등의 해양 동식물을 만나볼 수 있다.

- 지하철 1호선 Union역에서 도보 10분, CN 타워 옆
- 매일 09:00-21:00, 행사 때문에 일찍 마감하는 날도 있음
- CAD 성인 CAD 44, 65세 이상 CAD 29, 6~13세 CAD 29, 3~5세 CAD 12.5
- www.ripleys.com/attractions/ripleys-aquarium-of-canada

스코샤뱅크 아레나
Scotiabank Arena

스코샤뱅크 아레나는 농구와 아이스하키 경기장이자 콘서트, 컨벤션 등 다양한 이벤트가 열리는 곳이다. 토론토의 아이스하키 팀 토론토 메이플 리프Toronto Maple Leafs와 농구 팀 토론토 랩터스Toronto Raptors의 홈 경기장이며 토론토에서는 로저스 센터 다음으로 인기 있는 경기장이다. 경기가 없을 때는 영화 상영이나 공연 등의 행사 장소로 이용된다.

📍 지하철 1호선 Union역에서 도보 5분, 유니언역 뒤편

CF 토론토 이튼 센터
CF Toronto Eaton Centre

토론토 도심의 대형 복합 센터. 대형 백화점뿐만 아니라 250개 이상의 매장이 입점해 있다. 의류를 비롯해 생필품, 기념품 등을 구매할 수 있는 토론토 쇼핑의 종결지.

📍 지하철 1호선 Queen역에서 도보 3분, 토론토 시청 옆
🕐 월~토요일 10:00-21:00, 일요일 11:00-19:00

> **TIP** 이튼 센터 추천 레스토랑, Trattoria Mercatto
>
> 정통 이탈리아 요리를 맛볼 수 있는 인기 레스토랑. 이튼 센터 3층에 위치하며 내부는 2층까지 있고 야외 테이블도 마련되어 있어 성삼위일체 교회를 볼 수 있다. 월요일부터 토요일은 정오부터 밤 10시까지, 일요일은 저녁 8시까지 오픈한다.

온타리오 미술관
Art Gallery of Ontario(AGO)

1900년 개관한 온타리오 미술관은 캐나다 3대 미술관 중 하나다. 유럽, 캐나다, 아프리카 등을 비롯한 다양한 미술 작품을 약 9만 점 이상 소장하고 있다. 2008년 캐나다 출신의 건축가 프랭크 게리가 현대적 시설로 재탄생시켰다. 고흐, 피카소, 피에르 위게, 피터 폴 루벤스 등 유럽 거장부터 캐나다 출신 예술가의 작품까지 다양한 작품을 만나볼 수 있으며, 조각품이나 사진 등의 전시회도 진행된다. 온타리오 미술관의 유명세는 영국 출신 조각가 헨리 무어의 명성에 기인한 바가 크다. 그의 작품이 온타리오 미술관에 가장 많이 소장되어 있기 때문이다. 미술관 2층에는 그가 직접 설계한 개인 전시관이 있다.

- 지하철 1호선 St Patrick역에서 도보 5분
- 화, 목요일 10:30-17:00, 수, 금요일 10:30-21:00, 토~일요일 10:30-17:30, 월요일 휴무
- CAD 성인 CAD 30, 25세 이하 무료

TIP 매월 첫 번째 수요일 오후 6시부터 9시까지 컬렉션 갤러리에 무료 입장 가능한 오랜 전통이 있다 (온라인 사전 예약).

하키 명예의 전당
Hockey Hall of Fame

캐나다 국민 스포츠인 하키의 역사와 관련된 내용을 전시하는 공간이다. 스타 선수들의 유니폼을 비롯해 기념 동상과 우승컵 등 다양한 전시품을 관람할 수 있다. 직접 하키 경기를 체험해보거나 게임 등을 즐기는 체험 전시관도 마련되어 있으며 기념품 숍에서는 하키 용품을 구매할 수 있다.

- 지하철 1호선 King역에서 도보 5분 / Union역에서 도보 6분
- 매일 10:00-17:00
- CAD 성인 CAD 25, 65세 이상 CAD 20, 4~13세 CAD 15, 3세 이하 무료

Restaurant & Cafe

The Senator | 브런치

브런치로 유명한 레스토랑으로 CF 토론토 이튼 센터 가까이에 있어 관광 때 들르기 좋은 위치다. 오픈한 지 100년 정도 된 유서 깊은 레스토랑으로 클래식한 매장 인테리어가 돋보인다. 메뉴를 선택하기 어렵다면 전형적인 미국식 아침 식사로 베이컨, 달걀, 구운 감자가 함께 서빙되는 Senator 메뉴를 추천한다.

- 249 Victoria Street
- 목~금요일 17:00-20:00, 토요일 09:30-14:30, 17:00-20:00, 일요일 09:30-14:30, 월~수요일 휴무
- CAD 브런치 CAD 22~30, 디너 CAD 24~38

Richmond Station | 테이스팅 메뉴

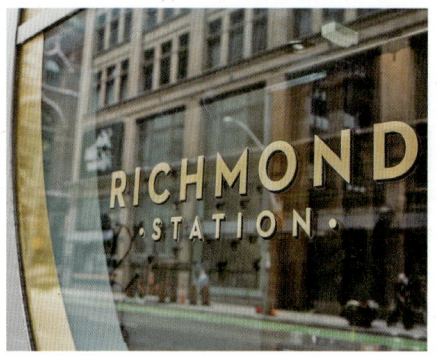

트립 어드바이저에서 항상 상위권에 오르는 세련된 레스토랑으로 캐나다의 TV 프로그램 <톱 셰프 캐나다>에서 1등을 거머쥔 셰프가 운영하는 곳이다. 북미 스타일의 요리를 맛볼 수 있으며 제철 식재료를 이용하기 때문에 메뉴는 수시로 변경되며 방문 전 예약을 권장한다.

- 1 Richmond Station
- 매일 11:00-22:30
- CAD 애피타이저 CAD 12~21, 메인 CAD 24~42

PAI | 태국 요리

태국인 셰프가 운영하는 태국 요리 전문점으로 팟타이, 쌀국수 등의 메뉴를 즐길 수 있다. 튀긴 면을 올려주는 카오 소이Khao Soi는 이곳의 인기 메뉴, 탄탄면과 비슷하면서도 이색적인 맛이다. 토론토의 인기 식당으로 항상 많은 사람들로 붐비기 때문에 미리 예약하는 것이 좋다.

- 18 Duncan Street
- 월요일 16:00-21:30, 화~목요일, 일요일 12:00-21:30, 금~토요일 12:00-22:00
- CAD 애피타이저 CAD 8~20, 메인 CAD 21.5~25.5

Adega Restaurante | 포르투갈 요리 |

'Adega'는 '와인 저장고'라는 뜻의 포르투갈어로 이곳은 해산물 음식으로 특히 유명한 포르투갈식 요리를 맛볼 수 있는 레스토랑이다. 편안한 분위기에서 와인 한잔 마시며 제대로 된 식사를 즐길 수 있다.

- 33 Elm Street
- 월~금요일 11:30-22:00(14:30-17:00 브레이크 타임), 토요일 17:00-22:00, 일요일 휴무
- CAD 런치 1인 CAD 26~48
  디너 1인 CAD 30~56

The Queen & Beaver Public House | 펍 |

영국 스타일의 펍으로 맥주, 와인, 애플 사이다 등의 주류와 간단한 영국식 식사를 즐기며 하루를 마무리하는 시간을 보내기 좋은 곳이다. 빅토리아풍 외관과 분위기 있는 파티오는 낭만적 분위기를 더한다.

- 35 Elm Street
- 월~수요일 11:30-24:00, 목~금요일 11:30-02:00
  토요일 10:00-02:00, 일요일 10:00-23:00
- CAD 애피타이저 CAD 8~24, 메인 CAD 26~48

Byblos Downtown | 중동 요리 |

동부 지중해 스타일로 풀어낸 요리를 맛볼 수 있는 곳으로 전통 지중해식 조리법에 현대적 요소를 가미해 퓨전 요리를 선보인다. 대체로 잘 접해보지 못한 유니크한 메뉴 구성에 음식 맛이 훌륭하고 분위기도 좋아 인기가 많은 곳이다.

- 11 Duncan Street
- 일~수요일 17:00-22:00, 목~토요일 17:00-23:00
- CAD 애피타이저 CAD 14~24, 메인 CAD 28~76
  화덕 피데 CAD 17~24

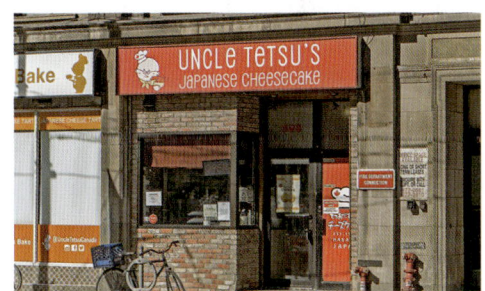

Uncle Tetsu's Japanese Cheesecake
| 치즈 케이크 |

일본 스타일의 치즈 케이크를 판매하는 곳으로 방부제와 첨가물을 넣지 않고 엄선한 고품질 재료만 사용해서 만들어내는 신선한 치즈 케이크를 맛볼 수 있다. 베이 스트리트 본점은 관광객과 시민이 줄을 서서 구매할 정도로 유명하다. 본점 옆에 에그 타르트, 마차 케이크 등 다양한 메뉴를 판매하는 베이커리를 함께 운영하며 유니언 스테이션과 던다스 스트리트에 To-Go 매장도 만날 수 있다.

- 598 Bay Street
- 매일 10:30-21:30
- CAD 치즈 케이크 CAD 26.5~

이글루 돔 다이닝
Igloo Dome Dining

겨울이 시작되면 캐나다 곳곳에 이글루 모양의 투명한 돔이 들어선다. 바로 2019년부터 매해 겨울에만 오픈하는 이색적인 팝업 돔으로 이글루 또는 가든 돔이라 불리는 다이닝 이벤트. 정식 명칭은 디너 위드 뷰Dinner with View이며 100% 사전 예약제로 진행되는데 정식 오픈 전 모두 만석이 될 만큼 인기가 좋다. 이글루 1개당 4~6명까지 입장 가능하며, 이글루 렌탈비와 식사 요금이 따로 청구되기 때문에 세금까지 합하면 사실상 900달러 대에 이르는 초고가 다이닝 이벤트다. 그럼에도 사람들이 줄을 서는 건 그만큼 특별한 경험을 누릴 수 있기 때문. 식사의 퀄리티 또한 유명 셰프가 참여해 기대 이상의 만족을 보장한다. 토론토, 퀘벡, 몬트리올, 캘거리, 에드먼튼, 위니펙 등 캐나다 전 지역에서 다양한 모습의 이글루 돔 다이닝을 만날 수 있다.

· SPECIAL ·

Toronto PATH, Hidden Walkways Beneath the Towers

토론토 패스, 도시 아래 펼쳐진 또 다른 세상

토론토의 PATH는 30km가 넘는 지하 쇼핑 복합 공간으로 상점과 레스토랑으로 가득 채워져 있다. 기네스북 세계 신기록에 따르면 약 1200개 매장이 있는 전 세계에서 가장 큰 지하 공간이라고 한다. 겨울 토론토의 혹독한 추위와 건조함, 여름이면 덥고 습도가 높은 날씨의 영향으로 시민과 관광객들이 패스를 이용한다. 50개 이상의 오피스 건물, 이튼 센터, 시청, 유니언역, CN 타워, 에어캐나다 센터 및 주요 지하철 노선과 연결된다. 토론토 시내 어디에서든 PATH 마크를 따라 이동하면 지하도로 연결된다.

토론토 패스 사이트

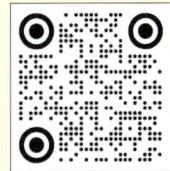
토론토 패스 3D 지도

Old Town
올드 타운

시티 센터 동쪽 지역을 올드 타운으로 구분하며 이곳은 토론토의 발상지로 역사적 건축물을 발견할 수 있다. 1800년대에 지어져 웅장한 자태를 유지하는 세인트 제임스 성당과 토론토 최고의 푸드 마켓인 세인트 로렌스 마켓, 과거의 모습을 보존하면서 현대적 상점으로 채워진 디스틸러리 역사 지구 등 과거를 엿볼 수 있는 관광지가 많은 곳이다.

세인트 로렌스 마켓
St. Lawrence Market

2012년 내셔널 지오그래픽에서 세계 최고의 푸드 마켓으로 선정한 세인트 로렌스 마켓은 토론토 맛집 탐방의 필수 코스다. 올드 타운의 역사적 장소 한복판에 있는 이곳은 200여 년의 역사를 지니고 있다. 마켓은 총 3개 구역으로 이루어져 있다. 120개 이상의 가게에서 과일, 채소 등의 신선 식품을 판매하는 사우스 마켓The South Market, 토요일 파머스 마켓이 열리는 공간인 노스 마켓The North Market은 지역 농부들이 신선 식품과 특산품을 판매하고 일요일에는 골동품 마켓Sunday Antique Market이 열린다. 마지막으로 세인트 로렌스 홀St. Lawrence Hall은 결혼식 및 기타 토론토 시의 행사가 열리는 공간이다. 마켓에 방문해 직접 고른 치즈와 빵으로 만들어주는 샌드위치, 버스터스 시 코브Buster's Sea. Cove의 피시 & 칩스와 수프 등 먹거리를 즐겨보자. 또한 베스트셀러인 피밀peameal 베이컨 샌드위치와 40종이 넘는 쌀만 전문적으로 판매하는 상점 등도 놓치지 말자.

- 지하철 1호선 King역에서 도보 8분
- 노스 마켓 토요일 05:00-15:00 사우스 마켓 화~금요일 09:00-19:00, 토요일 07:00-17:00, 일요일 10:00-17:00, 월요일 휴무 골동품 마켓 일요일(4/7, 5/5, 11/3, 11/17, 12/1) 09:00-16:00
- www.stlawrencemarket.com

> **TIP 세인트 로렌스 마켓 VIP 얼리 액세스 투어**
>
> 전문 가이드와 함께 토론토 올드 타운을 돌아보며 도시의 초기 역사와 건축물에 담긴 재미난 이야기를 듣고 세인트 로렌스 마켓에 들러 싱싱한 재료로 만든 시장 음식을 맛보게 된다. 투어에는 토론토의 상징 피밀 베이컨 샌드위치, 온타리오 지방의 샤르퀴트리 돼지고기, PEI의 굴, 대서양 훈제 연어와 그 라브락스 등이 포함되어 있다. 투어는 Culinary Adventure Co.(culinaryadventureco.com)을 통해 예약 가능하다.

세인트 제임스 성당
The Cathedral Church of St. James

1793년 최초의 성공회 교구가 세워진 후 1800년도 초에 목재 양식으로 지어졌던 성당은 화재로 소실되었다. 1850년 새로 건축하기 시작해 1853년 고딕 양식의 벽돌 성당으로 재탄생했고 당시 토론토에서 가장 높고 큰 건물이었다. 성당 건물은 온타리오 역사 지구로 지정되었고 높은 첨탑이 인상적이다. 성당 주변에는 공원이 조성되어 휴식을 즐기려는 시민이 많이 방문한다.

- 지하철 1호선 King역에서 도보 5분
- 화요일 10:00-15:00, 수요일 07:30-19:00, 목요일 09:00-21:00, 금요일 11:00-16:00, 토요일 09:00-12:00, 일요일 08:00-17:30, 월요일 휴무

구더햄 빌딩
Gooderham Building

1892년에 완공된 구더햄 빌딩은 1개의 스트리트가 웰링턴 스트리트Wellington Street와 프런트 스트리트Front Street로 갈라지며 삼각형 모양으로 형성된 곳에 있다. 뉴욕의 플랫아이언 빌딩처럼 납작하게 눌려 있는 모습이 독특해 많은 관광객에게 인기를 끈다.

- 지하철 1호선 King역에서 도보 5분

디스틸러리 역사 지구
The Distillery Historic District

과거 위스키 양조장으로 사용하던 건물을 개조해 예술, 문화, 지역 음식을 즐기는 새로운 관광지로 탄생했다. 이국적 분위기를 자아내는 붉은색 벽돌 건물에서 로컬 디자이너들의 작품을 구경하고, 야외 테이블에서 커피를 즐기며 여행의 여유로움을 만끽할 수 있다. 유명한 카페 발자크 커피Balzac's Coffee와 신선한 카카오를 로스팅해서 만드는 수제 초콜릿 판매점 소마Soma 등 로컬 상점을 방문해보자. 매년 겨울에는 유럽식 크리스마스 마켓이 열려 겨울의 낭만적인 분위기를 흠뻑 느낄 수 있다.

- 스트리트카 304, 503, 504 노선 King St East at Parliament St역에서 도보 5분 / 지하철 1호선 King역에서 도보 23~25분
- 월~목요일 10:00-18:00, 금~토요일 10:00-19:00, 일요일 11:00-18:00

디스틸러리 디스트릭트 윈터 빌리지
Distillery District Winter Village

크리스마스 시즌에 토론토를 방문한다면 디스틸러리 디스트릭트 윈터 빌리지를 놓치지 말자. 매해 연말 디스틸러리 디스트릭트에서 열리는 홀리데이 마켓으로 캐나다 전 지역의 수많은 크리스마스 마켓 가운데 규모가 가장 크다. 하늘에는 오색 전구가 별과 함께 반짝이며 거리 곳곳의 크리스마스 장식을 한 건물들이 지나가는 사람들의 발길을 이끈다. 디올Dior의 사인이 걸린 초대형 트리가 광장 한가운데 들어서고 엘프 복장을 한 사람들이 음악에 맞춰 춤을 추며 크리스마스 분위기가 한껏 고조된다. 차분한 유럽의 크리스마스 마켓과 달리 시끌벅적하다는 점에서 신나는 축제의 장이라 할 만하다.

◆ 추천 스폿 ◆

Balzac's Coffee

캐나다 동부에서 유명한 커피 체인점으로, 디스틸러리 역사 지구 지점은 개성 있는 야외 테라스 자리나 분위기 때문에 인기가 좋다.

🕐 매일 07:30-20:00
CAD 커피 CAD 3.35~5.95

SOMA Chocolatemaker

신선한 카카오로 직접 만드는 수제 초콜릿을 맛볼 수 있다.

🕐 월~목요일, 토요일 11:00-19:00, 금, 일요일 11:00-18:00
CAD 1개당 CAD 5~8, 초콜릿 바 & 쿠키 CAD 7~20

El Catrin Destileria

전통적인 멕시코 요리 전문점. 토론토에서 가장 분위기 있고 큰 야외 테라스로 유명하다.

🕐 월~목요일 12:00-22:00, 금요일 12:00-23:00, 토요일 11:00-23:00, 일요일 11:00-22:00
CAD 타코 CAD 24~32, 퀘사딜라 CAD 23

Wildly Delicious Fine Foods

식재료와 주방 용품을 판매하는 매장. 소스, 오일, 티, 향신료 등 한국에서는 찾기 힘든 독특한 제품을 구매할 수 있다.

🕐 매일 09:00-18:00
CAD 소스 CAD 5.98~15, 오일 CAD 14.75~

Mill St. Brew Pub

100년 이상의 역사를 지닌 소규모 브루어리. 매장에는 항상 맥주를 즐기는 사람들로 가득 차 있고 활기찬 토론토의 펍 문화를 즐길 수 있다.

🕐 월~수요일 12:00-22:00, 목요일 12:00-23:00, 금요일 12:00-24:00, 토요일 11:00-24:00, 일요일 11:00-22:00
CAD 맥주 CAD 10~16, 감자튀김 CAD 9~, 햄버거 CAD 21~25

디스틸러리 역사 지구를 더욱 재미있게

세그웨이 투어 Segway Tour

전동 킥보드와 비슷한 세그웨이는 탑승자가 균형을 잡아 운전하므로 별도의 추진력 없이도 편하게 이동할 수 있다. 간단한 교육으로 처음 타는 사람도 쉽게 배울 수 있으며, 투어는 종류별로 CAD 43~53이고 소요 시간은 30분이다.

▸ www.gotourscanada.com/toronto-segway

Cluck Clucks-Toronto |와플 치킨 샌드위치|

와플 빵에 바삭하게 튀긴 치킨을 올린 와플 치킨 샌드위치가 유명한 곳으로, 와플과 치킨은 생소한 조합이지만 이미 토론토 시민에게 입소문이 난 음식이다. 치킨에 뿌리는 소스는 주문 시 입맛에 맞게 선택할 수 있다.

- 222 The Esplanade
- 일~목요일, 금~토요일 11:30-22:00
- CAD 단품 CAD 7.99~16.99
  콤보 CAD 14.99~20.99

Restaurant & Cafe

C'est What |펍|

1988년 오픈한 펍으로 42종류 이상의 캐나다 수제 맥주와 와인을 즐길 수 있으며 주류에 곁들일 만한 푸틴, 버거, 맥 & 치즈, 립 등 식사 메뉴가 준비되어 있다. 매장 곳곳에 벽난로가 설치되어 있어 따뜻한 분위기를 연출하며 보드게임, 당구 등을 즐길 수 있다.

- 67 Front Street East
- 월요일 16:00-24:00, 화~수요일, 일요일 12:00-24:00, 목~토요일 12:00-01:00
- CAD 식사 CAD 17~28, 맥주 6oz CAD 3.2~12.5, 와인 1잔 CAD 12.5~15

NEO Coffee Bar |카페|

최고의 커피콩을 엄선해 만드는 커피와 케이크, 쿠키, 머핀 등의 디저트를 판매하며 일본식 말차가 들어간 메뉴로 특히 유명하다. 토론토에서 인기가 많아 퀸스 공원 지역을 비롯해 여러 곳에 지점이 생길 정도로 입소문 난 곳.

- 161 Frederick St, Unit 100
- 월~목요일 07:00-21:00, 금요일 07:00-22:00, 토요일 08:00-22:00, 일요일 08:00-21:00
- CAD 커피 CAD 3.55~6.95, 디저트 CAD 3.25~15

• SPECIAL •

Woodbine Beach, Summer Bliss by Lake Ontario

우드바인 비치, 온타리오 호수가 선사하는 여름의 행복

온타리오 호수를 끼고 있는 토론토에는 크고 작은 해변이 여러 개 조성되어 있는데 그중에서도 우드바인 비치는 가장 넓고 쾌적한 시설로 시민들에게 많은 사랑을 받는다. 모래 해변은 우드바인 공원부터 시작해 동쪽으로 3km 뻗어 있으며 피크닉 공간, 놀이터, 피트니스 센터, 비치 발리볼 코트, 레스토랑 등 편의 시설이 다양해 여름이면 휴식을 즐기는 현지인으로 가득하다. 항상 사람들로 가득하고 복잡한 도심을 벗어나 힐링할 수 있는 곳으로 여름철 토론토 여행에서 추천하는 명소다. 토론토 시내에서 차로 12분이면 갈 수 있다.

◎ 1675 Lake Shore Boulevard East

Westside
웨스트사이드

스파다이나 애비뉴를 기준으로 서쪽 지역을 웨스트사이드로 구분한다. 이곳은 토론토에서 가장 이국적인 분위기를 느낄 수 있다. 세계 각국의 기념품을 판매하는 켄싱턴 마켓부터 토론토의 트렌디함을 이끄는 퀸 스트리트 웨스트 지역은 다양하고 흥미로운 문화가 혼합되어 이민자가 많은 도시인 토론토의 진정한 매력을 느낄 수 있다.

TRAVEL HIGHLIGHTS

켄싱턴 마켓
Kensington Market

켄싱턴 마켓이 있는 지역은 1920년대에 주로 유대인 이민자들이 거주하던 곳으로, 당시 집 앞에 서서 물건을 팔던 모습으로 시작해 지금의 다문화 마켓이 되었다. 빈티지 상점, 카페, 공예품 매장, 아기자기한 의류 상점 등이 가득하며 유럽, 카리브해, 중동, 남미 및 아시아 지역의 특징이 묻어나는 제품을 파는 상점이 많아 다양한 문화를 뚜렷이 느낄 수 있다. 다양한 치즈를 맛볼 수 있는 치즈 매직Cheese Magic, 비건 레스토랑으로 유명한 호커Hawker 등은 놓치지 말고 찾아보자.

📍 스트리트카 310, 510 노선 Spadina Ave at Nassau St역에서 도보 2분 / 지하철 1호선 Queen's Park 또는 St Patrick역에서 도보 15분

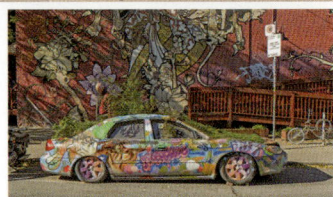

— 추천 스폿 —

Blue Banana Market

캐나다의 각종 기념품을 구매하기 좋은 상점. 메이플 시럽을 비롯해 의류, 식료품, 장난감 등 다양한 제품을 판매한다.

🕐 매일 11:00-19:00

Cocktail Emporium

칵테일, 맥주, 와인 등 주류와 관련된 액세서리들과 인테리어 소품을 구매하기 좋은 곳. 퀸 스트리트와 켄싱턴 마켓, 유니언 스테이션 세 곳에 매장이 있다.

🕐 매일 11:00-19:00

Top Gun Burger

수제 버거 전문점. 패티가 2장씩 들어간 엄청난 비주얼의 버거를 맛볼 수 있으며 입맛에 맞게 사이드 토핑을 추가할 수도 있다.

🕐 일~목요일 11:00-22:00, 금~토요일 11:00-23:00
CAD 버거 CAD 7.95~16.95

The Burgernator

소고기, 양고기, 치킨 등 여러 종류의 버거를 즐길 수 있다. 양이 많은 사람이라면 3장의 패티에 2장의 치즈가 들어간 버거네이터를 도전해 보자.

🕐 일~목요일 10:00-22:00, 금~토요일 10:00-23:00
CAD 버거 CAD 9.5~20.5

Pancho's Bakery

달콤하고 쫄깃한 추러스를 판매한다. 막 튀겨낸 추러스에 설탕과 연유, 초콜릿 등으로 토핑해주는데 입맛에 맞게 고를 수 있다.

🕐 매일 10:00-21:00
CAD 추러스 CAD 5~

El Trompo

멕시코 스타일의 타코를 맛볼 수 있는 레스토랑. 간단하게 간식으로 먹어볼 만하다.

🕐 화~목요일 11:00-20:30, 금~토요일 11:00-21:30, 일요일 11:00-18:30, 월요일 휴무
CAD 타코 세트 CAD 14.5~

차이나타운
Chinatown

켄싱턴 마켓에서 나와 몇 걸음만 걸으면 바로 중국어 간판이 가득한 차이나타운을 만나게 된다. 규모가 큰 편은 아니지만 중식 레스토랑과 아시아 음식점이 빼곡히 들어서 있다. 캐나다 여행 중 아시아 음식이 생각난다면 아시아 식료품 마켓이나 레스토랑을 방문해보자. 스파다이나 애비뉴 Spadina Avenue를 따라 남쪽으로 계속 걸어가면 퀸 스트리트 웨스트를 만날 수 있다. 이국적인 분위기를 느끼며 걸어보는 것도 좋다.

- 켄싱턴 마켓에서 스파다이나 애비뉴 Spadina Avenue 방향으로 나가면 한자로 된 간판이 나오는 곳의 일대가 차이나타운이다. 켄싱턴 마켓이나 온타리오 미술관과 가깝다.

퀸 스트리트 웨스트
Queen Street West

퀸 스트리트는 토론토 시를 동서로 연결하는 중심 도로. 지하철 오스구드 Osgoode역을 기준으로 서쪽 지역을 퀸 스트리트 웨스트로 부르는데, 이곳은 토론토 지역의 아티스트와 젊은이들이 모여드는 핫한 거리다. 디자이너 부티크, 갤러리, 골동품 매장, 유니크한 레스토랑 등의 상점이 들어서며 점차 유명해졌다. 밤이면 라이브 카페와 펍에서 나이트 라이프를 즐기는 사람들로 붐빈다. 퀸 스트리트와 스파다이나 애비뉴가 만나는 곳에서 한 블록 뒤의 작은 골목으로 들어가면 그래피티가 가득한 거리가 나온다. 이곳을 '벽화 골목 Graffiti Alley'이라 부르는데, 좁은 골목을 가득 채운 그래피티를 감상할 수 있다.

- 지하철 1호선 Osgoode역

Restaurant & Cafe

Wilbur Mexicana |멕시칸 요리|

캐주얼한 분위기의 멕시칸 요리 전문점으로 타코, 퀘사 딜라, 브리토, 파히타 등 전통 멕시코 요리를 맛볼 수 있으며 메뉴에는 나초가 사이드로 제공된다. 또한 셀프 바에 준비된 수십 가지 소스를 사용해 나만의 스타일로 즐겨볼 수 있다.

- 552 King Street West
- 월요일 17:00-21:30, 화~수요일, 일요일 11:30-21:30, 목~토요일 11:30-22:00
- CAD 타코 CAD 6.75~6.95, 브리토 CAD 19.75, 퀘사디아 CAD 14.75~21.5

Gusto 101 |이탤리언 요리|

이탈리아어로 '맛있는 것'이란 뜻의 'Gusto'는 퓨전 이탤리언 요리를 즐길 수 있는 레스토랑으로 웨스트사이드에서 특히 인기 있는 곳이다. 버섯 트러플 파스타 Mafalde Ai Funghi와 화덕에서 구운 피자가 유명하다. 여름에 방문한다면 옥상 테라스 좌석을 추천.

- 101 Portland Street
- 월~목요일 11:45-22:00, 금요일 11:45-23:00, 토요일 11:00-23:00, 일요일 11:00-22:00
- CAD 샐러드 CAD 14~18, 파스타 CAD 21~28, 피자 CAD 18~24

Le Sélect Bistro |프랑스 요리|

1977년 오픈한 프렌치 레스토랑으로 수준 높은 서비스를 받으며 정갈한 음식을 즐길 수 있다. 인기 있는 메뉴는 프렌치 어니언 수프, 겉을 바삭하게 구워낸 오리 다리 구이, 캐러멜라이징 소스를 뿌린 치마살 스테이크 등이며 이곳에 왔다면 와인은 필수! 와인 저장고에 약 1200종류의 와인이 준비되어 있어 다양하게 즐길 수 있다.

- 432 Wellington Street West
- 월~목요일 11:30-22:00, 금요일 11:30-22:30, 토요일 10:30-22:30, 일요일 10:30-21:30
- CAD 브런치 CAD 18~34, 런치 CAD 19~49, 디너 CAD 25~70

Lee | 퓨전 아시아 요리 |

<Food & Wine>에서 밀레니엄 10대 요리사로 선정되었으며 여러 수상 경력이 있는 수서 리Susur Lee 셰프가 운영하는 퓨전 아시안 레스토랑으로 고전적인 프랑스식과 동남아시아 요리법을 결합해 만든 고급 정찬을 즐길 수 있다.

- 497 Richmond Street West
- 일~목요일 17:00-22:00, 금~토요일 17:00-23:00
- CAD 애피타이저 CAD 24~39 메인 CAD 28~140

Bang Bang Ice Cream & Bakery
| 수제 아이스크림 |

과일, 초콜릿, 견과류, 티 등 다양한 재료를 넣어 만든 수제 아이스크림을 판매하는 매장으로 아이스크림 콘, 와플, 아이스크림 쿠키, 아이스크림 샌드위치 등 여러 종류로 즐길 수 있으며 토론토의 맛집 블로거들 사이에서 입소문 난 베이커리다.

- 93A Ossington Avenue
- 화~목요일, 토요일 13:00-21:00, 금요일 14:00-20:00, 일요일 13:00-20:00, 월요일 휴무
- CAD 아이스크림 CAD 5.25~6.95, 아이스크림 샌드위치 CAD 5.98~10

Nadege Patisserie | 베이커리 |

2009년 오픈한 프랑스 출신 파티시에가 운영하는 베이커리로 케이크, 마카롱, 크루아상 등 디저트를 판매하는 매장이다. 달콤한 디저트와 커피를 마시며 여유로운 시간을 보낼 수 있다. 시티 센터의 리치몬드 애들레이드 푸드 코트에도 간이 매장을 운영하며 시즌에 따라 오픈하는 상점을 포함해 토론토에 약 5개 매장이 있다.

- 780 Queen Street West
- 월~수요일 09:00-20:00, 목~토요일 09:00-21:00, 일요일 09:00-19:00
- CAD 케이크 CAD 7~10.5, 마카롱 8개 CAD 24

Midtown
미드타운

시티 센터 북쪽의 블루어 스트리트 주변과 북부 지역을 미드타운으로 나눌 수 있다. 이 지역의 주요 관광지는 로열 온타리오 박물관, 온타리오주 의회 의사당, 토론토 대학교, 카사 로마 등이며 과거의 고전적인 모습과 현대의 세련미를 동시에 느낄 수 있다. 블루어 스트리트를 따라 서쪽으로 가면 한식당과 한국 마켓이 모여 있는 코리아타운을 만날 수 있다.

TRAVEL HIGHLIGHTS

퀸스 공원
Queen's Park

토론토 시내 한복판의 도시 공원인 퀸스 공원은 시민들의 휴식 장소이자 교육과 역사 관광의 중심이 되는 곳이다. 공원 한가운데는 온타리오주 의회 의사당이 있으며 토론토 대학교 세인트 조지 캠퍼스의 학부 건물들이 공원을 감싸고 있다. 공원 북쪽으로는 토론토 최대 박물관인 로열 온타리오 박물관이 있다.

📍 지하철 1호선 Queen's Park역에서 도보 1분

온타리오주 의회 의사당
Legislative Assembly of Ontario

로마네스크 양식의 온타리오주 의회 의사당은 유럽의 건물 분위기가 느껴지며 사암으로 지어져 붉은색을 띤다. 퀸스 공원의 중심에 자리하며 푸른 나무와 알록달록한 꽃과 함께 어우러진다. 건물 주변으로는 캐나다 유명 인사들의 동상이 세워져 있다. 내부를 관람하기 위해서는 무료 가이드 투어에 참여해야 한다. 가이드와 함께 약 30분간 온타리오의 역사와 전시된 기념물에 대한 설명을 들으며 화려한 주 의사당 내부를 둘러보자.

📍 지하철 1호선 Queen's Park역에서 도보 5분

🕒 월~금요일 08:00-18:00, 토~일요일 휴무

토론토 대학교 세인트 조지 캠퍼스
University of Toronto - St. George Campus

토론토 대학교는 1827년 영국 교회가 운영한 킹스 칼리지로 설립되었으며 1851년 지금의 토론토 대학교로 이름이 바뀌었다. 캐나다 총재와 총리를 비롯해 대법관 등 수많은 인재를 배출한 캐나다 최고의 대학이다. 캠퍼스는 토론토와 외곽 지역에 총 세 곳으로 분산되어 있는데 그중 세인트 조지 캠퍼스는 도심 중심지인 퀸스 공원과 로열 온타리오 박물관을 감싸는 형태로 형성되어 있다. 로마네스크 양식과 고딕 양식의 대학교 건물은 도시의 현대적 건축물과 어우러져 인상 깊다. 그 외에도 미시소가Mississauga, 스카버러Scarborough 지역에 나머지 2개 캠퍼스가 있다.

📍 지하철 1호선 Queen's Park, Museum역 주변, 퀸스 공원 주변이 캠퍼스임

토론토 대학교 캠퍼스 투어

무료로 진행되는 캠퍼스 투어는 재학생이 직접 학생들의 경험에 중점을 두고 진행된다. 캠퍼스 시설 견학을 비롯해 대학생의 생활을 엿볼 수 있다. 투어는 무료이며 약 2시간 진행된다.

🕐 월~금요일 11:00, 14:00, 토요일 10:30, 13:00, 공휴일 휴무
▶ future.utoronto.ca/visit/campus-tours

로열 온타리오 박물관
Royal Ontario Museum(ROM)

1914년 개관한 로열 온타리오 박물관은 온타리오주의 예술과 문화, 자연에 대한 다양한 전시를 진행하는 캐나다 최대의 박물관이다. 처음 지어진 석조 건물 구관은 역사가 느껴지고, 2007년 수정을 모티브로 신축한 신관은 관광객의 흥미를 이끌기 충분하다. 총 40개 갤러리와 특별 전시를 포함한 전시관을 운영하며 예술 작품, 문화재, 자연사 표본 등 전 세계 및 여러 시대별 작품 약 1300만 점을 소장하고 있다. 2019년 ROM의 환영 프로젝트 중 하나로, 박물관을 지루하지 않고 편하게 즐길 수 있도록 휴식 정원과 음악 극장, 야외 공연장 등의 야외 시설을 조성했다.

📍 지하철 1호선 Museum역에서 도보 1분
🕐 화~일요일 10:00-17:30, 월요일 휴무(법정 공휴일 오픈), 매달 셋째 주 화요일 연장 운영(16:00-20:30)하며 무료 입장
CAD 입장료 성인 CAD 26, 65세 이상 CAD 21, 학생 CAD 20, 4~14세 CAD 16, 3세 이하 무료(특별 전시는 추가 비용이 발생하며 요금 및 전시가 상시 변동되니 홈페이지에서 확인)

바타 슈 박물관
Bata Shoe Museum

1995년 개관한 바타 슈 박물관은 북미에서도 가장 이색적인 박물관으로 평가받는다. 설립자인 손자 바타 Sonja Bata와 가족들이 수집해 개인적으로 소장하던 신발 1만여 점을 총 4개 갤러리에 전시해두었다. 신발 박물관이라고 하면 패션에 관심 있는 사람만 흥미를 느끼겠지만 사실 이 박물관은 패션에 대한 내용과 더불어 시대에 따라 신발이 어떻게 변화했는지를 보여주며, 신발과 함께 성장해온 문화와 역사를 이해하는 데 도움을 준다.

- 지하철 1, 2호선 St George역에서 도보 2분
- 월~토요일 10:00-17:00, 일요일 12:00-17:00, 12월 25~26일, 1월 1일, 법정 공휴일 휴무
- CAD 성인 CAD 14, 65세 이상 CAD 12, 학생 CAD 8, 5~17세 CAD 5, 4세 이하 무료

요크빌 애비뉴 & 블루어 스트리트
Yorkville Avenue & Bloor Street

로열 온타리오 박물관과 인접한 블루어 스트리트와 두 블록 떨어진 요크빌 애비뉴는 백화점과 명품 매장, 크고 작은 상점이 즐비해 쇼핑을 즐기기 좋은 곳이다. 블루어 스트리트는 대형 백화점이 많아 복합 쇼핑을 즐길 수 있는 곳이고, 요크빌 애비뉴는 비교적 좁은 골목길에 빅토리아풍 주택과 가로수들이 늘어서 있다. 주택에는 명품, 디자이너 부티크, 골동품 상점이 들어서 있으며 토론토에서 가장 세련된 거리로 꼽힌다.

- 지하철 2호선 Bay역에서 도보 2분 / 로열 온타리오 박물관에서 도보 5분

카사 로마
Casa Loma

1914년 지어진 카사 로마는 캐나다의 자본가이자 기업가였던 헨리 밀 펠라트Henry Mill Pellatt가 거주를 위해 지은 대저택이다. 캐나다에서 개인이 소유한 집 중 규모가 가장 큰 것으로 꼽힌다. 토론토 구 시청을 설계한 캐나다의 건축가 에드워드 제임스 레녹스Edward James Lennox가 건축을 맡았고 약 350만 달러가 들어간 대규모 공사였다. 막상 헨리 밀 펠라트는 재정난 때문에 대저택에서 오래 살지 못했고, 몇 년 동안 아무도 거주하지 않은 채 비워진 대저택을 재건해 매년 35만 명 이상의 관광객이 방문하는 토론토 최고의 관광지로 거듭났다. 유럽 고성 분위기의 외관은 굉장히 크고 화려하며 내부는 예술 작품으로 채워져 있다. 높은 지대에 있어 카사 로마의 타워에 오르면 토론토가 한눈에 내려다보이는 전경을 감상할 수 있다. 어둡고 구불구불한 지하 통로는 100년이 넘은 세월이 느껴지고, 고급스럽게 꾸며진 방은 당시 화려한 생활상을 엿볼 수 있다. 지금은 다양한 영화, 드라마 및 화보 촬영지로 활용되고 있다.

- 지하철 1호선 Dupont역에서 도보 8~10분
- 매일 09:30-17:00, 12월 25일 휴무
- CAD 성인 CAD 40, 65세 이상 CAD 35, 14~17세 CAD 35, 4~13세 CAD 25, 3세 이하 무료

Restaurant & Cafe

Trattoria Nervosa | 이탤리언 요리 |

빅토리아 양식의 주택이 늘어서 있는 요크빌 애비뉴에 위치한 이탤리언 식당으로 한국인 입맛에도 맞는 퓨전 스타일의 음식을 즐길 수 있다. 항상 사람들로 붐비는 레스토랑으로 방문 전 예약은 필수이며 여름 시즌에는 2층 파티오 자리를 추천한다.

- 75 Yorkville Avenue
- 일~목요일 12:00-22:00, 금~토요일 12:00-23:00
- CAD 샐러드 CAD 13.99~29.99, 파스타 CAD 20.99~32.99, 피자 CAD 19.99~22.99

Insomnia Restaurant and Lounge
| 브런치 |

한인타운에 있는 레스토랑으로 제철 식재료를 사용한 음식을 선보인다. 브런치로 유명해 오전 시간에는 일찍 가지 않으면 자리가 없을 정도다. 입맛에 맞는 토핑을 선택할 수 있는 에그 베네딕트와 메이플 시럽을 뿌려 먹는 프렌치토스트가 인기 메뉴다.

- 563 Bloor Street West
- 매일 10:00-02:00
- CAD 브런치 CAD 18~22, 런치 CAD 28~32, 디너 CAD 19~37

Eva's Original Chimneys | 굴뚝빵 |

이미 헝가리나 체코에서 유명한 굴뚝빵을 판매하는 곳으로, 원통형의 페이스트리에 설탕을 발라 구운 빵이다. 토핑 없이 설탕만 발라서 먹거나, 속에 아이스크림을 채우고 각종 토핑을 올려서 먹기도 한다. 본점은 블루어 스트리트에 있으며 크리스마스 마켓이나 페스티벌이 열리면 푸드 트럭을 운영해 행사장에서도 만날 수 있다.

- 454 Bloor Street West
- 매일 12:00-24:00
- CAD 굴뚝빵 CAD 7.5, 굴뚝빵 아이스크림 CAD 8.95~10.95

Shopping

허드슨 베이 Hudson's Bay

허드슨 베이 회사의 브랜드 중 하나로, 북미에서 가장 오래된 백화점이다. 주로 토론토, 몬트리올, 오타와 등 캐나다 대도시에 매장이 위치해 있으며, 토론토에는 구 시청 앞 퀸 스트리트 웨스트에 있다. 화장품, 의류, 식료품부터 캐나다 여행 기념품까지 다양한 제품을 구매할 수 있다.

- 176 Yonge St
- 월~토요일 10:00-21:00, 일요일 11:00-19:00

요크데일 쇼핑센터 Yorkdale shopping Centre

요크데일 쇼핑센터는 토론토 시내에서 차로 30분 거리에 위치한 토론토 최대 복합 쇼핑몰이다. 럭셔리 브랜드부터 디자이너 컬렉션까지 약 270개의 매장이 있으며, 관광객을 위한 환전과 수하물 보관 서비스도 제공해 편리한 쇼핑을 즐길 수 있다.

- 3401 Dufferin St
- 월~토요일 10:00-21:00, 일요일 11:00-19:00

토론토 프리미엄 아웃렛
Toronto Premium Outlet

유명 브랜드의 고가 제품을 25~65%까지 인하된 가격으로 구매할 수 있는 아웃렛으로 토론토 시내에서 30~40분 거리에 있다. 구찌, 프라다, 막스마라 등 잘 알려진 명품 브랜드부터 캐주얼 브랜드까지 다양하다. 토론토 유니언역에서 아웃렛까지 유료 셔틀버스가 다닌다.

- 13850 Steeles Ave
- 월~금요일 10:00-21:00, 토요일 09:30-21:00, 일요일 11:00-19:00
- 셔틀버스 outletshuttle.ca

오싱턴 거리 Ossington Avenue

우리나라의 연남동처럼 힙한 카페와 펍 등의 맛집은 물론 네일 숍, 타투 숍 등 패션과 관련한 가게들이 많아 언제 가도 젊은 인파로 가득하다. 퀸 스트리트 웨스트에서 시작해 대븐포트 로드까지 이어진 길을 통틀어 오싱턴 거리라 하는데, 이 중에서 아래쪽인 퀸 스트리트 웨스트와 던다스 스트리트 사이의 비교적 짧은 구간이 핵심 지역으로 통한다. 테라스가 있는 카페에 앉아 지나가는 사람들을 구경하며 여유를 부리기 좋다.

스퀘어 원 Square One

미시소가Mississauga에 위치한 쇼핑센터다. 점포 수로 캐나다에서 2위, 온타리오주에서는 1위일 만큼 규모가 크며 극장, 식당가는 물론 각종 패션 브랜드 숍이 빼곡히 들어서 젊은이들이 즐겨 찾는다. 토론토 기반의 명품 셀렉 숍인 홀트 렌프류 Holt Renfrew 등 한국에서는 쉽게 찾아볼 수 없는 매장이 많아 방문 가치가 충분하다.

📍 100 City Centre Dr, Mississauga, ON L5B 2C9
🕐 매일 10:00-21:00

CF 셔웨이 가든스 CF Sherway Gardens

토론토 시내가 아닌 이토비코라는 곳에 위치했지만 대중교통으로 충분히 이동 가능하다. 오히려 중심가에서 벗어나 사람이 적어 더욱 여유로운 분위기에서 쇼핑이 가능하다. 스퀘어 원만큼이나 규모가 크고 쾌적해 방문하는 이들의 후기가 아주 좋은 쇼핑몰이다. 식당가가 발달해 미식의 경험을 누리기에도 부족함이 없다.

📍 25 The West Mall, Etobicoke, ON M9C 1B8
🕐 매일 10:00-21:00

위너스 Winners

토론토 전역에 10개 이상의 매장을 갖춘 생활용품 전문 숍이다. 패션 물품부터 여행 용품과 생필품, 전자 기기, 화장품, 액세서리 등 취급하지 않는 물건을 찾기 어려울 정도로, 재고 상품과 이월 상품 위주로 선보여 금액 또한 매우 저렴해 합리적 쇼핑을 추구하는 사람들에게 인기가 좋다.

📍 444 Yonge St, Toronto, ON M5B 2H4
🕐 월~토요일 09:00-21:00, 일요일 10:00-21:00

스투시 Stussy

서핑 보드 마니아였던 숀 스투시가 직접 만든 서핑 보드에 스투시 로고를 그려 넣어서 판매한 게 시작이었다. 이후 티셔츠 등에도 사인을 넣어서 판매했고 큰 성공을 거두면서 힙합과 서핑의 조합이라는 센세이션을 불러일으켰다. 스트리트 패션뿐 아니라 캐주얼, 아메카지 등 다양한 스타일을 내놓으며 폭넓게 사랑받고 있다.

📍 241 Spadina Ave. #100A, Toronto, ON M5T 3A8
🕐 월~수요일, 금~토요일 11:00-19:00, 일요일 12:00-18:00, 목요일 휴무

캐나다구스 Canada Goose

우리에게도 친숙한 하이엔드 명품 아웃도어 브랜드다. 추위로부터 사람들을 자유롭게 하라는 모토로 시작된 브랜드로 처음 명칭은 '메트로 스포츠 웨어'였으며 2000년부터 현재 명칭이 되었다. 내구성, 방한성도 최상급이며 방수 기능도 탁월해 적은 양으로 추적추적 내리는 비 정도는 막아주는 놀라운 능력을 보여준다. 토론토 전역에 10여 개 매장을 운영 중이다.

- CF Sherway Gardens, 25 The West Mall Store 3060, Etobicoke, ON M9C 1B8
- 매일 10:00-21:00

노비스 Nobis

캐나다구스의 무겁고 투박한 디자인을 개선해서 만든 브랜드다. 너무 튀지 않으면서도 깔끔한 라인이 특징인데 이러한 점 때문에 일상복으로서 직장인에게 사랑받는다. 이탈리아 브랜드 몽클레르처럼 타이트하고 슬림한 핏인데 패딩 자체는 캐나다구스와 더 비슷하다. 캐나다구스가 모든 생산을 캐나다에서 하는 것과 달리 노비스는 중국에서 생산해 다소 아쉽다는 평이다.

- 11 Dickens St, Toronto, Ontario M4M 1T8
- 월~금요일 09:00-18:00, 토~일요일 휴무

무스너클 Moose Knuckles

캐나다를 상징하는 동물인 무스와 캐나다에서 가장 인기 있는 스포츠인 아이스하키의 정신을 뜻하는 용어 너클을 합쳐서 만들어졌다. 평범한 겨울용 점퍼보다 스타일을 살려주는 피팅감을 중요시한다. 디자인 하나만큼은 다른 아웃도어 브랜드와 차별성을 보여주는데 캐나다구스, 노비스 등에 비해 금액이 저렴하다.

- 3-North Side, 220 Yonge St Unit C010, Level, Toronto, ON M5B 2H1
- 월~토요일 10:00-21:00, 일요일 10:00-19:00

루츠 Roots

의류뿐 아니라 가방, 액세서리, 신발 등을 판매하는 캐나다 자체 생산 브랜드다. 디자인 센터와 가죽 공장 모두 토론토에 위치해 캐나다 사람들에게는 국민 브랜드로 통한다. 한국에서는 IMF 당시 철수해 더 이상 찾아볼 수 없다는 점에서 여행 중 선물용으로 좋은 선택이 된다. 스타일리시한 디자인에 핏감이 살아 있는 의류가 많아 일상복으로 편하게 입기 좋다.

- 220 Yonge St Unit C 32, Toronto, ON M5B 2H1
- 월~토요일 10:00-21:00, 일요일 11:00-19:00

맥 MEC

Mountain Equipment Company의 약자로 1971년 설립된 아웃도어 전문 매장이다. 등산, 캠핑, 러닝, 자전거, 클라이밍, 카약 등 존재하는 거의 모든 아웃도어 관련 장비와 의류를 취급한다. 자체 생산 품목뿐 아니라 파타고니아, 호카 등 다양한 브랜드 제품을 저렴한 금액으로 판매해 인기가 좋다.

- 300 Queen St W, Toronto, ON M5V 2A2
- 월~수요일 10:00-20:00, 목~금요일 10:00-21:00, 토요일 10:00-19:00, 일요일 11:00-19:00

커피 러버라면?
토론토 체인 카페

토론토의 거리를 걷다 보면 도시의 리듬과 함께 숨 쉬는 카페 풍경을 마주하게 된다. 각자의 개성이 묻어 있는 로컬 체인 카페들은 자기만의 철학과 스타일로 이 도시의 커피 문화를 이끌어가고 있다. 대형 프랜차이즈와는 또 다른 매력으로 커피 애호가의 발걸음을 멈추게 하는 커피 신Scene의 강자를 만나보자.

Balzac's Coffee

1996년 온타리오 스트랫퍼드에 매장을 오픈한 이래로 커피 마니아였던 19세기 프랑스 작가 발자크에서 영감받은 빈티지한 인테리어와 독특한 분위기가 큰 인기를 얻어 온타리오 전역에 총 14개 매장을 운영 중이다. 각 지점마다 건물의 역사적 특성을 살린 개성 있는 공간 디자인이 특징으로, 토론토 디스틸러리 역사 지구와 나이아가라 온 더 레이크의 매장이 관광객에게 가장 인기다.

CAD 커피 CAD 3.35~5.95

Jimmy's Coffee

2009년 토론토 웨스트사이드에 첫 오픈한 커피숍으로 이탈리언 커피 로스팅 전문가가 직접 엄선한 커피를 맛볼 수 있는 곳이다. 벽면의 유명인 초상화와 독특한 아트 워크가 특징으로 토론토에 총 9개 매장을 운영 중이다. 이 중 켄싱턴 마켓에 있는 매장이 가장 인기이며 플랫 화이트, 라테 등 우유 베이스 커피를 추천한다.

CAD 커피 CAD 3.5~5.75

Rooster Coffee House

감각적인 인테리어로 토론토 시민에게 큰 사랑을 받는 커피숍으로 토론토에 총 3개 매장을 운영하며 리버데일 공원이 보이는 브로드뷰 지점이 인기다. 커피와 함께 매일 구운 신선한 케이크와 쿠키, 머핀 등을 즐길 수 있으며, '루스터'라는 이름처럼 아침 일찍 커피를 즐기는 사람들이 많이 찾는 곳이다.

CAD 커피 CAD 2.25~4.25

Dineen Coffee Co.

2013년 토론토 시티 센터에 오픈한 커피숍. 역사적인 디닌 빌딩에 위치한 본점은 화려한 아르데코 스타일로 유럽 거리에서 마주칠 것 같은 카페 외관과 실내 인테리어가 돋보인다. 훌륭한 커피를 만든다는 자부심을 지니고 운영하며 커피뿐만 아니라 블렌딩 티도 이곳의 시그니처 메뉴다. 토론토 시내에만 3개의 매장을 운영 중이다.

CAD 커피 CAD 3.25~6.15

TORONTO — 커피 라이러리? 토론토 체인 카페

Fahrenheit Coffee

오픈 이래 2012년부터 토론토에서 Best Specialty Coffee House로 선정된 곳으로 커피 전문가들이 인정하는 뛰어난 에스프레소 퀄리티를 자랑한다. 계절에 맞는 엄선된 원두를 사용해 커피를 제공하며 플랫 화이트Flat White나 코르타도Cortado 등 원두의 맛이 깊게 느껴지는 메뉴가 인기 있다. 토론토에는 총 4개 매장을 운영 중이다.

CAD 커피 CAD 2.15~7.2

The Library Specialty Coffee

토론토 전역에 총 3개 매장을 운영하는 커피 체인점으로 아메리카노부터 핸드 드립 커피까지 다양한 메뉴를 제공한다. 핸드 드립 커피는 4개의 원두 중 입맛대로 골라 즐길 수 있다. 모든 매장의 규모는 작은 편이어서 잠깐씩 커피를 즐기고 가는 손님이 많은 곳이다. 매장에서는 직접 로스팅한 원두도 구매할 수 있다.

CAD 커피 CAD 3.95~6.75

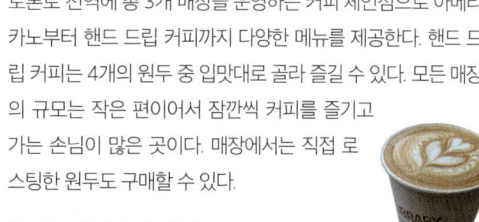

부담 없는 한 끼,
토론토의 체인 레스토랑

글로벌 미식의 중심지 토론토에서 현지인의 일상을 채우는 체인 레스토랑은 각자의 스토리로 도시의 미식 문화를 더욱 풍성하게 만든다. 수제 버거부터 일본식 라멘, 이탤리언 요리, 뉴욕 스타일의 피자까지, 다채로운 요리는 토론토의 다문화적 정체성을 고스란히 담고 있다. 합리적인 가격과 편안한 분위기로 현지인의 사랑을 받으며 토론토의 맛있는 일상을 책임지는 체인 레스토랑을 만나보자.

The Burger's Priest

캐나다 최고의 수제 버거를 맛볼 수 있는 곳. 전통적인 아메리칸 버거의 기본에 충실해 퓨전 버거와 달리 심플하면서도 클래식한 맛을 느낄 수 있어 버거 마니아들이 사랑하는 곳이다. 치즈를 베이스로 한 치즈 버거, 블루치즈 버거가 가장 인기 있는 메뉴다.

CAD 버거 CAD 8.69~15.59, 셰이크 CAD 5.99

Kinton Ramen

2012년 오픈한 토론토 최초의 정통 일본식 라멘 전문점으로 캐나다에서 큰 인기를 얻은 후 한국, 일본, 미국까지 진출한 맛집이다. 20시간 이상 끓여낸 육수를 사용해 일본식 라멘의 풍부한 맛을 느낄 수 있으며 국물의 농도, 면 굵기, 토핑까지 입맛에 맞게 선택할 수 있다.

CAD 라멘 CAD 16~21, 사이드 메뉴 CAD 6~12

WVRST

활기찬 분위기를 즐길 수 있는 캐주얼 레스토랑으로 캐나다 시민의 모임 장소로도 인기가 많은 곳이다. 독일식 소시지가 주메뉴이며 수제 맥주, 애플 사이다, 와인 등 주류에 음식을 곁들여 즐길 수 있는 독일 스타일의 펍이다.

CAD 소시지 CAD 6.95~13.75, 맥주 CAD 8.5~16, 애플 사이다 CAD 14

Terroni

이탈리아 출신 셰프들이 운영하는 이탤리언 레스토랑으로 제철 재료를 사용해 본연의 맛을 살린 정통 이탈리아 요리를 선보이며 다양한 와인 리스트도 갖추고 있다. 가격은 비싼 편이지만 맛이 보장되는 곳을 찾는다면 추천한다.

CAD 피자 CAD 17~26.9, 파스타 CAD 19.9~29.9

Eggspectation

팬케이크, 오믈렛, 에그 베네딕트 등 아메리칸 스타일의 식사를 즐길 수 있는 레스토랑으로 1993년 몬트리올의 작은 매장에서 시작해 토론토, 오타와, 밴쿠버를 비롯해 캐나다에 총 11개 매장을 운영하고 있다. 특히 달걀이 들어간 오믈렛과 에그 베네딕트 종류가 다양해 입맛에 맞게 선택할 수 있으며 과일 스무디도 유명하니 함께 즐겨보자.

CAD 에그 베네딕트 CAD 17~32, 팬케이크 CAD 18~19, 오믈렛 CAD 15~30

North of Brooklyn Pizzeria

가성비 좋은 피자 집으로 얇고 바삭한 도우에 간단한 토핑과 치즈를 올려 오븐에 구운 뉴욕 스타일의 피자를 판매한다. 마르게리타, 뉴욕 치즈, 페퍼로니 등 기본에 충실한 메뉴로 구성되어 있으며 여행 중 간단한 식사를 즐길 수 있는 캐주얼 레스토랑이다.

CAD 피자 CAD 20~30

· SPECIAL ·

Autumn Road Trip Near Toronto

렌터카로 즐기는 토론토 근교 단풍 여행

토론토 근교라면 나이아가라를 가장 대표적인 여행지로 떠올리겠지만, 단풍 시즌에는 나이아가라 폭포만큼 더욱 유명한 곳이 바로 알곤퀸 주립 공원이다. 수천 개의 호수를 품고 있는 알곤퀸 주립 공원은 야외 활동을 즐기는 여행객이라면 꼭 방문해야 하는 곳 중 하나다. 호수에서 카약을 즐기거나 단풍나무 길을 산책하고, 무스코카 증기 유람선을 타고 호수를 유람하는 경험은 이색적인 단풍 여행 기억으로 남을 것이다.

알곤퀸 주립 공원
Algonquin Provincial Park

알곤퀸 주립 공원은 총면적이 7653㎢이며 밴프 국립공원보다 큰 규모로 다양한 자연환경을 경험할 수 있어 온타리오주의 명소로 소문난 곳이다. 2400개가 넘는 호수, 광활한 언덕과 바위 능선, 공원을 뒤덮은 단풍나무, 야생동물로 가득한 천혜의 자연환경을 지녔다. 토론토에서 3시간, 오타와에서 2시간 거리에 있어 가을 시즌에는 당일 여행으로 방문하기 좋은 단풍 관광 명소다. 알곤퀸 주립 공원은 하이킹, 카누, 낚시, 캠핑의 천국이다. 특히 캐니스베이 호수 Canisbay Lake는 가을철 단풍과 어우러진 경치가 매우 아름다우며, 캠핑과 하이킹을 즐기기에 좋다. 하이킹과 카누를 체험하며 공원을 누빌 수 있고 숲속에서 진정한 자연 여행을 즐길 수 있다. 대중교통으로 여행하기 어려워 렌터카를 이용하는 것이 좋으며, 관광 안내소에 먼저 방문해 하이킹 지도와 카누 대여소 등 관광 정보가 표시된 상세 지도를 얻은 후 여행을 시작하자.

> **TIP** 알곤퀸 주립 공원 패스 일일 차량 허가증 온라인 예약
>
> 단풍 시즌 여행 시 5일 전 오전 7시부터 예약 가능(차량 1대당 CAD 21). 예약 시 Hwy 60 Corridor 선택하면 되고, 트레일 이용 시 트레일이 포함된 요금제로 예약해야 한다.
>
> ▶ 온라인 예약 reservations.ontarioparks.ca

- 토론토에서 차로 3시간 20분
- 관광 안내소 Highway 60 at km 43, Algonquin Provincial Park
- 월~금요일 09:00-16:00, 토~일요일 09:00-17:00
- CAD 차량 1대당 CAD 21

알곤퀸 주립 공원 하이킹 Best 3

Centennial Ridges	Lookout Trail	Beaver Pond Trail
바위 능선을 따라 정상에 오르면 눈앞으로 펼쳐진 단풍나무 숲이 보인다. 약 10.4km의 코스로 5~6시간 소요된다. 중급 코스로 하이킹에 익숙한 관광객이 도전하면 좋다.	단풍나무 숲과 거대한 호수를 함께 볼 수 있는 트레일로 정상까지는 약 2km 코스다. 1시간 정도면 오를 수 있지만 경사가 가파른 편이므로 주의해야 한다.	비버 호수를 지나는 트레일로 숲속에서 단풍은 물론 다양한 야생동물을 만날 수 있다. 특히 비버를 만날 확률이 높다. 전망대까지 2km 코스이며 약 1시간 정도 소요된다.

돌셋 전망대 Dorset Lookout Tower

높이 142m의 돌셋 전망대는 공원의 화재를 감시하기 위해 지은 타워다. 현재는 관광객에게 개방해 전망대로 이용하고 있다. 전망대 꼭대기에 오르면 발아래로 펼쳐진 환상적인 풍경을 감상할 수 있다.

- 📍 토론토에서 차로 2시간 45분
- 🏠 1191 Dorset Scenic Tower Road
- 🕐 5월 중순~6월 10:00-17:00, 7~9월 중순 10:00-18:00, 9월 중순~10월 말 09:00~18:00, 10월 말~5월 초 날씨에 따라 운영 시간 다름
- CAD 도보 이동 시 CAD 2.13, 자동차 CAD 10.64 / **가을 시즌** 도보 이동 시 입장료 CAD 5.33, 자동차 CAD 15.95
- 🔗 www.ahtrails.ca

> **TIP 단풍 시즌 사전 예약**
>
> 가을 단풍 시즌(9월 중순~10월 중순)에는 사전 예약이 필요하다. 가을철 성수기에는 하루에 600대 이상의 차량이 방문하므로 충분한 시간을 두고 이동해야 하며, 줄을 설 때를 대비해 음료와 간식을 꼭 챙기는 것이 좋다.

무스코카 증기 유람선 Muskoka Steamships

북미에서 가장 오래된 석탄 증기선으로 호숫가 마을의 한적한 풍경과 가을 단풍을 감상할 수 있다. 유람선은 봄부터 늦은 가을까지 1~4시간 다양한 스케줄로 운행되며, 시즌별 운행 시간이 달라 방문 전 홈페이지 확인이 필요하다. 가을철에는 매진되기 쉬워 온라인 예약을 권장하며, 출발 45분 전 도착해야 한다. 크루즈 티켓으로 Discovery Centre 입장 시 할인받을 수 있고 외부 음식은 반입 금지다(배 내 스낵바에서 현지 음료 제공).

- 📍 토론토에서 차로 2시간
- 🏠 185 Cherokee Lane
- 🕐 화~토요일 10:00-16:00, 일~월요일 휴무, 시즌에 따라 운영 시간 변동
- 🔗 www.ahtrails.ca
- CAD **1시간 30분** 성인 CAD 55.9, 어린이 CAD 29.9 **2시간** 성인 CAD 61.9, 어린이 CAD 35.9 **가을 시즌 요금** 1인당 CAD 5.33, 자동차 CAD 15.95

> **TIP 온타리오주 단풍 여행 효율적으로 즐기기**
>
> 온타리오주에서 단풍 여행을 계획한다면 무스코카 증기 유람선, 알곤퀸 주립 공원, 수세인트마리 세 곳을 묶어 2~3박 일정으로 떠나는 것을 추천한다. 하이킹, 유람선, 기차까지 다양한 방법으로 단풍 여행을 즐겨볼 수 있다.

NIAGARA FALLS
나이아가라 폭포

캐나다 서부의 하이라이트가 캐나디안 로키라면 동부의 하이라이트는 나이아가라 폭포다. 캐나다 온타리오주와 미국 뉴욕주 사이를 흐르는 나이아가라 폭포는 아프리카의 빅토리아, 브라질의 이구아수와 함께 세계 3대 폭포 중 하나다. 북미 오대호Great Lakes에서 흘러온 물이 이리 호수와 온타리오 호수 간의 낙차로 발생했으며 나이아가라 강을 통해 온타리오 호수로 흘러 들어온 물은 세인트 로렌스 강을 지나 대서양으로 향한다. 나이아가라 강을 국경으로 캐나다의 호스슈 폭포(캐나다 폭포)와 미국의 미국 폭포로 나뉘어 있다. 강을 흐르는 수량의 90%가 호스슈 폭포로 흐르고 10%가 미국 폭포로 흐르기 때문에 호스슈 폭포가 더욱 장엄하다. 캐나다와 미국에서 모두 나이아가라 폭포 관광이 이루어지지만, 캐나다에서는 미국 폭포와 캐나다 폭포를 모두 정면으로 볼 수 있는 구조로 되어 있어 더 큰 관광지로 활성화되어 있다. 미국과 캐나다를 연결하는 레인보우 브리지를 통해 자유롭게 미국으로 건너가 양쪽에서 모두 폭포를 관광할 수 있다.

· 찾아가기 ·

✈ AIRPLANE
항공

인천에서 출발하는 경우 국제선 직항 스케줄이 있는 토론토 국제공항을 주로 이용하며, 캐나다 국내선을 이용하는 경우 토론토와 해밀턴 국제공항을 고루 이용할 수 있다. 미국에서 오는 경우 버펄로 나이아가라 국제공항이 가까운 편이라 많이 이용한다. 나이아가라 폭포가 캐나다 동부에서 워낙 큰 관광지인 만큼 다양한 항공 스케줄과 공항을 이용할 수 있다. 단, 버펄로 나이아가라 국제공항에서 이동할 때는 국경을 넘기 때문에 간단한 입국 심사 절차가 있다는 점을 유의하자.

공항에서 나이아가라 폭포 찾아가기

폭포로 이동하는 서비스가 가장 많은 곳은 토론토 국제공항과 버펄로 나이아가라 국제공항이다. 토론토 국제공항에서는 셰어밴 셔틀, 단독 셔틀을 운영하는 업체가 많이 있어 선택의 폭이 다양하다. 버펄로 나이아가라 국제공항은 폭포까지 단 30분이면 갈 수 있어 택시를 타는 경우가 많다. 하지만 국경을 건너는 절차가 오래 걸리면 추가 요금이 발생하기 때문에 미국 쪽 폭포에서 하차하고 다리를 건너 넘어오는 경우도 있으니 참고하자. 해밀턴 국제공항은 다른 공항에 비해 운항 횟수가 적은 소규모 공항이지만 나이아가라 폭포에서 50~60분 거리이기 때문에 토론토 국제공항에 비해 단독 셔틀의 요금이 저렴한 편이다.

나이아가라 폭포~주변 공항 평균 편도 요금

토론토 국제공항 | 셰어밴 셔틀 CAD 110~, 단독 셔틀(3인까지) CAD 310~
해밀턴 국제공항 | 단독 셔틀(3인까지) CAD 208~
버펄로 나이아가라 국제공항 | 미니버스(20인까지) CAD 540~, 단독 셔틀(3인까지) CAD 213~, 택시 CAD 85~ (미국) CAD 95~ (캐나다)

▶ **해밀턴 공항 셔틀** hamiltonairportshuttle.ca **나이아가라 에어버스** niagaraairbus.com **버펄로 공항 셔틀** buffaloairportshuttle.com **버펄로 택시** www.buffaloairporttaxi.com

BUS 버스

나이아가라 폭포의 버스 터미널은 주요 관광지에서 약 10분 거리에 있으며 위고 버스를 타고 갈 수 있다. 메가 버스와 그레이 하운드가 나이아가라 폭포 버스 터미널과 토론토, 버펄로 등 주변 도시로 운행한다. 주요 노선인 토론토의 경우 하루 10편 이상의 스케줄이 있으며 온라인으로 미리 구매할 경우 약 CAD 10~ 대에 티켓을 구할 수 있다. 편도 평균 요금은 CAD 16 정도다.

▶ **메가 버스** ca.megabus.com
▶ **그레이 하운드** flixbus.ca/flixbus-welcomes-greyhound-travelers

TRAIN 기차

기차역도 버스터미널과 같은 위치로 시내에서 차로 10분 정도 떨어져 있다.

1. 비아레일 VIA Rail

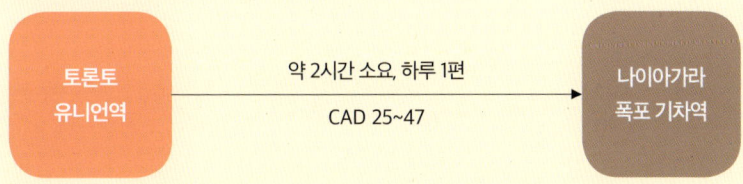

토론토 유니언역 — 약 2시간 소요, 하루 1편 CAD 25~47 — 나이아가라 폭포 기차역

• 토론토 08:20 출발 - 나이아가라 10:20 도착 / 나이아가라 17:45 출발 - 토론토 19:43 도착

2. 암트랙 Amtrak

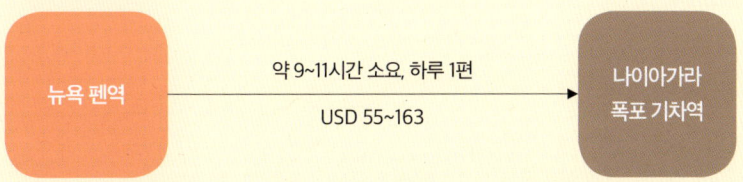

뉴욕 펜역 — 약 9~11시간 소요, 하루 1편 USD 55~163 — 나이아가라 폭포 기차역

• 뉴욕 07:15 출발 - 나이아가라 17:05 도착 / 나이아가라 10:28 출발 - 뉴욕 21:16 도착

위고 WEGO

위고는 나이아가라 시내의 지역 버스다. 레드, 블루, 그린, 오렌지 라인 총 4개 노선을 운행한다. 그린 라인은 주요 관광지를 운행하고 블루 라인은 호텔로 연결되어 이 두 노선을 가장 많이 이용하게 된다. 테이블 록 웰컴 센터가 3개 노선이 모두 교차하는 중심 역이다. 티켓은 웰컴 센터와 위고 마크가 붙은 리테일 숍, 호텔 컨시어지 등에서 구매할 수 있다. 라인에 따라 운행 간격이 다르기 때문에 패스를 구매할 때 버스 스케줄표를 챙겨두자.

- **CAD 24시간 패스** 성인 CAD 12, 6~12세 CAD 8 **48시간 패스** 성인 CAD 16, 6~12세 CAD 12

- **오렌지 라인** 나이아가라 폭포에서 나이아가라 온 더 레이크 지역까지 가는 노선. 4월 30일~10월 9일 한정으로 운영한다. 오렌지 라인은 편도 성인 CAD 10, 소아 CAD 5, 왕복 성인 CAD 16, 소아 CAD 10이다.

- **그린 라인** Butterfly Conservatory역에서 출발하며 1시간에 1대꼴로 운영한다. 위고 버스 패스로는 이용할 수 없고 추가 티켓을 구매해야 하며, 티켓은 탑승 정류장의 리테일 숍에서 구매할 수 있다.

> **TIP**
> 나이아가라 어드벤처 패스를 구매하면 위고 버스를 2일간 무제한으로 탈 수 있다. 어드벤처 패스를 실물 티켓으로 교환하기 전에 버스를 타는 경우, 기사에게 온라인 예약 확인증만 보여주면 된다.

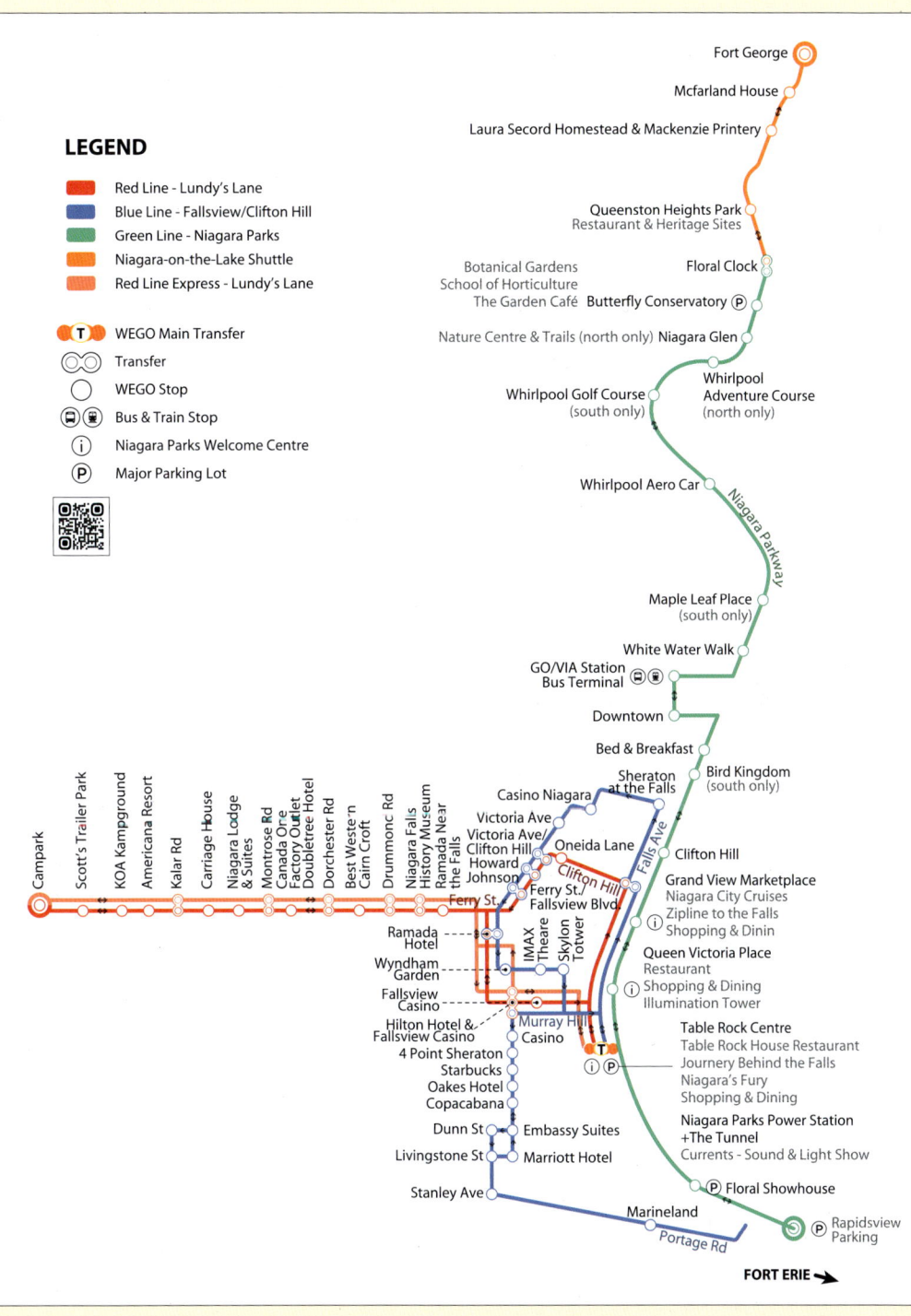

투어로 나이아가라 폭포 즐기기

나이아가라 폭포 투어 Niagara Falls Sightseeing Tour

가이드와 함께 나이아가라 폭포의 주요 관광지를 돌아보는 투어는 약 5~6시간 진행된다. 폭포의 멋진 전망을 보며 점심 식사가 포함된 것부터, 미국과 캐나다 폭포를 모두 즐기는 일정과 토론토에서 출발해 나이아가라 폭포를 하루 동안 돌아보는 원데이 투어까지 다양하다. 특히 토론토에 머물면서 당일 투어로 나이아가라 폭포를 다녀오는 투어를 이용하는 것이 가장 편하다.

- 소요 시간 나이아가라 출발 4~6시간, 토론토 출발 9~10시간
- CAD CAD 196~265, 투어 종류에 따라 다름
- www.niagaraairbus.com/Niagara-Falls-Tours

어드벤처 패스

나이아가라 어드벤처 패스
Niagara Adventure Pass

나이아가라 폭포의 필수 관광지 입장권을 할인된 금액에 이용할 수 있는 통합권이다. 포함된 관광지를 모두 방문한다면 패스를 구매하는 것이 경제적이고, 입장할 때 패스만 보여주면 바로 입장할 수 있어 시간도 절약할 수 있다. 패스의 종류는 4가지이고, 가장 많이 구매하는 것은 어드벤처 클래식 패스다. 온라인 구매 시 할인이 적용되며 나이아가라 폭포의 웰컴 센터에서 구매할 수 있다. 겨울 시즌에는 원더 Wonder 패스를 판매한다.

- www.niagaraparks.com

어드벤처 패스 클래식	나이아가라 폴스 패스	어드벤처 패스 플러스	겨울 시즌 원더 패스
CAD 64+Tax	CAD 84+Tax	CAD 104+Tax	CAD 49+Tax
	나이아가라 공원 발전소 + 더 터널	나이아가라 공원 발전소 + 더 터널	폭포 뒤로의 여행
폭포 뒤로의 여행	월풀 에어로 카	월풀 에어로 카	나이아가라 공원 발전소 + 더 터널
나이아가라 퓨리	폴스 인클라인 레일웨이 2일 이용권	나비 온실	나비 온실
화이트 워터 워크	클래식 +	플라워 하우스	플라워 하우스
위고 버스 2일 이용권		위고 버스 3일 이용권	폴스 인클라인 레일웨이 2일 이용권
쇼핑, 레스토랑 할인 혜택		폴스 인클라인 레일웨이 3일 이용권	위고 버스 2일 이용권
		나이아가라 온 더 레이크 셔틀	쇼핑, 레스토랑 할인 혜택
		4개 역사 유적지	

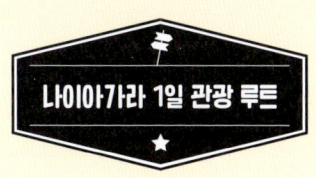

나이아가라 1일 관광 루트

1 테이블 록 웰컴 센터 전망대

— 도보 1분 —

2 폭포 뒤로의 여행

— 위고 버스 5분 또는 도보 15분 —

3 혼블로워 나이아가라 크루즈

— 도보 5분 —

4 레인보우 브리지

— 도보 7분 —

5 클리프턴 힐

— 도보 10분 —

6 스카이론 타워에서 야경 감상

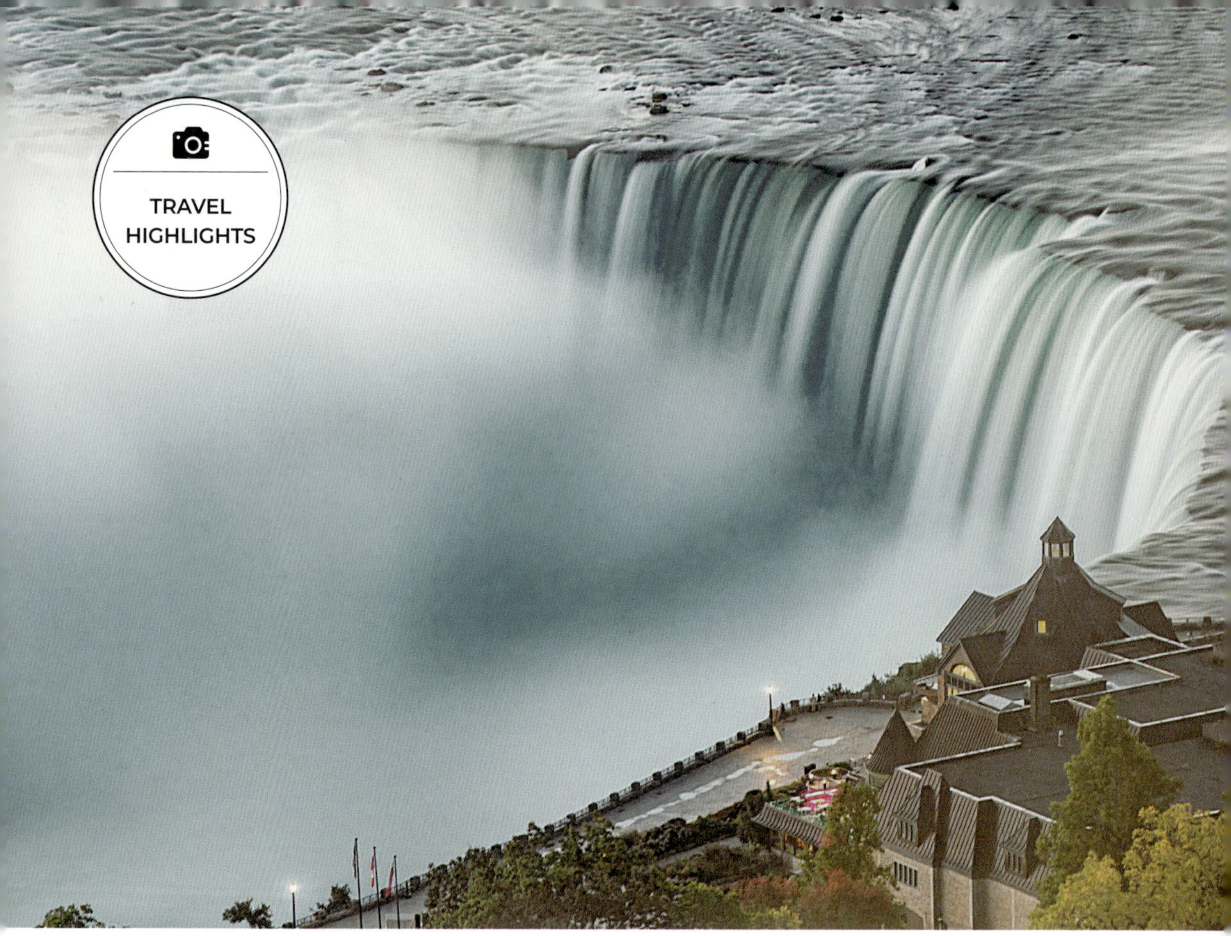
TRAVEL
HIGHLIGHTS

테이블 록 웰컴 센터

Table Rock Welcome Centre

나이아가라 폭포에 처음 도착했다면 바로 테이블 록 웰컴 센터로 향하자. 이곳은 관광 안내소이지만 호스슈 폭포의 멋진 경관을 감상할 수 있는 최고의 뷰포인트 장소이기도 하다. 폭포를 감상했다면 옆 건물로 들어가 여행 정보를 얻어보자. 나이아가라 폭포 여행 정보 제공 및 티켓 구매 대행 서비스를 제공한다. 또한 호스슈 폭포를 다각도로 즐길 수 있는 나이아가라 퓨리, 폭포 뒤로의 여행 프로그램이 시작되는 곳이다. 관광 안내소의 2층 레스토랑도 전망을 감상할 수 있는 숨겨진 뷰포인트이니 식사 시간이라면 꼭 들러보자.

- 위고 버스 Table Rock 정류장(테이블 록 웰컴 센터 건물)
- 6650 Niagara Parkway
- 24시간 오픈

TIP 폴스 인클라인 레일웨이 Falls Incline Railway **이용하기**

테이블 록 웰컴 센터와 호텔, 레스토랑 구역을 연결해주는 푸니쿨라. 나이아가라 어트랙션이 자리 잡은 구역은 지대가 낮고 걸어갈 경우 꽤 먼 거리를 돌아가야 하는데, 이 푸니쿨라를 타면 호스슈 폭포의 전망을 보며 편하게 내려갈 수 있다.

- 월~화요일 09:00-21:00, 목~일요일 09:00-21:00, 수요일 휴무(시즌마다 운영 시간 달라짐)
- CAD 편도 CAD 3.5, 왕복 CAD 7, 2세 이하 무료

FALLS INCLINE RAILWAY

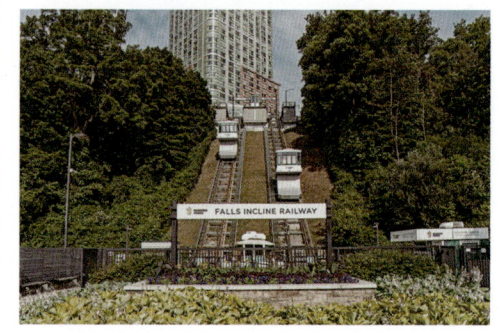

호스슈 폭포 Horseshoe Falls
(캐나다 폭포 Canadian Falls)

미국 쪽의 고트 섬 Goat Island과 캐나다 쪽의 테이블 록 Table Rock 사이의 나이아가라 강 위에 만들어진 폭포다. 높이 약 57m, 너비 약 670m로 나이아가라 강의 약 90% 수량이 호스슈 폭포 쪽으로 흘러 우렁찬 소리와 함께 그 힘을 느낄 수 있다. 수천 년 전 폭포는 현재 지점에서 11km 앞쪽에 있었지만 거대한 수량에 따른 침식작용으로 폭포가 후퇴해 말발굽처럼 움푹 파인 지금의 형태가 되어 이름이 지어졌다고 한다.

미국 폭포
American Falls

나이아가라 강의 10% 수량이 미국 폭포를 통해 흐른다. 호스슈 폭포에 비해 전망대가 폭포 가까이에 있어 가파른 폭포를 내려다볼 수 있다. 미국 폭포에서 호스슈 폭포 쪽으로 얇은 폭포 줄기가 하나 더 있는데, 나이아가라 폭포 중에서도 폭이 좁고 규모가 작아 '면사포'라는 이름의 브라이덜 베일 폭포 Bridal Veil Falls로 불린다. 고트 섬에서 바람의 동굴 Cave of the Winds 체험을 하면, 폭포 하단부까지 계단으로 연결되어 있어 가까운 곳에서 폭포를 즐길 수 있으며 미국 폭포의 혼블로워 나이아가라 크루즈인 안개 아가씨호 Maid of the Mist Boat를 타고 미국 폭포와 호스슈 폭포를 모두 둘러보는 체험이 가능하다.

▶ 미국 폭포 관광 정보 www.niagarafallsstatepark.com

바람의 동굴 Cave of the Winds

- 10 Goat Island Loop Road
- 7/8~8/29 일~목요일 09:00-20:15, 금~토요일 09:00-21:15, 여름 이외 시즌은 단축 운영 (시즌마다 운영 시간 달라짐)
- USD 비수기 성인 USD 14, 어린이 USD 10, 성수기 성인 USD 21, 어린이 USD 17

안개 아가씨호 Maid of the Mist Boat

- 1 Prospect St
- 6~8월 성수기 09:00-20:00, 비수기 10:00-16:00, 겨울 시즌 (11~3월) 운휴 (시즌마다 운영 시간 달라짐)
- USD 성인 USD 28.25, 6~12세 USD 17.75, 5세 이하 무료

혼블로워 나이아가라 크루즈
Hornblower Niagara Cruise

나이아가라 폭포를 즐기는 유람선인 혼블로워 나이아가라 크루즈는 미국 폭포와 브라이덜 베일 폭포, 호스슈 폭포 가까이에 접근한다. 폭포로 가까이 갈수록 사방에서 물이 쏟아져 내려와 몸이 쫄딱 젖을 정도지만 나이아가라 폭포의 웅장함을 느낄 수 있어 현재 가장 인기가 좋은 프로그램이다. 물에 젖는 것이 싫다면 실내 자리에 앉는 것도 방법이다. 하지만 혼블로워 나이아가라 크루즈의 묘미는 2층 야외 데크다. 우비를 나누어주니 반드시 입고 호스슈 폭포의 거대함을 느껴보자. 크루즈는 20분가량 운행되며 15~30분마다 출발한다. 미국에서도 같은 크루즈 안개 아가씨호Maid of the Mist Boat를 탈 수 있다. 혼블로워 나이아가라 크루즈처럼 폭포 가까이에 다가가서 즐길 수 있다. 혼블로워 나이아가라 크루즈는 빨간색 우비를, 안개 아가씨호는 파란색 우비를 제공한다. 봄부터 초겨울까지만 운행하며 날짜별 운행 시간이 다르기 때문에 방문 전 날짜와 스케줄 확인은 필수.

- 위고 버스 그린 라인 Hornblower Niagara Cruises 정류장
- 5920 Niagara Parkway
- 4~11월, 시즌에 따라 변동이 크고 특정 날짜에는 이벤트 크루즈도 있다. 자세한 내용은 홈페이지 참고
- CAD 성인 CAD 33.5, 3~12세 CAD 23.5, 2세 이하 무료(온라인 구매 시 혼블로워 나이아가라 크루즈 입구로 내려가는 푸니쿨라 요금이 포함되어 있다. 푸니쿨라 제외 티켓은 당일 현장에서 구매 가능)
- www.niagaracruises.com/voyage-to-the-falls-boat-tour

TIP 폭포 불꽃놀이 크루즈 Falls Fireworks Cruise

나이아가라 폭포의 불꽃놀이를 혼블로워 나이아가라 크루즈에서 볼 수 있는 프로그램. 40분간 배 위에서 하늘을 수놓은 불빛과 나이아가라 폭포 위의 일루미네이션을 감상할 수 있다. 운영 시간은 매년 변동되니 홈페이지에서 스케줄 확인 후 사전 예약을 권장한다.

CAD 성인 CAD 38.5, 어린이 CAD 25.5

TIP 일루미네이션 & 불꽃놀이 illumination & Fireworks

일루미네이션은 1년 내내 저녁부터 늦은 밤까지 진행되고, 불꽃놀이는 7~8월에는 매일 밤 10시, 봄·가을·겨울에는 지정된 날짜에만 열린다. 방문 전 홈페이지에서 불꽃놀이 시간을 확인할 수 있다.

- www.niagaraparks.com/events/event/niagara-falls-fireworks-series

폭포 뒤로의 여행
Journey Behind the Falls

호스슈 폭포의 절벽 뒤로 들어가 통로를 오가며 폭포수 떨어지는 모습을 볼 수 있다. 테이블 록 웰컴 센터에서 엘리베이터를 타고 약 38m 아래로 내려가면 전망대와 절벽 뒤편으로 들어가는 통로가 나온다. 폭포를 최대한 가까이에서 볼 수 있는 전망대는 호스슈 폭포의 거대함을 실감할 수 있게 해준다. 폭포 뒤쪽으로 걸어 들어가면 안전 때문에 가까이 갈 수 없지만, 폭포의 우렁찬 소리와 진동을 직접 느낄 수 있다. 전망대에 내려간 이후부터 옷이 흠뻑 젖을 정도로 물이 튀기 때문에 입장 시 나누어주는 우비를 꼭 착용하자.

- 위고 버스 Table Rock 정류장(테이블 록 웰컴 센터 건물)
- 계절별 운영 시간이 다르니 방문 전 확인 필수
- CAD 성인 CAD 19, 3~12세 CAD 12.5, 2세 이하 무료
- www.niagaraparks.com/visit/attractions/journey-behind-the-falls

레인보우 브리지
Rainbow International Bridge

나이아가라 강 위를 지나는 다리로 미국과 캐나다를 연결한다. 1941년 건설된 다리의 총 길이는 약 290m이며 강 수면 60m 위에 지어졌다. 국경을 넘기 때문에 간단한 입국 심사 절차도 있으며, 보행자와 자전거는 CAD/USD 1, 차는 CAD 6.5/USD 5의 통행세를 내야 한다. 도보로 국경을 오가는 경험이 새롭기 때문에 일부러 다리를 오가는 관광객도 많으며, 다리 위에서 바라보는 나이아가라 폭포의 경치도 아름답다.

- 위고 버스 블루 라인 Sheraton at the Falls에서 도보 3분

스카이론 타워
Skylon Tower

타워 높이는 약 236m로 나이아가라 폭포 지역의 가장 멋진 전망을 볼 수 있다. 타워에는 실내외 전망대와 레스토랑, 오락 시설, 기념품 상점이 입점해 있다. 옐로 버그Yellow Bug로 불리는 고속 엘리베이터는 단 52초 만에 전망대로 오르며, 투명 유리로 되어 있어 야외 풍경을 볼 수 있다. 전망대의 리볼빙Revolving 레스토랑에서는 폭포 경치를 보며 식사를 즐길 수 있다.

- 📍 위고 버스 블루 라인 Skylon Tower 정류장 또는 그린 라인 Queen Victoria Park 정류장에서 도보 4분
- ⊙ 5200 Robinson Street
- 🕐 월~목요일 10:00-22:00, 금요일 10:00-23:00, 토요일 09:00-23:00, 일요일 09:00-22:00
- CAD 전망대 성인 CAD 19, 4~12세 CAD 9.5, 3세 이하 무료 (전망대 외에도 타워의 다른 어트랙션을 포함한 티켓 종류가 다양하다. 좀 더 자세한 내용은 홈페이지 참고)
- ▸ www.skylon.com

클리프턴 힐
Clifton Hill

나이아가라 폭포 지역의 가장 번화한 구역인 클리프턴 힐은 각종 레스토랑, 상점, 영화관, 놀이기구, 오락실 등 다양한 시설이 가득하다. 아이를 동반한 가족이라면 클리프턴 힐에서 모든 것을 해결할 수 있다. 펀 패스(성인 CAD 39.95, 어린이 CAD 26.95)를 구매하면 6가지 놀이 시설을 할인된 금액에 즐길 수 있다.

- 📍 쉐라톤 온 더 폴스 호텔과 대관람차가 있는 구역이 클리프턴 힐이다. 호텔과 관람차가 멀리서도 보이기 때문에 쉽게 찾을 수 있다.

• 스카이휠 SkyWheel

클리프턴 힐의 대표 놀이기구인 스카이휠은 54m 높이의 대관람차로, 나이아가라 폭포의 전망을 즐기기 좋다. 한 바퀴 도는 데 8~12분 정도 소요된다. 매일 오전 10시부터 밤 12시~새벽 1시까지 운행한다. 요금은 성인 CAD 15, 3~12세 CAD 7, 2세 이하 무료

나이아가라 퓨리
Niagara's Fury

나이아가라 폭포가 생기게 된 역사를 4D 영상으로 보여주는 어트랙션. 360도로 펼쳐진 화면과 흔들리는 의자, 사방에서 뿜어져 나오는 물은 체험을 더욱 실감 나게 해준다.

- 위고 버스 Table Rock 정류장(테이블록 웰컴 센터 건물)
- 계절별 운영 시간이 다르니 방문 전 확인 필수
- CAD 성인 CAD 17.5, 3~12세 CAD 11.5, 2세 이하 무료

화이트 워터 워크
White Water Walk

나이아가라 강변에 만들어진 산책로 화이트 워터 워크에서는 나이아가라 폭포에서 시작된 물줄기가 강의 하류로 흐르며 강폭이 좁아지는 부분에서 물살이 거세게 휘몰아쳐 하얀색 물거품을 일으키는 모습을 볼 수 있다. 나이아가라 폭포의 주 관광지에서 차로 10분 정도, 위고 버스로도 갈 수 있는 위치에 있다. 산책로를 따라 걸으면 왕복 30~40분 정도 소요되며 힘들지 않은 완만한 코스다. 곳곳에는 전망대가 마련되어 있어 시속 48km로 흐르는 엄청난 속도의 물살을 볼 수 있다. 계절별 운영 시간이 다르니 방문 전 꼭 확인하자.

- 위고 버스 그린 라인 White Water Walk 정류장
- 4330 River Road
- 성수기 매일 09:00-20:00, 11월 중순~4월 초 운휴
- CAD 성인 CAD 19, 3~12세 CAD 12.5, 2세 이하 무료

나이아가라 짚라인
WildPlay Niagara Falls MistRider Zipline

나이아가라 폭포를 바라보며 하늘을 가로지르는 스릴을 경험할 수 있는 짚라인은 스릴 체험과 더불어 나이아가라 폭포의 경치를 감상할 수 있다. 길이 약 670m의 짚라인을 시속 70km 이상으로 즐길 수 있어 스릴을 만끽하고 싶다면 적극 추천한다. 일루미네이션이 진행되는 야간에도 탈 수 있다.

- 위고 버스 그린 라인 Hornblower Niagara Cruises 정류장
- 5920 Niagara Parkway
- 성수기 월~목요일 08:00-22:00, 금~일요일 08:00-23:00, 1월 중순~3월 초 운휴(계절별 운영 시간이 다르니 방문 전 확인 필수)
- CAD 싱글 라이드 CAD 69.99(세금 불포함)
- www.wildplay.com/niagara-falls

나이아가라 헬기 투어
Niagara Helicopters Limited

약 12분간 나이아가라 폭포의 절경을 하늘 위에서 바라보며 즐길 수 있는 헬기 투어. 비용도 비싸고 날씨의 제약을 받지만, 기회만 된다면 거대한 나이아가라 폭포를 가장 잘 즐길 수 있는 방법이다.

- 위고 버스 그린 라인 Whirlpool Aero Car 정류장에서 도보 7~8분
- 3731 Victoria Avenue
- 매일 09:00-20:00(계절별 운영 시간이 다르니 방문 전 확인 필수)
- CAD 성인 CAD 185, 3~11세 CAD 113, 2세 이하 무료
- www.niagarahelicopters.com

월풀 에어로 카
Whirlpool Aero Car

나이아가라 강 하류로 흐르는 물이 강 계곡의 폭이 좁아지는 부분에서 유속이 점차 빨라지고, 강 길이 급격히 굽어지는 지점에서 빨라진 유속을 감당하지 못하고 소용돌이치는 곳을 월풀 whirlpool이라 부른다. 월풀 에어로 카는 월풀 위를 지나는 오픈 형태의 케이블카로 빠른 유속으로 생긴 하얀 물거품을 보고 거친 물살 위를 지나는 짜릿한 경험을 할 수 있다.

- 위고 버스 그린 라인 Whirlpool Aero Car 정류장
- 3850 Niagara River Parkway
- 성수기 매일 09:00-20:00, 11월 중순~3월 운휴(계절별 운영 시간이 다르니 방문 전 확인 필수)
- CAD 성인 CAD 19, 3~12세 어린이 CAD 12.5, 2세 이하 무료

월풀 제트 보트 투어
Whirlpool Jet Boat Tours

나이아가라 강 하류부터 출발해 월풀 지점의 거친 물살을 가르며 약 1시간 동안 스릴을 즐길 수 있다. 보트는 우비를 입더라도 머리부터 발끝까지 온몸이 흠뻑 젖을 정도로 격렬하게 움직인다. 수상 스포츠를 좋아하는 사람이라면 즐겨볼 만하다. 나이아가라 폭포 가까이로는 가지 않고 월풀 지역에서만 운행하며 봄부터 가을(4월 중순~10월 초)까지만 영업을 하니 방문 전 홈페이지에서 스케줄 확인은 필수다.

- 위고 버스 오렌지 라인 Laura Secord Homestead 또는 Mackenzie Printery 정류장에서 도보 9분
- 55 River Frontage Road
- CAD 성인 CAD 75.95, 어린이 CAD 44.95
- www.whirlpooljet.com/jet-boating/niagara-falls

나이아가라 공원 발전소
Niagara Parks Power Station

1905년에 건설된 이곳은 나이아가라 강 최초의 대형 수력발전소로 115년 이상의 역사를 자랑한다. 유리 패널 엘리베이터를 이용해 55m 아래로 내려가면 등불과 수작업 도구만으로 굴착된 670m 길이의 터널을 따라 걸을 수 있다. 터널 끝에 도착하면 전망대에서 나이아가라 폭포의 장엄한 경관을 감상할 수 있다. 내부에는 수력발전의 역사를 조명하는 다양한 전시물이 마련되어 있으며, 인터랙티브 전시와 유물을 통해 전기 생산과정을 흥미롭게 탐구할 수 있다. 야간에는 발전소 내부의 조명이 만들어내는 환상적인 분위기도 즐길 수 있다. 추가 비용을 지불하면 전문 가이드와 함께 메인 발전기 층을 탐방하며 더욱 깊이 있는 설명을 들을 수 있다.

- 위고 버스 그린, 블루 라인 Table Rock 정류장에서 도보 5분
- 7005 Niagara River Pkwy
- 10:00-18:00(계절별 운영 시간이 다르니 방문 전 확인 필수)
- CAD 성인 CAD 32, 3~12세 어린이 CAD 21, 2세 이하 무료
- www.niagaraparks.com/visit/attractions/power-station-at-night

나비 온실
Butterfly Conservatory

북미 최대 유리온실 중 하나인 이곳에는 2000여 마리의 열대 나비가 서식한다. 구불구불한 산책로를 따라 셀프 가이드 투어가 가능하다. 번데기 부화 순간을 보거나 과일, 꿀을 먹는 나비를 가까이서 관찰할 수 있어 가족 방문객에게 인기가 높다. 실내는 습도가 높고 26℃로 유지되니, 겨울에 방문 시 휴대폰이나 카메라 렌즈 적응을 위해 입장 전 10~15분 여유를 두도록 하자.

- 위고 버스 그린 라인 Butterfly Conservatory 정류장
- 2565 Niagara River Pkwy
- 09:00-19:00(계절별 운영 시간이 다르니 방문 전 확인 필수)
- CAD 성인 CAD 20, 3~12세 CAD 13, 2세 이하 무료
- www.niagaraparks.com/visit/attractions/butterfly-conservatory

---

TIP 나이아가라 겨울 불빛 축제 Winter Festival of Lights in Niagara Falls

1982년 시작된 캐나다 최대 무료 야외 축제로, 수백만 개의 불빛과 웅장한 조형물이 나이아가라를 환상적인 빛의 정원으로 물들인다. 색색의 조명으로 물든 웅장한 폭포는 화려함을 더해 색다른 매력을 뽐내며, 특정 요일에는 불꽃놀이도 진행된다. 핫 초콜릿 트레일을 따라 다양한 음료를 맛보며 따뜻한 겨울 분위기를 느낄 수 있다. 축제 기간에 방문한다면 환상적인 빛과 미식이 어우러진 특별한 겨울 여행을 즐겨 보자.

- 11월 중순~1월 초
- wfol.com

Table Rock House Restaurant │비프 쇼트 립│

나이아가라 폭포 테이블 록 웰컴 센터 2층에 있는 레스토랑으로 폭포의 아름다운 전망을 바라보며 식사를 즐길 수 있는 곳이다. 버거, 파스타, 양고기 스테이크, 연어, 우리나라 갈비찜과 비슷한 Braised Beef Short Rib 등 로컬 식재료를 활용한 북미 스타일의 요리를 맛볼 수 있다. 폭포가 보이는 창가 자리에 앉는 것을 추천하며 예약하는 것이 좋다.

- 6650 Niagara Parkway
- 매일 11:30-21:00(시즌에 따라 운영 시간이 다름)
- CAD 런치 CAD 25~42, 디너 CAD 37~59, 디너 3코스 CAD 65

Napoli Ristorante Pizzeria │피자, 파스타│

1962년 오픈한 이탈리언 레스토랑으로 최고 품질의 신선한 식재료로 만든 요리를 선보이며 나이아가라와 이탈리아 토스카나 지역 와인 리스트를 갖추고 있다.

- 5485 Ferry Street
- 화~목요일 16:30-21:00, 금~토요일 16:30-21:30, 일요일 16:30-20:30, 월요일 휴무
- CAD 피자 CAD 22~25, 파스타 CAD 20~28, 스테이크 CAD 45~75

Weinkeller │코스 요리│

레스토랑은 독일어로 '포도주 저장실'이라는 뜻으로 세계 여러 나라의 다양한 와인 리스트를 갖추고 있다. 각종 여행 매체에서 나이아가라 베스트 레스토랑으로 선정한 곳으로, 5가지로 구성된 코스 요리를 제공한다. 맛도 훌륭하고 분위기도 좋아 특별한 기념일이나 데이트 장소로 인기가 높다.

- 5633 Victoria Avenue
- 일~목요일 17:00-21:00, 금~토요일 17:00-22:00
- CAD 5코스 CAD 90

The Works Craft Burgers & Beer

| 수제 버거 |

클리프턴 힐에 위치한 수제 버거 전문 매장으로 캐나다산 AAA급 소고기만을 사용한 퓨전 스타일의 버거를 맛볼 수 있다. 인기 메뉴를 선택하거나 번, 패티, 사이드, 토핑 등을 직접 골라 입맛에 맞는 버거를 주문할 수 있다. 매일 오전 11시에서 오후 3시까지 8가지 메뉴를 합리적 가격에 제공하는 런치 메뉴를 운영한다.

- 5717 Victoria Avenue
- 월요일 11:00-21:00, 화~목요일 12:00-20:00, 금, 일요일 12:00-22:00, 토요일 12:00-23:00
- CAD 버거 CAD 17.44~23.61, 런치 메뉴 CAD 14.97

Antica Pizzeria & Ristorante

| 화덕 피자, 파스타 |

나이아가라 폭포 중심부인 클리프턴 힐에 위치한 이탤리언 레스토랑으로 화덕 피자, 파스타, 샐러드 등 퓨전 이탤리언 요리를 즐길 수 있다. 특히 직접 반죽한 도우로 만드는 화덕 피자가 유명해 가족 여행객이 방문하면 좋다.

- 5785 Victoria Avenue
- 일~목요일 12:00-21:00, 금·토요일 12:00-22:00
- CAD 파스타 CAD 19.99~32.99, 피자 CAD 19.99~24.99

Restaurant & Cafe

Monastery Cellars

빈티지 와인과 프리미엄 와인을 소량 생산하는 와이너리 & 숍으로 세계적으로 유명한 비달Vidal 포도로 만든 아이스 와인을 주로 판매한다. 1985년 세워진 교회 안에 있는 와이너리 건물은 유럽 고성에 방문한 듯한 분위기를 자아낸다. 대형 와이너리는 아니지만 나이아가라 폭포에서 가까워 품질 좋은 아이스 와인을 구매하기 좋은 곳이다.

- 7020 Stanley Avenue
- 매일 10:00-17:00

Hershey's Chocolate World

초콜릿 애호가들의 파라다이스인 허쉬 초콜릿 월드는 클래식 허쉬를 비롯해 Reese, Kisses, Twizzler, Jolly, 대형 초콜릿 바, 피넛 버터 초콜릿, 딸기 초콜릿 퐁듀 등 다양한 종류의 제품을 판매한다. 브랜드 로고가 그려진 머그컵이나 키 링, 마그넷 같은 기념품도 구매할 수 있다.

- 5701 Falls Avenue
- 월~목요일 10:00-21:00, 금요일 10:00-23:00, 토요일 09:00-24:00, 일요일 09:00-21:00

Always Refreshing Soda Shop

1950년대 빈티지스럽고 복고풍의 분위기를 물씬 풍기는 코카콜라 스토어는 콜라와 아이스크림, 그리고 코카콜라 기념품을 판매한다. 코카콜라 병 무늬의 티셔츠나 머그컵, 유리컵, 코스터 등 탐나는 제품이 가득하다.

- 5685 Falls Avenue
- 일~목요일 11:00-19:00, 금요일 10:00-22:00, 토요일 09:00-23:00

NIAGARA ON THE LAKE

나이아가라 온 더 레이크

나이아가라 폭포에서 북쪽으로 약 30분 거리, 온타리오 호수 입구에 자리한 작은 도시인 나이아가라 온 더 레이크는 온타리오주의 와인 컨트리 중 한 곳이다. 아이스 와인 생산에 적합한 기후 조건을 갖추었으며 50개 이상의 와이너리가 있다. 와이너리에 방문해 투어를 체험하고 힐링 드라이브를 즐길 수 있다. 19세기 어퍼 캐나다의 첫 수도였던 나이아가라 온 더 레이크의 퀸스 스트리트를 따라 역사를 간직한 건축물이 그대로 남아 있다.

관광 안내소

- 26 Queen St, Niagara-on-the-Lake
- 월~토요일 10:00-17:00, 일요일 휴무
- www.niagaraonthelake.com

· 찾아가기 ·

나이아가라 폭포에서 북쪽으로 약 30분 거리에 있는 나이아가라 온 더 레이크는 당일 여행으로 즐길 만한 곳이다. 4월 말~10월 초, 여름 시즌에는 위고 버스가 나이아가라 폭포에서 나이아가라 온 더 레이크의 포트 조지 국립 역사 지구 앞까지 운행해(오렌지 라인) 대중교통을 이용해서 갈 수 있으며 10월 중순~4월 중순, 겨울 시즌에는 택시를 타고 가야 한다. 와이너리 지역을 관광할 예정이라면 렌터카나 택시를 이용하는 것이 가장 편리하다. 토론토, 해밀턴 등 주변 공항에서 나이아가라 온 더 레이크로 가는 경우에는 공항에서 단독 셔틀을 이용할 수 있다(자세한 내용은 나이아가라 폭포 찾아가기 참고).

나이아가라 온 더 레이크 택시 Notltaxi +1 905 468 2661 | Niagara Falls Taxi +1 905 357 4000

· 투어로 나이아가라 폭포 즐기기 ·

나이아가라 와인 투어 Niagara Wine Tour

나이아가라 온 더 레이크 타운과 유명 와이너리를 방문하는 투어를 즐길 수 있다. 렌터카 없이 나이아가라 와이너리를 편하게 둘러볼 수 있는 데다 다양한 프로그램이 있어 선호도에 맞게 고를 수 있다. 토론토, 나이아가라 폭포, 나이아가라 온 더 레이크 지역 세 곳에서 출발하는 것으로 예약할 수 있다.

CAD CAD 100~210
- www.niagaraairbus.com/Niagara-Winery-Tours
  www.getyourguide.com/niagara-on-the-lake-l87744

TRAVEL HIGHLIGHTS

퀸스 스트리트
Queens Street

파스텔 톤의 알록달록한 빅토리아풍 건물에는 기념품 숍, 카페, 아이스크림 숍, 갤러리 등이 들어서 있고, 길을 따라 나무와 꽃이 가득한 화단과 벤치가 놓여 있어 산책을 즐기기 좋은 거리다.

프린스 오브 웨일스 호텔
Prince of Wales Hotel

1864년에 지어진 빅토리아풍 호텔은 영국 엘리자베스 2세 여왕이 묵었던 곳으로 나이아가라 온 더 레이크의 상징이다. 실내 인테리어는 진한 색의 목재 가구와 고급스러운 소파, 벽지가 조화를 이뤄 매우 고풍스럽다. 이곳은 스콘, 샌드위치, 차를 함께 즐기는 영국식 애프터눈 티가 유명하다. 애프터눈 티를 즐기려면 사전 예약은 필수. 평균 요금은 1박에 CAD 390 정도. 하룻밤 머무르며 과거의 영국 속으로 들어간 듯한 기분을 느껴보자.

6 Picton Street

퀸스 로열 공원
Queens Royal Park

거대한 온타리오 호수를 정면으로 바라볼 수 있는 퀸스 로열 공원은 가시거리가 좋은 날에는 건너편의 토론토 고층 빌딩까지 보이기도 한다. 마치 바다 같은 호수를 배경으로 멋진 사진을 남길 수 있으니 한번 들러서 인생 숏을 찍어보자. 여름이면 많은 사람이 잔디에 누워 피크닉을 즐기는 공원이니 아이스 와인 한잔하며 여행의 피로를 풀어보는 것도 좋다.

📍 프린스 오브 웨일스 호텔에서 도보 8분, 나이아가라 강과 온타리오 호수가 만나는 입구 부근

포트 조지 국립 역사 지구
Fort George National Historic Site

1796~1802년에 영국 군대가 지은 포트 조지는 미국의 공격에서 어퍼 캐나다를 방어하기 위해 만들어졌다. 1812년 전쟁 동안 여러 차례 전투가 발생했고 영국과 미국이 번갈아 점령하기도 했던 곳. 지금은 역사 유적지로 관광객에게 개방해 당시의 복장을 입은 직원들이 역사에 대한 설명과 함께 다양한 프로그램을 운영한다.

📍 위고 버스 오렌지 라인 Fort George역 (오렌지 라인 종점)

⌖ 51 Queen's Parade

🕐 4월 초~5월 중순 토~일요일 10:00-17:00, 5월 중순~9월 초 매일 10:00-17:00, 9월 초~10월 말 수~일요일 10:00-17:00 (그 외 기간 휴무 및 해마다 날짜 변동 있음)

CAD 성인 CAD 13.25, 65세 이상 CAD 11.25, 17세 이하 무료

Restaurant & Cafe

The Drawing Room | 애프터눈 티 |

제대로 된 영국식 애프터눈 티를 즐길 수 있는 티룸으로 프린스 오브 웨일스 호텔 안에 있다. 전통 애프터눈 티 메뉴는 핑거 샌드위치, 하우스메이드 페이스트리, 스콘이 3단 트레이에 함께 제공된다. 기본 메뉴에 치즈, 스파클링 와인, 아이스 와인 등 사이드가 추가된 메뉴도 갖추고 있으며 CAD 12 추가 시 좀 더 다양한 티 셀렉션을 선보인다. 워낙 인기가 많은 곳이기 때문에 방문 전 예약은 필수다.

- 6 Picton Street
- 매일 11:00-17:00
- CAD 애프터눈 티 1인 CAD 55~75(12세 이하 1인 CAD 26)

Masaki Sushi | 스시 |

일본에서 직접 공수해 온 신선한 해산물로 만든 요리를 선보이는 곳으로, 전통 일본식에 현대적 감각을 더한 창의적 음식으로 사람들의 눈길을 끈다. 가짓수가 다양하지 않지만 신선하고 맛있는 스시를 즐길 수 있는 몇 안 되는 일식 맛집 중 하나로 손꼽힌다. 화려한 경력을 자랑하는 셰프가 한국인이라 왠지 좀 더 친근한 느낌이다. 방문 전 예약 필수라는 점 기억하자.

- 60 Picton Street
- 수~일요일 11:30-21:00, 월~화요일 휴무
- CAD 런치 스페셜 CAD 22~38, 우동 및 덮밥 CAD 25~35

The Irish Harp Pub | 펍 |

이름처럼 실제로 아일랜드에서 이민 온 사람들이 만든 펍이다. 처음 생겼던 19세기의 내부 인테리어를 그대로 유지해 시간 여행을 떠나온 듯한 묘한 기분에 빠져들게 된다. 피시 & 칩스, 미트 파이, 셰퍼드 파이 등 다양한 아일랜드 가정식을 맛볼 수 있으며, 기본적으로 펍인 만큼 맥주의 종류가 다양해 여행 후 피로를 풀어줄 맥주 한잔하기 좋은 곳이다.

- 245 King Street
- 매일 11:00-23:00
- CAD 샌드위치, 버거 CAD 19.5~22.5 맥주(S) CAD 5.75~7.25

Shopping

Greaves Jams & Marmalades

나이아가라 온 더 레이크에서 재배된 신선한 과일로 만든 잼을 판매하는 곳. 천연 잼, 젤리, 마멀레이드, 스프레드 등 다양한 제품을 구매할 수 있다.

- 55 Queen Street
- 여름 시즌 10:00-20:00, 겨울 시즌 10:00-17:00

Just Christmas

1958년에 문을 연 상점으로 장식품을 비롯해 5000개가 넘는 크리스마스 용품을 만날 수 있다. 사계절 내내 크리스마스 용품을 구매할 수 있으며, 매년 새로운 아이템을 선보인다.

- 34 Queen Street
- 월~목요일 10:00-17:00, 금~일요일 10:00-17:30

BeauChapeau Hat Shop

다양한 디자인의 모자를 구매할 수 있으며 장갑, 스카프 등의 잡화도 판매한다. 1920~1930년대 스타일에서 영감받은 클래식 디자인의 모자가 인기 제품이다.

- 42 Queen Street
- 일~목요일 09:00-19:00, 금~토요일 09:00-20:00

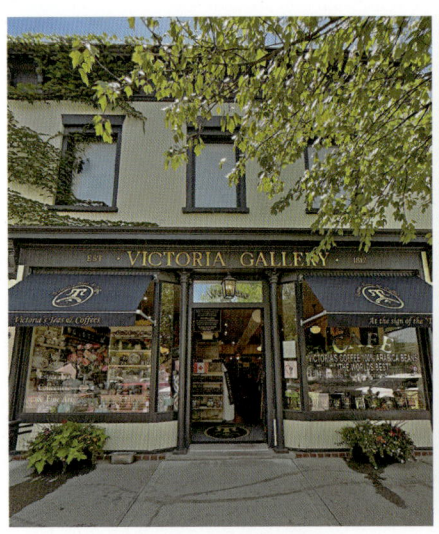

Greaves Jams & Marmalades

카페와 기념품 숍을 같이 운영 중인 곳으로 커피와 차에 관련된 제품이 가득하다. 각종 원두와 티, 영국풍 티포트 세트와 머그컵 등의 액세서리도 구매할 수 있다.

- 108 Queen Street
- 매일 10:00-18:00

Wine Country Vintners

온타리오 와인 컨트리의 아이스 와인을 시음해보고 구매할 수 있다. 주변 와이너리를 방문해 시음할 시간이 없는 관광객이라면 이곳을 방문하는 것을 추천한다.

- 27 Queen Street
- 일~목요일 10:00-17:00, 금~토요일 10:00-18:00

· SPECIAL ·

The Sweet Temptation of Ice Wine, Known as Winter's Pearl

'겨울의 진주'라 불리는 아이스 와인의 달콤한 유혹

디저트 와인 중 하나인 아이스 와인은 얼어 있는 포도로 만들기 때문에 단맛이 강하고 풍미가 좋다. 온타리오주의 나이아가라 온 더 레이크 지역은 호숫가에 위치한 넓은 평원 지대에 완만한 경사를 갖춰 포도밭을 일구기 좋으며, 여름에는 온화한 날씨와 충분한 일조량, 겨울에는 영하로 떨어지는 추운 날씨로 아이스 와인을 생산하는 데 적합한 기후 조건을 갖고 있어 대표적인 아이스 와인 생산지다. 대부분의 유명 와이너리는 연중 오픈해 관광객을 맞이하고, 와이너리 투어가 준비되어 있어 와인 생산 방법에 대해 배우고 양조장을 둘러보며 시음해볼 수 있으니 와인 애호가라면 나이아가라 온 더 레이크는 꼭 가봐야 할 곳이다.

잭슨 트릭스 와이너리
Jackson Triggs Winery

1993년 설립된 잭슨 트릭스 와이너리는 오카나간 밸리와 나이아가라 온 더 레이크 지역 두 곳을 운영 중이다. 각종 국제, 국내 대회의 수상 경력을 자랑하며 뛰어난 와인 제조 시설을 갖추었으며, 투어 프로그램을 신청하면 포도밭과 와인 창고, 공장을 두루 돌아보며 와인이 어떻게 만들어지는지 자세히 설명해준다. 포도밭에서 지하실까지 와인 양조장을 돌아보며 와인 제조 과정을 견학하고 다양한 와인 샘플링을 즐길 수 있다.

- 2145 Niagara Stone Road
- 11~4월 매일 11:00-17:00, 5~10월 일~목요일 11:00-18:00, 금~토요일 11:00-19:00
- CAD Estate Tour CAD 35
- www.jacksontriggswinery.com

이니스킬린 와인스
Inniskillin Wines

아이스 와인으로 유명한 이니스킬린 와인스는 캐나다 와인 역사에서 중요한 역할을 한 곳이다. 1984년 캐나다에서 처음으로 비달 포도로 아이스 와인을 생산하는 데 성공했으며, 1991년에는 비달 아이스 와인으로 프랑스 와인 엑스포에서 가장 권위 있는 상을 받으며 세계 최고의 와이너리로 자리 잡았다. 2010년 밴쿠버 동계 올림픽 공식 와이너리로 선정되기도 했다. 고급 테이블 와인과 아이스 와인을 생산하며 와이너리 투어를 연중 운영한다. 계절에 따라 야외 광장에서는 로컬 식재료로 만든 고급 식사를 제공하는 마켓이 열린다.

- 1499 Line 3, Niagara-on-the-Lake
- 3~4월 매일 11:00-17:00, 5~8월 일~목요일 11:00-18:00, 금~토요일 11:00-19:00, 9~10월 일~목요일 11:00-17:00, 금~토요일 11:00-18:00, 11~2월 일~목요일 11:00-17:00, 금~토요일 11:00-20:00
- 일~금요일 11:30, 13:30, 15:30, 토요일 11:30-16:30 (매시간 30분 간격)
- CAD Inniskillin Tours and Tastings CAD 35
- www.inniskillin.com/visit-us/niagara/

펠러 에스테이트 와이너리
Peller Estates Winery

유럽계 이민자 앤드루 펠러Andrew Peller가 오픈한 와이너리로 처음에는 브리티시 컬럼비아주(BC주)의 오카나간 밸리에서 시작해 나이아가라 온 더 레이크로 이전해 3대째 가족이 운영하고 있다. 포도 농장과 양조장뿐 아니라 고급 레스토랑과 아름다운 경치로 유명하다. 시그니처 시리즈, 프라이빗 리저브, 아이스 와인까지 총 3개의 시리즈 와인을 생산한다. 투어를 즐길 때 영하 10℃ 이글루에서 아이스 와인을 시음하는 독특한 경험을 해볼 수 있다.

- 290 John Street East
- 일~목요일 11:00-19:00, 금~토요일 10:00-20:00
- 성수기 시즌 11:00-18:00까지 매시간 진행(시즌에 따라 운영 시간 다름)
- Greatest Winery Tour CAD 45, 스탠더드 테이스팅 플라이트(3잔) CAD 27 (일~목요일 11:30-17:15, 금~토요일 11:00-18:15)
- www.peller.com

트리우스 와이너리
Trius Winery

나이아가라 지역 와인 산업의 중요한 발걸음을 시작한 와이너리 중 한 곳으로, 30년이 넘는 역사를 지니고 있다. 보르도 블렌드에서 영감받은 트리우스 레드Trius Red는 27년 넘게 인정받는 캐나다 빈티지 와인이다. 트리우스는 레드 와인과 스파클링 와인이 특히 유명하며 캐나다에서 가장 큰 지하 스파클링 와인 저장고를 보유하고 있다. 물론 아이스 와인도 생산해 다양한 종류를 함께 즐겨볼 수 있다.

- 1249 Niagara Stone Road
- 일~목요일 11:00-18:00, 금~토요일 11:00-20:00
- 성수기 시즌 11:00-18:00까지 매시간 진행(시즌에 따라 운영 시간 다름)
- The Trius Tour CAD 45, 테이스팅 CAD 27 (일~목요일 11:00-17:00, 금~토요일 11:00-18:15)
- www.triuswines.com

PRINCE EDWARD COUNTY

프린스 에드워드 카운티

온타리오 호수의 해안선을 따라 자리한 프린스 에드워드 카운티는 호수를 통한 농업, 산업과 무역에 뿌리를 둔 작은 항구 마을로 이루어져 있다. 오늘날에는 호수가 제공하는 이상적 기후 조건으로 와인 산업이 발달했으며 음식과 예술을 사랑하는 사람들이 모여 지내는 것으로 유명하다. 온타리오 호수 근처에 자리 잡은 대부분의 와이너리에서는 호수 전망을 바라보며 와인 시음과 로컬 음식을 즐길 수 있다. 800km의 해안선으로 둘러싸인 이곳은 곳곳에 모래 해변이 자리하는데, 그중에서도 샌드뱅크 주립 공원은 캐나다에서 가장 아름다운 모래 해변이 있는 곳으로 캐나디안의 여름휴가 인기 명소다.

· 찾아가기 ·

프린스 에드워드 카운티 곳곳을 샅샅이 다니려면 차를 빌려 여행하는 것이 가장 보편적인 방법이다. 카운티에는 렌터카 센터가 없기 때문에 카운티에서 가까운 토론토나 오타와 공항에서 렌터카를 빌려 이동해야 하고, 토론토에서 2시간 30분, 오타와에서 3시간 걸린다.

TRAVEL HIGHLIGHTS

샌드뱅크 주립 공원
Sandbanks Provincial Park

온타리오주에서 가장 아름답고 큰 비치가 있는 주립 공원. 아웃렛, 샌드뱅크, 던스 비치에서 윈드서핑, 세일링, 카누 등의 해양 액티비티를 즐길 수 있다. 황금빛 모래사장과 신비로운 모래언덕은 만의 입구에 자리한 공원의 지형적 특성을 보여준다. 또한 비치는 물이 얕아 가족 여행지로 적합하다.

- 3004 County Road 12
- 4/26~10/31 월~수요일, 금~일요일 08:00-22:00, 목요일 08:00-17:00

카운티 사이다 컴퍼니
The County Cider Company

프린스 에드워드 카운티에서는 첫 공식적인 와이너리다. 1995년 오픈했으며 가족이 운영하는 농장에서 재배한 사과로 100% 천연 사과주를 만든다. 2개 농장에서 16종의 사과를 재배해 영국인 사이다 메이커가 만드는 전통 사과주는 프린스 에드워드 카운티만의 독특한 맛을 느낄 수 있다. 테이스팅 룸과 리테일 숍은 5월부터 11월 초까지 운영하며 원하는 경우 투어도 가능하다. 이곳에서 운영 중인 레스토랑은 와푸스 섬과 프린스 에드워드 베이가 내려다보이는 과수원과 포도 농장으로 둘러싸여 있어 멋진 경치를 즐기며 식사를 할 수 있다. 단, 레스토랑은 5~10월에만 오픈하니 참고하자.

- 657 Bongards Crossroad
- 숍 & 테이스팅 토~일요일 11:00-17:00, 월~금요일 휴무
- CAD 5잔 시음 CAD 16
- www.countycider.com

와푸스 에스테이트 와이너리
Waupoos Estates Winery

프린스 에드워드 카운티에서 가장 오래된 와이너리로 1993년 작은 포도밭으로 시작해 2001년 정식 와이너리로 오픈했다. 시라즈, 게뷔르츠트라미너, 가메 누아 등의 포도 품종을 재배한다. 프린스 에드워드 베이가 내려다보이는 레스토랑은 와인을 마시거나 가벼운 점심 식사를 즐기기에 좋은 장소다. 또한 사과나 복숭아, 감귤 과수원 및 메이플 나무가 있어 겨울에는 메이플 시럽을 생산할 정도로 다양한 과일을 재배하고 있다.

- 3016 County Road 8
- 와이너리 부티크 목~금요일 11:00-15:00, 토~일요일 09:00-15:00, 월~수요일 휴무

CAD 와이너리 투어 1인 CAD 45, 4잔 시음 CAD 12

- www.waupooswinery.com

샌드뱅크 와이너리
Sandbanks Winery

16년간 프린스 에드워드 카운티에서 와인을 생산하는 곳으로 온타리오 호수의 그림 같은 해안가를 따라 있어 아름다운 경치를 감상할 수 있다. 정식 와이너리는 2004년 오픈했으며 다른 곳에 비해 다양한 와이너리 경험을 제공한다. 특히 레드 와인과 리슬링이 유명하다.

- 17598 Loyalist Parkway
- 매일 11:00-17:00

CAD 시음 CAD 10

- www.sandbankswinery.com

프린스 에드워드 카운티 라벤더
Prince Edward County Lavender

라벤더 농장과 숙박 시설을 겸한 곳이다. 흥미롭고 교육적인 가이드 투어에 참여할 수 있으며 오일, 비누, 라벤더 향주머니, 설탕 등 수공예품을 구매할 수 있다. 늦은 6월부터 7월까지 라벤더 꽃이 만발한 모습을 볼 수 있고, 7월에는 4일간 라벤더 축제가 열린다.

- 732 Closson Road

CAD 라벤더 축제 CAD 12.5(12세 미만 무료)

- www.peclavender.com

Restaurant & Cafe

Slickers County Ice Cream | 아이스크림

로컬에서 생산된 재료로 만든 아이스크림이며, 계절마다 새로운 맛을 추가해 22~24가지의 다양한 아이스크림을 판매한다. 체리나 라즈베리, 딸기 등 과일이 들어간 아이스크림이 유명하다. 프린스 에드워드 카운티에 총 2개 매장이 있다. 가장 유명한 아이스크림 전문점이니 꼭 맛보자.

- 232 Picton Main Street / 271 Bloomfield Main Street
- 화~목요일 14:00-17:00, 금~토요일 12:00-20:00, 일요일 12:00-18:00, 월요일 휴무(계절별로 운영 시간이 다름, 방문 전 홈페이지 www.slickersicecream.com 참고)
- CAD 아이스크림 CAD 4~8.4

Hotel

Drake Devonshire Inn

온타리오 호수가 내려다보이는 해안가에 자리 잡은 부티크 호텔이다. 총 11개의 스타일리시한 룸과 2개의 스위트룸을 갖추고 있다. 공장으로 사용되던 건물을 드레이크 브랜드의 트렌디한 감각이 묻어나는 호텔로 재탄생시켰다. 컬러풀한 소품, 예술가들의 작품으로 채워진 호텔은 영국식 시설과 농가 분위기가 합쳐져 도심에서 벗어나 여유로운 휴식을 즐기기 좋은 곳이다. 호텔의 레스토랑 또한 큰 인기를 얻었는데, 이 지역 농장에서 재배된 식재료를 사용하며 독창적인 칵테일 프로그램 및 와인 셀렉션을 갖추고 있다.

- 24 Wharf Street, Wellington
- CAD CAD 247~

PRINCE EDWARD COUNTY —— 지도

Ottawa 262km
401
Toronto 217km
2
Belleville

프린스 에드워드 카운티

프린스 에드워드 카운티 라벤더
Prince Edward County Lavender

Slickers County Ice Cream

카운티 사이다 컴퍼니
The County Cider Company

와푸스 에스테이트 와이너리
Waupoos Estates Winery

Slickers County Ice Cream

Drake Devonshire Inn

샌드뱅크 와이너리
Sandbanks Winery

샌드뱅크 주립 공원
Sandbanks Provincial Park

131

KINGSTON
킹스턴

초기 캐나다의 수도였던 킹스턴은 세인트 로렌스 강을 경계로 미국과 국경을 맞대고 있다. 온타리오 호수에서 시작해 대서양으로 연결되는 세인트 로렌스 강의 길목에 위치한 지리적 이점으로 상업적, 군사적으로 중요한 역할을 했다. 지금까지 잘 보존되어 있는 캐나다 역사의 잔재가 킹스턴을 더욱 매력적으로 만들어준다. 사계절 내내 빼어난 경치를 자랑하는 천 섬 관광으로 유명한데, 가을이면 붉은빛으로 단풍이 물든 풍경을 감상할 수 있다.

ⓘ 관광 안내소
209 Ontario Street
매일 10:00-17:00

· 찾아가기 ·

다운타운에서 차로 15분 거리에 킹스턴 공항이 있지만 항공 스케줄이 적은 편이라 기차, 버스를 이용하는 편이 좋다. 킹스턴 기차역과 버스 터미널은 다운타운에서 차로 약 10~15분 거리에 있다. 토론토, 몬트리올, 오타와에서 기차나 버스로 2~3시간이면 킹스턴에 도착하는데, 운행 스케줄도 다양하고 항공보다 금액 또한 저렴하다. 특히 버스는 1~2달 전 미리 예약하면 CAD 5~10에도 편도 티켓을 구입할 수 있다.

· 기차

토론토	2시간 30분	CAD 48~
오타와	2시간	CAD 48~
몬트리올	2시간 40분	CAD 48~

· 버스

토론토	3시간 10분	CAD 5~15
몬트리올	3시간 20분	CAD 39~55

· 시내 교통 ·

킹스턴 다운타운은 도보로 충분히 다닐 수 있지만 타운을 벗어난 기차역, 버스 터미널, 포트 헨리, 캐나다 교도소 박물관 등은 시내버스나 택시를 이용하는 것이 편리하다. 버스는 환승도 가능하고 노선이 다양하지만 배차 간격이 넓은 편이라 킹스턴 트롤리나 택시를 추천한다.

CAD CAD 3.25, 1일권 CAD 8.25
킹스턴 택시 Amey's Greenwood Taxi Ltd +1 613 546 1111 | Modern Taxi Cab Limited +1 613 546 2222

KINGSTON TROLLEY
킹스턴 트롤리

킹스턴 트롤리는 내렸다 탔다 할 수 있는 홉-온, 홉-오프 방식으로 포트 헨리, 캐나다 교도소 박물관, 퀸스 대학교 등 주요 관광지를 방문할 때 유용하다. 대중교통 스케줄에 신경 쓰지 않고 편하게 여행할 수 있다. 또한 트롤리 회사에서 운영하는 1시간짜리 가이드 투어는 300년 이상의 역사가 담긴 킹스턴을 돌아보며 오디오 설명으로 진행된다.

- 248 Ontario Street, 킹스턴 컨페더레이션 공원
- 5/18~10/14 매일 10:00-17:00 (1시간 간격)
- **시티 트롤리 투어** (1시간 가이드 투어) 3~5월, 10월 운영 | 매일 11:00, 13:00, 15:00
  고스트 앤 미스터리 투어 5/17~11/2 (해마다 변동) | 매일 18:30, 19:00
- CAD 성인 CAD 44.5, 2~15세 CAD 35.5
- www.kingstontrolley.ca

킹스턴 1일 관광 루트

1. 컨페더레이션 공원  
— 킹스턴 트롤리 —
2. 포트 헨리 국립 역사 지구 
3. 벨뷰 하우스 
4. 캐나다 교도소 박물관 
5. 세인트 메리 대성당 
6. 마켓 광장

TRAVEL HIGHLIGHTS

컨페더레이션 공원
Confederation Park

킹스턴 시청을 배경으로 펼쳐진 공원은 관광 안내소, 천섬 크루즈 선착장과 트롤리 역이 있어서 항상 관광객으로 북적거린다. 과거 이 지역은 캐나다 태평양 철도에 기관차를 공급하던 회사의 본거지였으며 증기기관차, 전기 및 디젤엔진을 주로 생산했다. 지금의 관광 안내소는 과거 기차역으로 사용했던 곳이다. 과거 킹스턴이 캐나다 기차 산업과 긴밀한 연관을 맺었다는 사실을 증명하듯, 공원 한 켠에는 40년 넘게 온타리오와 위니펙 일대를 달렸던 19세기 기술과 산업의 상징 'The Sprit of Sir John A' 증기기관차가 전시되어 있다.

 209 Ontario Street

마켓 광장
Springer Market Square

킹스턴 시청 뒤편의 마켓 광장은 이 지역사회의 중심 역할을 하는 곳이다. 행사와 이벤트가 열리며, 여름 목요일 밤에는 영화관으로 변신하고, 겨울에는 스케이트장이 생긴다. 매주 화, 목, 토요일에는 온타리오에서 가장 오래된 퍼블릭 마켓이 열려 음식을 맛보고 식재료를 구매할 수 있다.

 216 Ontario Street
 퍼블릭 마켓 4~10월 08:30-16:00, 11~3월 09:00-17:00

포트 헨리
Fort Henry National Historic Site

과거 왕립 해군 조선소가 있었고 상업적으로나 군사적으로 매우 중요한 지역이었던 킹스턴을 지키기 위해 1812년 건설한 요새다. 1937년 재건해 현재에 이르고 있으며, 전쟁 후 사용하지 않던 이곳을 역사 보호구역으로 선정해 1938년부터 관광객을 맞이했다. 빨간 군복을 입은 가드의 가이드 투어, 전통음악, 퍼레이드 등을 통해 19세기 역사 속으로 되돌아간 듯한 체험이 가능하다.

- 1 Fort Henry Drive
- 5월 중순~9월 초만 오픈(해마다 날짜 변동), 매일 10:00-17:00
- CAD 성인 CAD 20, 학생 CAD 13, 어린이 CAD 11, 4세 이하 무료

머니 타워
Murney Tower National Historic Site

킹스턴에 있는 4개의 마르텔로 타워Martello Tower 중 하나인 머니 타워는 1846년 미국의 침공을 방어하기 위해 지어졌다. 1925년부터 박물관으로 운영하며 19세기 군대가 사용했던 도구, 유니폼 등의 군사 유물을 전시한다.

- 2 King St West
- 5월 중순~9월 초만 오픈(해마다 날짜 변동), 매일 10:00-17:00

마르텔로 타워 Martello Tower

1794년 영국과 프랑스의 교전 당시, 격렬한 공격을 퍼부었음에도 끄떡없는 프랑스의 군사시설 마르텔로 타워를 본 영국이 큰 인상을 받은 후 캐나다 동부 지역을 미국으로부터 방어하기 위해 지은 것이다. 현재 킹스턴에는 머니 타워Murney Tower, 숄 타워Shoal Tower, 캐스카트Cathcart, 그리고 포트 프레드릭Fort Frederick까지 총 4개가 있다. 타워는 원형의 두꺼운 벽으로 되어 있으며 맨 꼭대기는 대포를 장착했던 공간이다.

벨뷰 하우스
Bellevue House National Historic Site

캐나다 국립 역사 유적지인 벨뷰 하우스는 캐나다 초대 총리인 존 알렉산더 맥도널드 경Sir. John A. Macdonald이 거주했던 집이다. 1840년대 복장을 입은 직원들의 설명을 들으며 이탈리안 건축양식의 집 내부와 과수원을 둘러볼 수 있다.

- 35 Centre Street
- 5월 중순~10월 중순만 오픈(해마다 날짜 변동), 7~8월 매일 10:0-17:00 (그 외 기간은 일부 요일만 오픈)
- CAD 성인 CAD 9, 65세 이상 CAD 7.5, 17세 이하 무료

캐나다 교도소 박물관
Canada's Penitentiary Museum

많은 인구가 거주하는 온타리오주는 범죄율도 높은 편이었기에 한때 킹스턴 주변에는 교도소만 10개였다. 당시 킹스턴 교도소의 교도소장이 거주했던 건물이 현재는 박물관으로 사용되며, 실제로 사용했던 물건이나 감옥, 역사에 관련한 자료를 전시해두었다. 박물관 건너편에 있는 킹스턴 교도소는 1835년에 지어졌으며 캐나다에서도 규모가 크고 악명 높았던 곳으로 2013년까지 약 180년간 운영되었다. 지금은 관광객 방문이 허용되어 교도관이 역사를 설명해주는 가이드 투어를 진행하는데, 수감자들이 사용한 방과 운동장, 작업장, 면회실 등을 둘러보며 그들의 생활 이야기를 들을 수 있어 흥미로운 경험이 될 것이다.

- 555 King Street
- 박물관 매일 09:00-16:00 교도소 투어 4/5~10/31 매일 10:00-16:00
- CAD 박물관 기부금 입장 교도소 투어 성인 CAD 37.28, 4세 이하 무료
- www.penitentiarymuseum.ca

세인트 메리 대성당
St. Mary's Cathedral

킹스턴 존슨 스트리트에 위치한 고딕 양식의 웅장한 건물이 돋보이는 세인트 메리 대성당은 1842년에 지어진 곳으로, 높게 솟은 첨탑과 화려한 스테인드글라스가 돋보인다. 캐나다 시민의 웨딩 촬영 장소로도 인기가 높다.

- 279 Johnson Street
- 월~금요일 08:30-16:30(12:00-13:00 입장 제한)

Restaurant & Cafe

Pan Chancho Bakery & Café | 베이커리 |

식료품 매장, 베이커리, 카페를 함께 운영 중인 곳으로 매일 오전 7시부터 오후 3시는 카페에서 아침과 점심 식사를 즐길 수 있고 주말에는 브런치를 제공한다. 베이커리는 페이스트리, 케이크와 같은 디저트를 판매하며 식료품 매장에서는 올리브 오일, 훈제 연어, 식초, 소스 등을 구매할 수 있다.

- 44 Princess Street
- 월~토요일 08:00-17:00, 일요일 08:00-15:00
- CAD 빵 CAD 4~8.5, 델리 CAD 5.25~25, 음료 CAD 3.25~58

Wooden Heads Gourmet Pizza | 화덕 피자 |

킹스턴 중심가에 위치한 화덕 피자 전문점으로 토마토소스와 화이트소스를 베이스로 한 30개가 넘는 종류의 피자를 제공한다. 피자는 양이 많은 편이기 때문에 2인이 방문했다면 샐러드나 사이드 메뉴와 함께 주문하는 것을 추천하며 리소토, 오징어 튀김 등 한국인의 입맛에 맞는 메뉴도 많다.

- 192 Ontario Street
- 매일 11:30-23:00
- CAD 샐러드 CAD 14.5~23, 피자 CAD 18.1~28.3

NORTHSIDE Espresso + Kitchen | 브런치 카페 |

호주 스타일의 브런치 카페이며 이미 현지인들 사이에서 입소문이 나 오전 일찍 방문해야 대기 없이 식사를 할 수 있다. 현지에서 공수한 제철 식재료와 유기농 식품을 사용하는 착한 레스토랑으로 BC주에서 유명한 카페인 49th Parallel의 원두를 사용한다. 추천 메뉴는 커피가 함께 제공되는 Chocolate Banana Bread와 아보카도가 들어간 Avo Smash다.

- 281 Princess Street
- 화~일요일 08:00-15:00, 월요일 휴무
- CAD 단품 CAD 11~18.5

The Kingston Brewing Company | 양조장, 레스토랑 |

킹스턴 시내 중심에 있는 양조장 겸 레스토랑으로 1986년에 오픈했으며 온타리오주에서 가장 오래된 곳이다. 외관은 평범하지만 안으로 들어가보면 벽면을 가득 채운 그릇, 액자, 맥주 로고 스티커 등 굉장히 화려한 인테리어가 돋보인다. 이국적인 분위기에서 맥주나 와인을 즐기기에 좋고 식사 메뉴도 다양하다.

- 34 Clarence Street
- 일~목요일 11:30-24:00, 금~토요일 11:30-01:00
  12/24~15, 1/1 휴무
- CAD 맥주 CAD 4.42~7.96, 샌드위치 & 버거 CAD 19~22

· SPECIAL ·

Garden of the Great Spirit, 1000 Islands

신의 정원, 천섬

이름은 천섬이지만 실제로는 1864개의 크고 작은 섬이 킹스턴부터 시작되는 세인트 로렌스 강을 따라 약 80km에 걸쳐 흩어져 있다. 섬과 함께 어우러지는 풍경이 아름다워 유명하기도 하지만 개인이 소유한 별장, 웅장한 성, 역사를 지닌 등대들이 자리한 섬 하나하나가 아름답게 가꾸어져 풍경의 멋을 더한다. 관광객과 현지인 가릴 것 없이 모두에게 사랑받는 관광지다. 가을은 천섬이 가장 인기 있는 계절로, 섬들을 뒤덮은 단풍과 호수에 반사되는 단풍의 모습이 매우 인상적이다. 천섬 관광은 크루즈나 카약을 타고 섬 사이사이를 유람하는 것과 헬기를 타고 높은 곳에서 내려다보는 방법이 있다. 투어 시즌은 업체에 따라 다르지만 평균적으로 여행하기 가장 좋은 시기는 늦은 봄에서 가을인 5~10월이다.

하트 섬 Heart Island

천섬에서 가장 웅장하고 화려한 볼트 성Boldt Castle이 있는 하트 섬은 하늘에서 바라본 섬의 모습이 하트 모양과 비슷해서 붙여진 이름이다. 볼트 성은 미국 호텔 체인 월도프 아스토리아Waldorf Astoria의 창시자인 조지 볼트George Boldt가 사랑하는 아내를 위해 지은 중세풍 성이다. 안타깝게도 성이 완공되기 전에 아내가 병으로 세상을 떠나 공사가 중단되었고, 빈 건물로 남아 있던 성을 재건해 관광객에게 개방했다. 하트 섬이 지니고 있는 아름다운 풍경과 슬픈 이야기가 담겨 있는 볼트 성, 그리고 그 당시 백만장자들의 일상을 엿볼 수 있는 성 내부를 관람하기 위해 관광객의 발길이 끊이지 않는다. 천섬 크루즈도 하트 섬 방문 여부에 따라 프로그램이 나뉜다. 하트 섬에 내려서 2시간 동안 볼트 성을 관람하는 일정과 하트 섬을 한 바퀴 돌면서 주변 풍경을 보는 일정이 있다.

◎ 볼트 성 입장료 성인 CAD 13.5, 어린이 CAD 9.5, 4세 이하 무료
(비자 비용 별도)

TIP 가나노크, 록포트에서 출발하는 크루즈를 타야 하트 섬을 볼 수 있다. 하트 섬은 미국령으로 섬에 내려 볼트 성을 둘러보는 프로그램을 이용할 경우 여권을 소지해야 하며 미국 비자(ESTA)가 필요하다.

록포트

가나노크

❶ 천섬 크루즈

천섬 크루즈의 선착장은 킹스턴, 가나노크, 록포트 세 곳이다. 킹스턴은 도시 주변의 역사적인 명소와 풍경을 함께 감상할 수 있다. 가나노크와 아이비 레아는 가나노크 보트라인에서 함께 운영 중인 선착장으로, 강바닥에 잠겨 있는 난파선을 보는 것과 하트 섬을 돌아보는 프로그램까지 종류가 다양하다. 록포트는 하트 섬과 가장 가깝고 1시간이면 하트 섬을 한 바퀴 돌아볼 수 있어 가장 인기가 좋고 하트 섬 랜딩, 인터내셔널 브리지, 싱어 캐슬Singer Castle까지 돌아보는 프로그램을 운영한다. 또한 세 크루즈 중 유일하게 한국어 서비스를 한다. 가나노크와 록포트 선착장은 대중교통으로는 접근이 어려워 렌터카를 추천한다.

킹스턴

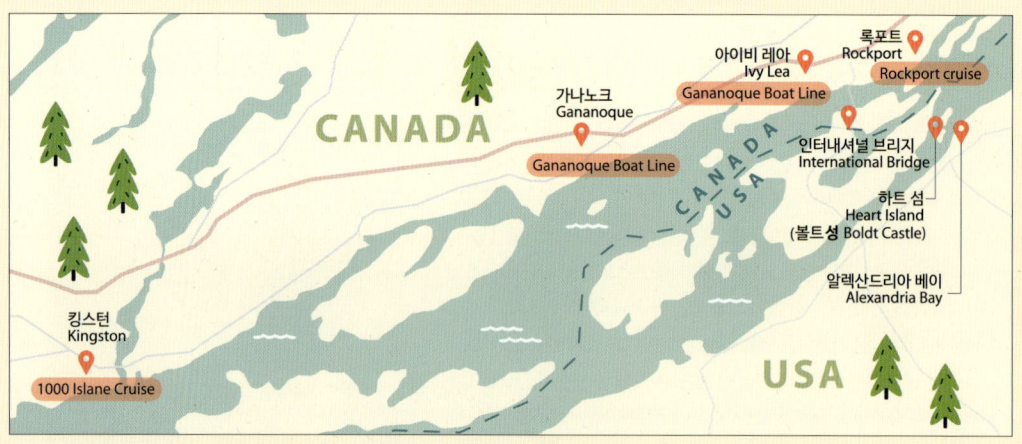

· 천섬 크루즈 선착장 ·

킹스턴 Kingston

- 1 Brock Street
- CAD 성인 CAD 56.75, 어린이 CAD 44.75, 1세 이하 CAD 5
- www.1000islandscruises.ca

가나노크 Gananoque
아이비 레아 Ivy Lea

- 가나노크 280 Main Street, Gananoque | 아이비 레아 95 Ivy Lea Road, Lansdowne
- CAD 성인 CAD 32.95, 65세 이상 CAD 27.95, 어린이 CAD 20.95, 2세 이하 무료
- ganboatline.com

록포트 Rockport

- 20 Front Street
- CAD 성인 CAD 36, 65세 이상 CAD 31, 어린이 CAD 24, 1세 이하 CAD 5
- rockportcruises.com

❷ 천섬 헬기 투어

1000여 개 섬이 한눈에 내려다보이는 짜릿한 헬기 투어! 총 5개 프로그램을 제공하는데, 천섬을 10분간 돌아보는 것과 볼트 성 위를 지나는 투어가 가장 인기 있다. 특히 단풍으로 물든 천섬의 가을은 색다르다. 호수, 단풍, 별장이 어우러진 절경이 흩뿌려놓은 보석처럼 반짝인다.

- 88 County Road 32, Gananoque
- 5~11월 매일 10:00-17:00, 12~4월 금~월요일 10:00-16:00
- CAD 천섬 투어 1000 Island Tour(10분) CAD 99, 볼트 성 투어 Boldt Castle Tour(20분) CAD 169
- fly1000islands.ca

천섬의 이야기가 시작되는 곳,
가나노크 Gananoque

세인트 로렌스 강변에 위치한 가나노크는 천섬 지역의 관문 도시로 토론토에서 3시간, 오타와에서 2시간 거리에 있다. 유네스코가 인정한 리도 운하 Rideau Canal와 프론트낙 아치 생물권 Frontenac Arch Biosphere 보전지역이 있으며, 볼트 성과 싱어 캐슬 등 유명 성들을 크루즈를 타고 볼 수 있다. 우체부가 천섬에 사는 주민들에게 우편물을 배달할 때 주민이나 승객을 배에 태운 것이 기원이 되어 지금의 관광 크루즈로 규모가 커졌다. 카약 투어, 캠핑, 박물관 관람 등 다양한 액티비티를 즐길 수 있으며, 특히 천섬 국립공원에서는 텐트나 오텐틱 oTENTik 숙박도 체험할 수 있다. 여름에는 랜스다운 페어 Lansdowne Fair를 비롯한 다양한 지역 축제가 열려 즐길 거리도 풍부하다.

천섬의 낭만을 닮은 마을,
록포트 Rockport

록포트는 천섬의 중심지로 200년이 넘는 역사를 자랑한다. 1880년대에는 증기선 건조와 운송의 중심지였으며 특히 안드레스 보트 공방 Andress Boat Works에서는 약 50척의 배가 건조되었다. 마을을 걷다 보면 곳곳에 설치된 역사적 사진 벽화와 유산 해설 표지판을 통해 오랜 역사를 살펴볼 수 있다. 록포트 입구에 위치한 구세주 교회 Church of the Redeemer는 1896년에 지어졌으며 배 건조업자들이 설계한 것으로 추정된다. 교회 안으로 들어가면 조지아 소나무로 만든 독특한 구조가 눈길을 끈다. 록포트에서는 1시간부터 6시간까지 다양한 크루즈를 즐길 수 있으며 볼트 성이나 싱어 캐슬 관광을 원한다면 4시간 이상의 투어를 선택하자.

OTTAWA
오타와

캐나다의 수도 오타와는 유럽풍 건축물이 줄지어 있고 길을 걷다 보면 역사를 간직한 동상들이 인사를 건네는 도시다. 도보로 여행하기에 무리가 없을 정도로 작은 다운타운은 과거와 현대 문명이 잘 어우러졌다. 캐나다의 상징 국회의사당, 역사가 고스란히 담긴 리도 운하, 활기찬 캐나디안의 삶을 체험할 수 있는 바이워드 마켓 등 놓쳐선 안 될 관광지가 가득하다.

ⓘ 관광 안내소
- 54 Elgin Street
- 매일 09:00-17:00

· 찾아가기 ·

AIRPLANE
항공

오타와 국제공항Ottawa International Airport은 시내에서 약 15분 거리에 있다. 우리나라에서 직항 스케줄은 없기 때문에 토론토나 미국 동부를 경유하는 스케줄이 편리하다. 항공편이나 경유지 체류 시간에 따라 다르지만 경유하면 약 16~19시간 소요된다. 에어캐나다와 웨스트젯으로 캐나다 도시에서 갈 수 있으며, 델타 항공이나 유나이티드 항공으로 미국 도시에서 갈 수 있다.

오타와 공항에서 시내로

1. 대중교통 PUBLIC TRANSIT (1회 환승)
오타와 공항에서 시내 중심까지 한 번에 연결되는 대중교통은 없으며, 공항에서 97번 버스를 타고 종점 Hurdman역에 내려 오-트레인 O-train 1번 라인으로 갈아타야 한다. 시내까지 총 소요 시간은 40분이다. 티켓은 공항 도착 층 교통 안내 데스크 Ground Transportation Desk에서 구매 가능하다. 오-트레인 운행이 종료된 늦은 시간(새벽 1시 이후)에 공항에서 출발하는 97번 버스가 시내까지 연장 운행한다.
CAD CAD 3.8

2. 택시 TAXI
공항 도착 층 밖의 택시 승강장에서 택시를 탈 수 있고, 오타와 시내 중심까지 15~20분 소요된다. 평균 요금은 CAD 35~50이다. 택시 요금에 10~15%의 팁을 추가해서 지불하면 된다.

3. 기차 TRAIN
오타와 기차역은 시내 중심에서 차로 10분 정도 떨어진 곳에 있다. 대중교통으로 갈 경우 오-트레인 1번 라인 트렘블레이 Tremblay역과 연결되어 있다. 토론토, 몬트리올, 퀘벡 시티, 킹스턴 등 캐나다 동부의 주요 도시들과 연결되는 코리더가 지나는 역이다. 토론토나 몬트리올에 비해 역 내부는 소박한 편이지만 화장실과 카페 등 간단한 편의 시설은 갖추어져 있다.

주요 도시~오타와 기차 이동 시간 & 비용(이코노미 기준)

토론토	4시간 30~45분	CAD 54~
몬트리올	약 2시간	CAD 41~
퀘벡 시티	5시간 45분~6시간	CAD 54~

오타와 기차역 Ottawa Station
- 200 Tremblay Road
- 오-트레인 1번 라인 Tremblay역 하차

· 시내 교통 ·

오타와의 대중교통은 오타와 교통 시스템 오시 트랜스포OC Transpo에서 종합 관리하며 오-트레인과 시내 버스가 있다. 관광 시 유용하게 활용할 수 있는 수단은 오-트레인으로 오타와 시내의 주요 관광지와 기차역을 연결한다. 시내버스가 더 다양한 노선을 가지고 있지만 관광객보다는 현지인에게 유용한 교통수단이어서 거의 이용할 일이 없다. 오-트레인과 버스는 1개 승차권으로 이용할 수 있으며, 평일 오전 6시 30분부터 오후 6시까지는 첫 탑승 후 90분 이내, 주말은 1시간 45분 이내에 환승이 가능하다. 승차권은 오-트레인 역의 티켓 머신이나 드러그스토어, 편의점에서 구매할 수 있다.

▶ www.octranspo.com/en

종류/요금(CAD)	성인	노약자	어린이
현금	3.85	2.95	무료
프레스토 카드	3.8	2.9	
1일권	11.75		

프레스토 카드 PRESTO Card
금액을 충전해두고 사용하는 전자식 카드. 환승도 간편하고 토론토 시를 비롯해 오타와나 해밀턴의 교통도 이용할 수 있다.

O-TRAIN
오-트레인

한국의 전철과 같은 교통수단으로 1호선 컨페더레이션 라인Confederation Line과 2호선 트릴리움 라인Trillium Line을 운영 중이다. 국회의사당, 바이워드 마켓, 리도 운하 등 주요 관광지는 대부분 1호선과 연결되어 있으며 평균 5~15분 간격으로 운행하고 05:00-02:00까지 다닌다.

BUS
버스

오타와의 버스는 이른 시간부터 늦은 새벽까지 운행해 이용하기 편리하다. 하지만 배차 간격이 넓은 편이라 버스를 놓치면 오래 기다려야 하기 때문에 불편하다. 캐나다 어디에서나 그렇듯 거스름돈을 주지 않으니 탑승 전 정확한 금액을 준비해두자. 환승해야 한다면 탑승 후 환승 티켓Paper Transfer을 꼭 챙기자.

TAXI
택시

오타와에서 지나다니는 택시를 찾기가 쉽지 않기 때문에 숙소에서 콜택시를 불러달라고 요청하거나, 시내에서 직접 전화해 요청하는 방법이 빠르다.

- **오타와 택시** Blue Line Taxi +1 613 238 1111 | Capital Taxi +1 613 744 3333

CITY SIGHTSEEING BUS
시티 투어 버스

주요 관광지를 도는 2층 시티 투어 버스는 이용한 날짜에 무제한으로 버스를 타고 내릴 수 있는 홉-온, 홉-오프 방식이다. 시내 중심은 물론이고 오타와 강 건너의 가티노 지역과 시내에서 떨어진 리도 홀까지 편리하게 오갈 수 있다. 버스는 4월부터 10월 말까지만 운행하며 시즌별로 운행 간격이 달라지니 자세한 내용은 홈페이지를 참고하자.

CAD 1일권 성인 CAD 39.99, 학생 & 65세 이상 CAD 37.99, 3~12세 CAD 27.99, 2세 이하 무료

▶ grayline-ottawa.com

오타와 1일 관광 루트

1 국회의사당 — 도보 5분 — **2** 컨페더레이션 광장 — 도보 2분 — **3** 리도 운하

도보 12분

5 노트르담 대성당 — 도보 7분 — **4** 바이워드 마켓

도보 7분

6 캐나다 국립 미술관 — 도보 5분 — **7** 네피안 포인트

> **TIP 무료 워킹 투어** Free Walking Tour
>
> 캐나다의 수도 오타와는 도시의 건축물과 동상 하나하나에 스토리가 담겨 있다. 경험이 풍부한 가이드와 함께 걸으며 정치 인물, 역사적 명소에 대한 설명을 듣고 숨겨진 오타와의 보석을 발견해보자. 투어는 무료이며 영어, 프랑스어로 진행된다. 가이드에게 오타와 여행 팁도 얻을 수 있다.
>
> ▶ www.ottawawalkingtours.com/free-tour | www.ottawafreetour.com

TRAVEL HIGHLIGHTS

각 주와 준주를 상징하는 청동색 방패

꺼지지 않는 불꽃

국회의사당
Parliament of Canada

국회의사당은 오타와의 상징이자 캐나다의 상징이다. 네오고딕 양식으로 건축된 건물은 청동색 지붕과 아치형 천장 등 유럽 분위기를 물씬 풍긴다. 국회의사당은 크게 중앙관, 동관, 서관, 상원 빌딩으로 나눌 수 있고 중앙에는 큰 광장이 있다. 광장을 보면 눈에 띄는 분수가 있는데, 이 분수는 캐나다 독립을 기념해 만들어졌다. 분수 정중앙에는 1967년 독립 100주년 기념식에서 점화된 후 지금까지 타는 꺼지지 않는 불꽃 Centennial Flame이 있다. 꺼지지 않는 불꽃 주변으로 캐나다의 각 주와 준주를 상징하는 청동색 방패가 붙어 있다. 방문객은 이 분수에 동전을 던지며 소원이나 행운을 빌기도 한다. 7~9월 매일 밤 국회의사당 건물을 배경으로 조명 쇼가 열리고 크리스마스와 연말에는 화려한 불빛으로 장식된다. 6~8월 여름 시즌 오전 9시 45분~10시 30분에는 근위병 교대식이 진행되니 놓치지 말자. 무료 가이드 투어에 참여하면 국회의사당 각 건물의 기능과 역할, 역사에 대해 좀 더 깊이 알 수 있다.

- 오-트레인 1호선 Parliament역에서 도보 5분
- 일~금요일 09:30-17:00, 토요일 휴무
- rts.parl.ca

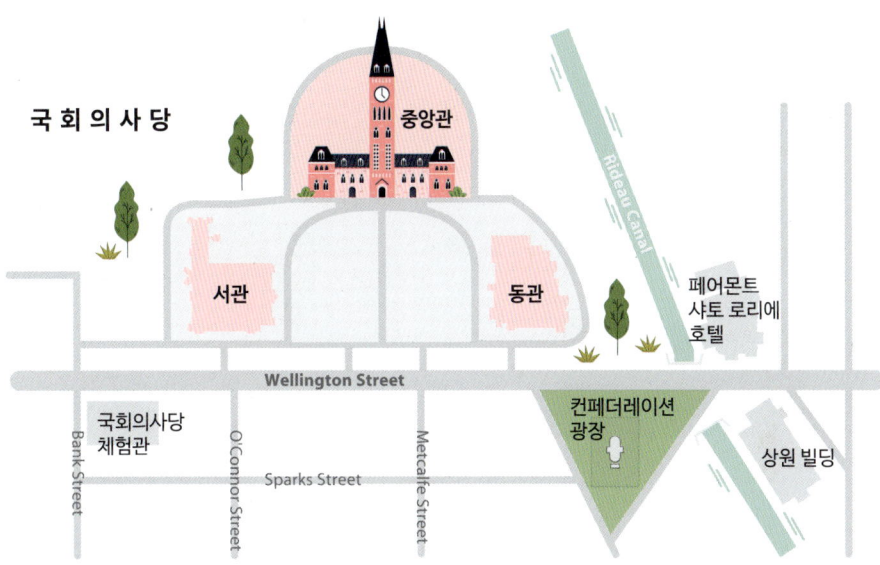

1 | 중앙관 Center Block

웅장하고 가장 눈에 띄는 중앙관은 1859~1876년에 지어졌지만 1916년 화재가 일어나 1927년 재건되었다. 정치와 경제 등 국가와 관련된 중요한 회의가 열리는 공간, 평화의 탑, 중앙 도서관이 있다. 중앙 도서관은 화재 당시 유일하게 불타지 않았던 곳으로 지금까지 옛 모습을 유지하고 있어 의미 있는 곳이다. 중앙관을 건축할 당시 제1차 세계대전이 큰 영향을 미쳤다. 중앙에 우뚝 솟아 있는 시계탑은 평화의 탑Peace Tower이라 불리는데 제1차 세계대전 당시 희생된 캐나다 군인들을 기리기 위해 지었다고 한다. 탑의 높이는 92m로 꼭대기에서는 사방으로 탁 트인 오타와의 전망을 볼 수 있다. 단, 2030~2031년 완공을 목표로 중앙관 복원 공사가 진행 중이며 완공 전에 일부는 개방될 예정이다. 서관 근처에 국회의사당 메인 건물 투어가 가능한 체험형 건물이 있다.

2 | 서관 West Building **(하원 빌딩** House of Commons**)**

1865년 지어진 빌딩은 국회의사당의 원래 건물 중 하나로, 의원과 정부 부서의 업무 공간과 하원 의원이 모여 회의를 진행하는 곳으로 사용하고 있다. 원래는 상원, 하원 모두 중앙관에서 회의를 진행했지만 공사 기간 동안 일시적으로 옮겼다.

3 | 동관 East Building **(19세기 국회의사당)**

서관과 함께 국회의사당 최초의 건물 중 하나로, 캐나다 초대 총리 존 알렉산더 맥도널드 경 및 기타 주요 임원의 사무실이 있던 곳. 오늘날은 의회와 직원을 위한 사무실, 유산 전시실이 있다. 투어를 신청하면 맥도널드 총리의 집무실, 유산 전시실을 둘러볼 수 있다.

4 | 상원 빌딩 Senate of Canada Building

1912년에 지어진 빌딩은 원래 오타와의 중앙 기차역으로 이용했던 곳이다. 1966년에 기차역이 문을 닫고 정부 회의장, 국내 및 국제의 중요한 행사 개최지로 이용하고 있다.

컨페더레이션 광장
Confederation Square

위치적으로나 상징적으로 오타와의 중심인 컨페더레이션 광장은 국회의사당 맞은편에 있고, 오타와의 각종 투어가 이곳에서부터 시작된다. 1984년 국립 역사 지구로 지정된 광장에는 전쟁 참전 용사를 추모하기 위해 세운 국립 전쟁 기념비The National War Memorial가 있다. 아치형의 기념비 중앙에는 군인들의 동상이 있고, 동상을 받친 커다란 돌에는 제1, 2차 세계대전과 한국전쟁을 비롯해 최근까지 캐나다가 참전한 전쟁의 발생 연도를 적어놓았다. 국립 전쟁 기념비 정면 바닥에 또 다른 기념비가 있는데, 이는 캐나다 무명용사를 기리기 위한 것이다.

- 오-트레인 1호선 Rideau역에서 도보 8분 / Parliament역에서 도보 7분, 국회의사당 건너편

리도 운하
Rideau Canal

오타와 강에서 킹스턴까지 연결된 길이 202km의 리도 운하는 1832년 영국 군인 존 바이 중령의 지휘 아래 물자 공급을 위한 군사적 목적으로 건설됐다. 북미에서 가장 오래되었지만 지금까지도 원래 기능을 유지하고 보존이 잘되어 있어 높은 평가를 받는다. 운하에는 총 45개 수문Locks이 설치되어 있다. 수문은 오타와 강과 리도 운하의 낙차 때문에 계단식으로 만들어졌다. 수문을 열었다 닫으며 두 칸의 수위를 맞춰 배를 이동시킨 것을 알 수 있다. 리도 운하는 1925년 캐나다 국립 역사 지구로 지정되었고 2007년에는 유네스코 세계문화유산에 등재되었다. 여름에는 운하 크루즈를 즐기고 1~2월에는 아이스스케이트를 탈 수 있다. 기네스북에 올라 있는 약 8km의 아이스스케이트장은 무료로 운영한다.

- 컨페더레이션 광장과 페어몬트 샤토 로리에 호텔 사이의 브리지가 뷰포인트, 또는 브리지에서 아래로 연결된 계단을 통해 내려갈 수 있다.

리도 운하 크루즈 Rideau Canal Cruise

리도 운하를 유람하는 친환경 전기 보트에 편안하게 앉아 리도 운하의 역사에 대한 내레이션을 듣고 경치를 구경할 수 있다. 크루즈는 5~10월에만 하루에 4~5번 운항하며 약 1시간 30분 소요된다.

- 컨페더레이션 광장에서 페어몬트 샤토 로리에 호텔 방향의 플라자 브리지Plaza Bridge 아래 운하에서 출발
- CAD 성인 CAD 47.99, 어린이 CAD 35.99, 2세 이하 무료
- www.ottawaboatcruise.com/rideau-canal-cruise-tours

바이타운 박물관
Bytown Museum

지금은 오타와로 불리는 지역의 옛 이름은 바이타운이었다. 바이타운은 1826년 세워진 작은 마을이며, 1855년 오타와가 설립되면서 마을 이름은 없어졌지만 이 박물관은 옛 이름을 그대로 사용하고 있다. 1917년 설립된 박물관은 바이타운의 초기 역사부터 오늘날까지 변화해온 오타와의 모습을 전시한다. 또한 리도 운하 건설과 관련된 기록물도 찾아볼 수 있다.

- 컨페더레이션 광장에서 도보 5분
- 여름 시즌 수~일요일 10:00-16:30, 일~월요일, 겨울 시즌 휴무
- CAD 성인 CAD 8, 65세 이상 CAD 5, 어린이 CAD 2, 2세 이하 무료

메이저스 힐 공원
Major's Hill Park

페어몬트 샤토 로리에 호텔 뒤편의 메켄지 애비뉴를 따라 조성된 공원이다. 서쪽으로는 국회의사당이 보이고 리도 운하와 인접하며, 공원 북쪽으로 향하면 캐나다 국립 미술관과 노트르담 대성당, 알렉산드라 브리지와 연결된다. 매년 5월 캐나다 튤립 페스티벌과 7월 1일 캐나다 데이 행사, 겨울 축제 윈터루드가 개최되는 주요 장소다. 공원에는 리도 운하 건설에 큰 공헌을 한 영국 군인 존 바이 중령의 동상이 있다.

- 오-트레인 1호선 Rideau역에서 도보 5분, 페어몬트 샤토 로리에 호텔 뒤편

캐나다 국립 미술관
National Gallery of Canada

거대한 거미 조각품과 수정 모양의 유리 건물이 조화를 이루는 캐나다 국립 미술관은 오타와에서 가장 예술적인 장소다. 1880년에 설립되었지만 여러 차례 장소를 옮겨 다니면서 전시를 진행하다가 영구적인 건물의 필요성을 느꼈고, 건축가 모셰 사프디Moshe Safdie가 설계를 맡아 지금의 모습으로 1988년 정식 개관했다. 미술관은 18세기 작품부터 현대에 이르기까지 모든 시대에 걸친 예술 작품을 보유하고 있으며 작품 수가 7만 5000여 점에 이른다. 캐나다의 대표적인 예술가 집단 그룹 오브 세븐의 작품, 유럽 화가들의 미술품, 아시아 컬렉션, 캐나다 원주민의 작품, 사진 등을 전시한다. 거미 조각품 마망 Maman을 사진으로 남기기 위해 방문하는 관광객도 많다.

- 오-트레인 1호선 Rideau역에서 알렉산드라 브리지 방향으로 도보 10분
- 5월 초~9월 초 매일 09:30-17:00(목요일 ~20:00), 그 외 기간은 월요일 휴무
- CAD 성인 CAD 20, 65세 이상 CAD 18, 학생 CAD 10, 11세 이하 무료, 목요일 17:00-20:00 무료 입장

> **TIP 오타와 뮤지엄 패스** Ottawa Museums Pass
>
> 오타와의 수많은 박물관과 갤러리를 방문할 수 있는 무제한 패스다. 별도로 마련된 대기 줄로 입장해 대기 시간을 최소화할 수 있다. 캐나다 국립 미술관, 캐나다 전쟁 박물관, 캐나다 자연사박물관 등이 포함되어 있다. 패스는 온라인 사이트에서 구매할 수 있으며 구매 후 문자 또는 이메일로 패스를 받을 수 있다.
>
> - visitottawapasses.ca/museums
> - CAD **1일권** 성인 CAD 39, 어린이 CAD 25 **3일권** 성인 CAD 79, 어린이 CAD 49

마망 Maman

프랑스계 미국인 예술가 루이스 부르주아의 작품으로 마망은 '엄마'라는 뜻의 프랑스어다. 거미가 거미줄을 치는 모습에서 작업하던 어머니의 모습이 떠올라 만들었다고 한다. 일반적인 거미와는 다른 모습의 마망은 모성을 표현했다. 마망은 뉴욕, 런던, 빌바오 등에서도 만날 수 있다.

네피안 포인트 Nepean Point

캐나다 국립 미술관 뒤쪽으로 연결된 네피안 포인트는 국회의사당이 보이는 전망대다. 메이저스 힐 공원에서도 걸어서 올라올 수 있다. 전망대까지 오르면 국회의사당 중앙도서관과 알렉산드라 브리지, 오타와 강 북쪽 지역을 한눈에 조망할 수 있다. 네피안 포인트 중앙에는 프랑스 개척자 사뮈엘 드 샹플랭의 동상이 있다.

바이워드 마켓
Byward Market

바이워드 마켓은 리도 운하를 건설하기 위해 캐나다로 온 영국 군인 존 바이 중령이 1827년 조지 스트리트에 마켓 빌딩을 세운 것으로 시작되었다. 이후 화재 등으로 여러 번 유실되었다가 지금의 모습으로 탄생했다. 캐나다에서는 규모가 가장 큰 재래시장이다. 오타와 현지에서 생산되는 신선한 농산물, 유기농 식재료, 수입품, 공예품, 토속적인 기념품을 판매하는 상점이 즐비하다. 바이워드 마켓 주변으로 레스토랑, 디저트 숍, 카페가 가득 차 있어 활기찬 분위기를 느낄 수 있다. 오바마 전 대통령도 오타와에 방문했을 당시 바이워드 마켓에 들렀을 정도로 인기 있는 명소다.

📍 오-트레인 1호선 Rideau역에서 도보 2분
🕐 일~수요일 09:00-18:00, 목~토요일 09:00-21:00

Canada In a Basket
캐나다산 특산품을 판매하는 곳으로 베리를 가공한 다양한 제품이 있다. 작고 예쁜 병에 담긴 잼, 젤리, 바다 소금 등 이색적인 기념품을 구매하기 좋다.

La Bottega
이탈리아 식료품점이다. 파스타 면, 소스, 트러플 오일, 절임 올리브, 치즈 등을 구매할 수 있다. 이탤리언 레스토랑도 같이 운영한다.

Le Moulin de Provence
오바마 전 대통령이 방문했을 당시 쿠키를 구매해 유명해진 디저트 카페다.

Byward Fruit Market
오타와 현지 과일, 수입산 과일, 트러플 오일, 바다 소금 등 식재료를 판매한다.

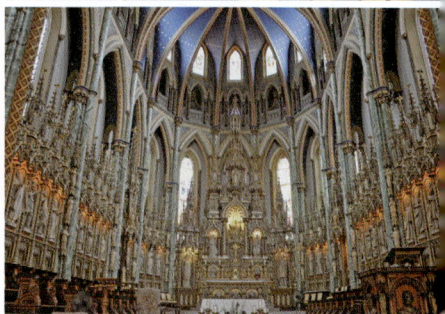

노트르담 대성당
Notre-Dame Cathedral Basilica

오타와에서 가장 오래된 성당인 노트르담 대성당은 1841~1865년에 지어졌으며 1890년 캐나다 역사 지구로 선정되었다. 네오고딕 양식으로 설계된 석조 건물 위로 높이 솟아 있는 은빛 첨탑은 멀리에서도 눈에 띌 만큼 화려하다. 2개 첨탑 사이에 있는 아기 예수를 안고 있는 성모마리아 동상이 매우 인상적이다. 내부에는 1만 3000개의 하얀 별을 수놓은 푸른색 천장, 금빛 테두리 장식, 성인 조각상이 대성당의 우아함을 더했다. 규모가 큰 편은 아니지만 캐나다의 어느 대성당과 견주어도 부족함 없이 화려하다.

- 오-트레인 1호선 Rideau역에서 도보 12분, 캐나다 국립 미술관 옆
- 월~금요일 09:00-18:00, 토~일요일 09:00-19:00

캐나다 은행 박물관
Bank of Canada Museum

캐나다 은행에 있는 박물관은 캐나다 화폐 박물관으로 부르기도 한다. 수천 년 전 인류가 돈처럼 사용했던 무역 품목이나 역사가 발전하며 변화해온 화폐를 전시해둔 곳이다. 또한 최첨단 멀티미디어를 활용한 경제 교육 콘텐츠도 선보여 가족 여행객에게 흥미를 끌고 있다.

- 오-트레인 1호선 Parliament역에서 도보 3분, 캐나다 은행 옆 피라미드 형태의 건물
- 목~월요일 10:00-17:00, 화~수요일 휴무
- CAD 무료

캐나다 전쟁 박물관 Canadian War Museum

제1, 2차 세계대전 및 캐나다 군인이 참전한 전쟁에 대해 기록하고 전시하는 곳이다. 전쟁 예술가의 작품을 포함해 군에서 사용하는 희귀한 차량, 무기, 유니폼, 훈장, 개인의 회고록 등 전시품을 시대별, 종류별로 진열해 전쟁 역사를 더욱 쉽게 이해할 수 있다. 대규모 군사 무기, 탱크, 군용 차량, 거대한 전투기 등 전시품을 진열해둔 르브레튼 갤러리Lebreton Gallery는 산업화한 전쟁을 여실히 보여주는 전시관이다. 캐나다 전쟁 박물관에서 가장 인상적인 장소는 무명용사를 추모하는 공간인 메모리얼 홀Memorial Hall이다. 사각형 공간에는 무명용사의 비석만 세워져 있다. 현충일Remembrance Day 오전 11시에는 비석 맞은편에 달린 창문으로 들어온 햇빛이 비석을 비춰 그들의 희생을 기린다. 박물관 한 켠에서는 한국전쟁에 대한 기록도 발견할 수 있다.

- 오-트레인 1호선 Pimisi역에서 도보 7분
- 5/20~6/30 월~수요일 09:00-17:00, 목요일 09:00-19:00, 금~일요일 09:00-17:00, 7/1 09:00-19:00 7/2~9/2 월~수요일 09:00-18:00, 목요일 09:00-19:00, 금~토요일 09:00-18:00(시즌에 따라 변동)
- CAD 성인 CAD 20, 65세 이상 CAD 18, 학생 CAD 15, 어린이 CAD 13, 목요일 17:00-19:00 무료 입장

캐나다 자연사박물관 Canadian Museum of Nature

자연사박물관은 튜더와 고딕 양식이 결합된 빅토리아 기념 박물관Victoria Memorial Museum에 있다. 박물관에는 7개의 영구 전시관과 교육 프로그램 및 기획전이 열리는 상설관을 비롯해 3D 영화관, 카페, 기프트 숍 등 편의 시설이 있다. 전시관에는 그리즐리 베어, 무스, 카리부 등 캐나다에 서식 중인 야생동물이나 희귀 동물의 표본과 캐나다에서 발굴된 공룡 화석 및 모형을 전시해두었다. 디오라마와 멀티미디어를 활용한 시각적인 전시도 선보여 동물 생태계와 지구의 형성 과정을 보다 쉽게 이해할 수 있다. 지구관Earth Gallery과 화석관Fossil Gallery은 자연사박물관의 가장 인기 있는 전시관이다. 지구관에서는 1972년 아폴로 17호 미션 당시 달에서 가져온 암석과 지구에서 수집한 광물을 볼 수 있고, 화석관에는 공룡 뼈를 실물 크기로 재현해두어 생동감이 느껴진다.

- 시내 중심 국회의사당에서 도보 18~20분
- 성수기 매일 09:30-17:00(목요일 ~20:00), 비수기 수~월요일 09:30-16:00(목요일 ~20:00), 화요일 휴무
- CAD 성인 CAD 18, 65세 이상 & 학생 CAD 16, 어린이 CAD 14, 목요일 17:00-20:00 무료 입장

리도 홀 Rideau Hall

리도 홀은 캐나다 총독이 거주하며 국정을 수행하는 곳이다. 원래 이곳은 리도 운하 건설에 참여했던 석수 토머스 매케이Thomas McKay가 가족과 지낼 목적으로 1838년에 지은 석조 건물이며, 리도 운하에서 이름을 따왔다. 수년이 지난 후 캐나다 연방 정부가 설립되었고, 오타와 수도로 지정되며 정부에서 총독의 거주 용도로 리도 홀의 저택과 부지를 구입했다. 수년 동안 공사를 거듭하며 리도 홀에 캐나다의 정체성을 반영했다. 1940년부터 이곳에서 총독의 국정 수행, 고위 인사 접견, 장관 취임식 등 공식적인 일을 진행하기 시작했다. 리도 홀은 역사적인 저택뿐만 아니라 영국식으로 가꿔진 정원도 인기다. 수많은 나무로 둘러싸인 구불구불한 정원 길을 걷다 보면 원주민의 상징물 이눅슈크Inuksuk와 토템 폴Totem Pole을 발견할 수 있다. 정원은 자유롭게 방문할 수 있지만 리도 홀 저택은 무료 가이드 투어에 참여해야 내부를 볼 수 있다. 투어는 최소 3일 전 예약해야 하며 공식 일정에 따라 투어가 불가할 수 있으니 홈페이지를 통해 미리 확인하자.

- 시내 중심에서 차로 약 10분
- 1 Sussex Drive
- www.gg.ca/en

알렉산드라 브리지
Alexandra Bridge

오타와 강을 경계로 온타리오주와 퀘벡주로 나뉘며, 알렉산드라 브리지는 이 2개 주를 연결하는 여러 다리 중에서도 오랜 역사를 지녔다. 1898~1900년에 지어졌고 캔틸레버 공법으로 건설된 다리다. 캐나다인이 설계하고 건설해 그 당시 큰 주목을 받았다. 다리의 총 길이는 566m로 걸어서도 건널 만하며, 다리에서 바라보는 오타와의 경치가 멋있는 곳 중 하나다.

- 오-트레인 1호선 Rideau역에서 도보 15분, 메이저스 힐 공원과 캐나다 국립 미술관 사잇길

캐나다 역사 박물관
Canadian Museum of History

캐나다 역사 박물관은 오타와 강 북쪽 퀘벡주에 있다. 원래는 캐나다 문명 박물관Canadian Museum of Civilization이었고 2013년 캐나다 역사 박물관으로 이름을 바꾸며 새롭게 개관했다. 웅장한 분위기의 건물은 곡선을 이루며 청록색 돔 지붕이 얹혀 있는 모습이다. 이곳은 원주민과 소수민족을 비롯해 캐나다 역사를 총망라하는 전시를 진행하는데, 캐나다에서 가장 큰 토템 폴 전시관으로 유명하다. 그랜드 홀Grand Hall의 한 면에는 각양각색의 토템 폴이 서 있고 대형 사진이 한쪽 벽면을 가득 채웠다. 맞은편의 전면 창문을 통해 국회의사당과 오타와 강의 경치를 볼 수 있다. 토템 폴뿐만 아니라 태평양 연안에 살던 원주민의 가옥을 복원해둔 모습도 인상적이다. 역사 박물관 안에는 체험 형태의 어린이 박물관과 3D 상영관도 운영한다. 어린이 박물관은 입장권을 구매하지 않아도 되지만 상영관은 별도의 이용권을 구매해야 한다.

- 국회의사당에서 차로 약 5분, 알렉산드라 브리지를 통해 도보 이동 시 25분
- 100 Rue Laurier
- 매일 09:00-17:00(목요일 ~19:00), 12/24 09:00-14:00, 12/25, 일부 공휴일 및 현지 상황에 따라 비정기적으로 휴관
- CAD 성인 CAD 23, 65세 이상 CAD 21, 학생 CAD 18, 어린이 CAD 16, 목요일 17:00-19:00 무료 입장
- www.historymuseum.ca

자크 카르티에 공원
Jacques Cartier Park

1930년대 조성된 공원은 프랑스 탐험가 자크 카르티에의 이름을 따서 명명했으며 캐나다 역사 박물관과 연결되어 있다. 오타와 강 건너편의 국회의사당까지 아름다운 경치를 볼 수 있으며 공원에는 꽃과 나무로 만든 거대한 작품이 곳곳에 있다. 또한 이곳에서는 오타와의 주요 이벤트가 열린다. 5월 튤립 축제 기간에는 튤립으로 뒤덮이고, 윈터루드 기간에는 야외 테마파크로 변신한다.

- 국회의사당에서 차로 약 7분 / 알렉산드라 브리지를 통해 도보 이동 시 35분
- 285 Rue Laurier

Restaurant & Cafe

Elgin Street Diner | 올데이 브런치 |

24시간 운영하는 레스토랑으로 올데이 브런치 메뉴를 즐길 수 있다. 팬케이크, 프렌치토스트, 에그 베네딕트, 샌드위치, 오믈렛 등 전형적인 북미 스타일의 식사를 즐길 수 있다. 합리적 가격대에 한 접시당 양도 많은 편이고 배달, 테이크 아웃 등 다양한 서비스를 제공해 현지인과 관광객 모두에게 많은 인기를 얻는 곳이다.

- 374 Elgin Street
- 24시간
- CAD 단품 CAD 15.99~21.99

Wilf & Ada's | 브런치 |

오타와 시내 중심에서 도보로 15분 정도 떨어진 곳에 있는 브런치 레스토랑으로 오타와 베스트 브런치 식당으로 손꼽히는 맛집이다. 작고 아담한 매장은 복고풍 인테리어로 정겨운 분위기가 느껴진다. 이곳에서 직접 만든 베이컨, 버터밀크 프렌치토스트, 신선하게 튀겨낸 홈메이드 감자튀김, 메이플 시럽을 뿌린 샌드위치 등 세련된 식사를 즐길 수 있다.

- 510 Bank Street
- 월, 수~일요일 08:30-14:00, 화요일 휴무
- CAD 단품 CAD 22~29

Sansotei Ramen | 일본 라멘 |

일본 여러 지역의 특성을 반영한 라멘 전문점으로 최고 품질의 재료를 일본 업체에서 직접 공수해 사용한다. 2012년 토론토에서 시작된 레스토랑으로 온타리오주에 여러 매장을 운영하고 있다. 정통 일본식 쇼유, 시오, 돈코츠 라멘과 퓨전 스타일의 토마토, 탄탄멘 등 한국인 입맛에도 맞는 다양한 종류의 메뉴를 맛볼 수 있다.

- 153 Bank Street
- 월~토요일 11:00-22:00, 일요일 휴무
- CAD 라멘 CAD 18~23.5

La Bottega | 피자, 샌드위치, 티라미수 |

바이워드 마켓에 있는 이탈리언 레스토랑으로 고급 식료품점과 에스프레소 바를 함께 운영 중이다. 이탈리아에서 공수해 온 재료를 사용해 정통 이탈리언 요리를 선보인다. 식사는 월~토요일 오전 11시 30분부터 오후 3시까지만 운영하며 홈메이드 샐러드, 수프, 피자, 파스타, 샌드위치, 티라미수 디저트 등을 즐길 수 있다. 특별 운영하는 커피 바에서는 ILLY 프리미엄 원두를 사용한 커피를 판매한다.

- 64 George Street
- 월~토요일 09:00-18:00, 일요일 10:00-17:00
- CAD 단품 CAD 12~24

Chez Lucien | 수제 버거 |

2004년 오픈한 레스토랑으로 수제 버거 맛집으로 알려져 있으며 간단하게 맥주 한잔 곁들이며 식사하기 좋은 곳이다. 버거 외에도 파스타, 스테이크 등 메뉴는 다양하지만 가장 인기 있는 것은 Chez Lucien Bruger와 Croque-Monsieur다. 일요일 오전 브런치 타임에는 에그 베네딕트, 오믈렛 등 미국식 브런치 식사를 즐길 수 있다.

- 137 Murray Street
- 매일 11:00-02:00
- CAD 단품 CAD 15~28

The SconeWitch | 스콘, 샌드위치 |

카페 & 베이커리 스타일의 레스토랑으로 스콘을 활용한 아침, 점심, 브런치 식사를 제공한다. 스콘 사이에 연어나 햄 등을 넣은 스콘 샌드위치나 오렌지, 바닐라, 오트밀, 라즈베리 크림 등을 함께 제공하는 클래식 스콘 등 여러 스타일의 메뉴를 즐길 수 있다.

- 150 Elgin Street
- 매일 08:00-16:00
- CAD 스콘 CAD 3.25~, 샌드위치 CAD 7.5~

Oh So Good Desserts | 케이크 |

1994년 오픈한 디저트 레스토랑으로 달콤한 케이크와 커피를 판매한다. 트립 어드바이저에서 최고의 디저트 전문점으로 우수성을 인정받았으며 오타와 시민에게 베스트 데이트 장소로 손꼽히는 곳이다. 조각 케이크를 주문하면 생크림과 토핑을 뿌려 서빙한다.

- 54 Byward Market Square
- 매일 10:00-23:00
- CAD 오픈 토스트 CAD 12~, 케이크 CAD 10~

Planet Coffee | 카페

바이워드 마켓의 작은 골목길 안에 위치한 로컬 카페로 여행 중 방문해 여유롭게 커피 한잔 즐길 수 있는 곳이다. 커피 외에도 수프, 샐러드, 샌드위치 등 간단한 식사 메뉴도 갖추고 있다.

- 24a York Street
- 매일 07:30-19:00
- CAD 커피 CAD 2.5~6.75

Happy Goat Coffee Co. | 카페

오타와 로컬 카페로 빈티지스럽고 따뜻한 분위기의 인테리어와 공정 무역 커피로 현지인에게 많은 사랑을 받아 현재는 오타와 시내에 10개 이상의 매장을 운영 중이다. 관광객이 편하게 방문할 수 있는 곳은 Elgin Street와 바이워드 마켓 주변 Rideau Street 지점이다.

- 326 Elgin Street / 229 Rideau Street
- 월~금요일 07:30-19:00, 토~일요일 08:00-19:00
- CAD 커피 CAD 2.38~4.43, 단품 CAD 3.5~10.25

Shopping

CF 리도 센터
CF Rideau Centre

오타와 시내에서 가장 큰 복합 쇼핑몰인 리도 센터에는 의류, 잡화, 전자 기기 등 수백 개 상점이 빼곡히 들어서 있다. 오타와 시내를 돌아다니지 않아도 한 장소에서 기념품 쇼핑을 해결할 수 있어 편리하다. 레스토랑과 커피숍은 물론이고 주류 판매점과 슈퍼마켓 등 다양한 편의 시설을 이용할 수 있다.

- 50 Rideau Street
- 월~토요일 10:00-21:00, 일요일 11:00-18:00

· SPECIAL ·

Delight of Giddy Spring, Canadian Tulip Festival

아찔한 봄의 환희, 캐나다 튤립 축제

매년 5월 오타와에서 개최되는 튤립 축제는 세계에서도 가장 규모가 큰 오타와의 대표 축제다. 제2차 세계대전 이후 캐나다의 도움을 받은 네덜란드 왕실이 국가 간 친선의 상징으로 튤립 10만 송이를 캐나다에 선물했고 1953년 첫 튤립 축제가 열렸다. 튤립 축제 기간에는 도시 전체에 100만 송이가 넘는 오색 빛깔 꽃이 만발해 있다. 튤립 축제의 메인 장소인 커미셔너스 공원Commissioners Park은 30만 송이 이상의 튤립이 피어 있는 대형 화단으로 둘러싸여 있으며, 매년 수십 가지 새로운 종류의 튤립을 심는다. 축제는 약 10일간 진행되며 행사장에는 푸드 트럭이나 각종 이벤트 부스 등 즐길 거리가 넘쳐나고 불꽃놀이 행사도 열리며 오타와 도심이 축제 분위기로 물든다.

📍 커미셔너스 공원은 시내에서 6km 정도 떨어진 거리에 있다. 리도 운하 주변으로 피어 있는 튤립을 구경하며 걸어가면 약 1시간 30분 걸리는 거리다. 다운타운에서 갈 때는 버스, 자전거를 이용하는 편이 낫다.

🧭 Queen Elizabeth Drive & Preston Street

🕐 매년 5월 10:00~22:00(2025년 기준 5/9~5/19)

CAD 무료, 워킹 투어 및 불꽃놀이 VIP 존은 별도 요금 발생

➤ tulipfestival.ca

> **TIP** 오타와 시내 중심에서 튤립 축제 즐기기
>
> 행사 메인 장소가 아니어도 튤립 축제 시즌에는 시내 곳곳에서 튤립을 볼 수 있다. 페어몬트 샤토 로리에 호텔 뒤편의 메이저스 힐 공원은 오타와 강이 내려다보이는 아름다운 경치와 튤립의 조화를 볼 수 있고, 캐나다 국립 미술관과 팔리아먼트 힐에 자리한 국회의사당을 배경으로 멋진 사진을 남기기 좋다.

· SPECIAL ·

A Frozen Kingdom that Even Elsa Would Envy, Winterlude

엘사도 부러워할 겨울 왕국, 윈터루드

오타와와 퀘벡주 가티노Gatineau에서 매년 2월 3주 동안 개최되는 겨울 축제다. 세계에서 가장 긴 아이스 스케이트장과 얼음 조각 대회, 썰매 등 시내 곳곳에서 진정한 겨울 여행을 경험할 수 있다. 주말에는 자크 카르티에 공원부터 리도 운하를 따라 도우스 호수Dow's Lake까지 지정된 장소 간 무료 버스Sno-Bus를 운영해 축제를 한결 더 편리하게 즐길 수 있다.

📍 리도 운하, 자크 카르티에 공원, 바이워드 마켓, 도우스 호수 등
🕐 2026년 기준 1/30~2/16 개최(날짜는 매년 변동)
🔗 ottawatourism.ca/en/see-and-do/winterlude

SMALL TOWNS IN ONTARIO
온타리오주 소도시들

온타리오의 대표 관광지를 꼽으면 토론토나 나이아가라를 선택하겠지만, 토론토를 벗어나 주변의 전원 지역으로 들어가면 끝없이 펼쳐진 단풍 명소 수세인트마리, 규모가 너무 커서 바다처럼 보이는 조지안 베이의 토버모리, 19세기 모습을 그대로 간직한 세인트 제이콥스, 온타리오 최대의 사계절 휴양지 블루 마운틴까지 다양한 매력을 지닌 소도시를 만날 수 있다. 온타리오의 소도시는 대중교통으로 여행하기 힘든 지역이기 때문에 토론토에서 렌터카를 빌려 여유롭게 여행하는 것이 가장 좋다. 여기서는 온타리오의 유명 소도시를 중심으로 소개했으며 여행 일정을 계획할 때 참고하면 좋다. 소요 시간은 렌터카이며 토론토 출발 기준이다.

전 연령대를 아우르는 액티비티 천국,
THE BLUE MOUNTAINS
블루 마운틴

블루 마운틴은 온타리오의 가장 큰 마운틴 빌리지로 모든 관광객에게 스키, 스노보드를 포함한 겨울 활동을 제공하는 스키장이다. 365에이커 규모의 스키장에 야간 스키를 포함해 모든 레벨의 스키어들이 즐길 수 있는 43개 슬로프가 있으며, 빌리지에는 스파와 펍, 레스토랑, 대형 리조트가 가득하다. 블루 마운틴은 스키로 가장 잘 알려져 있지만 사계절 내내 다양한 활동을 제공한다. 여름에는 블루 마운틴을 조망하는 오픈 곤돌라를 타거나 동굴 탐험, 산악자전거, 루지 같은 코스터를 타거나 조지안 베이의 맑은 호수에서 해수욕을 즐길 수 있다. 빌리지 외곽의 애플 사이다 양조장, 파머스 마켓, 농장 체험 등을 즐길 수 있는 가족형 관광지도 가득하다. 날씨의 영향을 많이 받아 계절별로 운영 날짜가 다르기 때문에 방문 전 홈페이지에서 정확한 날짜와 시간을 확인해야 한다.

▸ www.bluemountain.ca

블루 마운틴 리조트
Blue Mountain Resort

온타리오 최고의 스키 리조트. 연간 약 4m의 강설량, 총 365에이커 규모의 스키장에서 즐겨보는 스키.

- 12월 중순~4월 중순
- CAD 1일 리프트권 CAD 94~149(8시간 이용)

더 웨스틴 트릴리움 하우스
The Westin Trillium House

블루 마운틴 빌리지의 중심 호텔. 야외 수영장과 풍경을 조망할 수 있는 룸이 매력적이다.

- 220 Gord Canning Drive
- CAD 비수기 CAD 220~, 성수기 CAD 287~

리지 러너 마운틴 코스터
Ridge Runner Mountain Coaster

시속 42km의 짜릿한 스피드를 즐길 수 있다. 트랙을 타고 내려오며 주변 풍경을 즐겨보자.

- 150 Jozo Weider Bloulevard Unit AY2
- 블루 마운틴 홈페이지에서 날짜별로 확인 요망

오픈에어 곤돌라
Open Air Gondola

오픈 형태로 파노라마 전망을 볼 수 있다. 블루 마운틴의 완벽한 사진을 남길 수 있는 핫 스폿.

- 115 Swiss Meadows Boulevard Unit AS13
- 블루마운틴 홈페이지에서 날짜별로 확인 요망
- CAD Play All Day Ticket 성인 CAD 46, 65세 이상 & 청소년 CAD 44, 소아 CAD 37, 4세 미만 CAD 16

스칸디네이브 스파 블루 마운틴
Scandinave Spa Blue Mountains

북유럽식 야외 스파. 액티비티 후 피로를 풀기에는 이만한 곳이 없다.

- 152 Grey County Road 21
- 매일 09:00-21:00
- CAD 18세 이상 출입, CAD 85~105

Play All Day Ticket 포함 내역

- Canopy Climb Net Adventure
- Cascada Putting Course
- Hiking and Biking Trails
- Plunge! Aquatic Centre (Closed Mon to Thurs)
- Ridge Runner Mountain Coaster

온타리오의 역사 속으로

ST. JACOBS

세인트 제이콥스

온타리오주 남서쪽의 세인트 제이콥스는 과거의 전통을 유지하며 생활하는 마을이다. 1800년대부터 이주 역사가 시작되었는데 초기 정착민은 캐나다의 원주민이었지만, 미국에서 메노나이트들이 건너와 정착하기 시작하면서 그들의 문화가 깊이 자리 잡기 시작했다. 메노나이트는 종교개혁 시대에 발생한 개신교 종파로, 종교와 국가를 분리하는 주의를 지니고 있으며 보수적인 생활 방식을 고수한다. 이 영향으로 세인트 제이콥스는 과거 모습이 남아 있으며 여전히 많은 메노나이트가 살고 있다. 길에는 마차가 다니고 전통 의상을 입은 현지인을 쉽게 마주칠 수 있으며 온타리오주의 시골 풍경을 느껴보기 좋은 마을이다. 메노나이트의 이야기를 전시해둔 메노나이트 스토리에 방문하면 그들의 역사에 대해 깊이 알 수 있다. 온타리오주에서 인기 좋은 역사 관광지로 변모했지만 여전히 옛 생활상을 엿볼 수 있어 매년 많은 관광객이 찾는다.

세인트 제이콥스 파머스 마켓
St. Jacobs Farmers Market

캐나다에서 연중 열리는 파머스 마켓 중 가장 큰 규모이며 주민과 관광객 모두에게 인기 있는 곳이다. 온타리오주의 신선한 농작물과 수공예품, 기념품 등을 구매할 수 있다. 여러 문화가 공존한 곳인 만큼 다양한 제품을 만날 수 있다.

- 878 Weber Street
- 목요일 08:00-15:00, 토요일 07:00-15:30, 월~수요일, 금, 일요일 휴무

온타리오 최고의 여름 휴양지

TOBERMORY

토버모리

토론토에서 서쪽으로 달리다 보면 브루스 반도 Bruce Peninsula를 만나게 된다. 브루스 반도는 휴론 호수와 조지안 베이를 가로지르는데, 이 반도의 가장 끝에 자리한 작은 휴양도시가 바로 토버모리다. 22개 이상의 난파선이 잠겨 있는 호수, 풍부하고 희귀한 생태계를 볼 수 있는 꽃병 섬 등 신비로운 자연환경의 천국이며 국립 해상공원으로 지정해 자연 생태계를 보존하기 위해 노력하고 있다. 토버모리에서 가장 유명한 곳인 브루스 페닌슐라 국립공원은 투명한 에메랄드빛 호수에서 수영을 즐기고, 절벽 다이빙을 할 수 있는 명소로 알려져 있다. 토론토에서 약 4시간 거리로 당일 여행을 다녀오거나 온타리오주의 다른 소도시와 함께 1박 2일 일정으로 방문하기 좋은 곳이다.

브루스 페닌슐라 국립공원 Bruce Peninsula National Park

조지안 베이의 청록색 호수와 울퉁불퉁한 석회암 절벽으로 이루어진 브루스 페닌슐라 국립공원은 토버모리에서 가장 유명한 관광지다. 토버모리에서 약 20분 거리에 있다. 에메랄드빛 그로토Grotto와 석회암 절벽 인디언 헤드 코브Indian Head Cove는 매년 여름 관광객으로 인산인해를 이룬다. 국립공원 가장자리에 만들어진 브루스 트레일도 하이킹을 즐기는 관광객에게 매우 유명한 장소이다. 신록으로 우거진 길과 중간중간 볼 수 있는 짜릿한 절벽과 폭포는 조지안 베이의 황홀한 경치를 즐기기 충분하다.

- 469 Cyprus Lake Road
- 관광 안내소 5/1~10/31만 오픈, 09:00-17:00 (5~10월에는 주차가 4시간으로 제한되며, 온라인 주차 예약이 필요하니 홈페이지를 참고하자.)
- CAD 입장료 성인 CAD 9, 65세 이상 CAD 7.75, 17세 이하 무료, 주차비 CAD 15.75
- www.reservation.pc.gc.ca

꽃병 섬 Flowerpot Island

패덤 파이브 국립 해상공원의 일부인 꽃병 섬은 돌기둥이 솟아 있는 신비로운 모습을 볼 수 있으며 자연적으로 생긴 동굴, 하이킹 트레일, 역사적인 등대 등 캐나다의 자연 명소 중에서도 가장 매력적인 곳이다. 신비로운 돌의 모양을 따서 이름도 꽃병 섬이라 부른다. 토버모리에서 선체 바닥이 유리로 된 크루즈를 타고 들어갈 수 있으며, 이동하는 동안 호수에 잠겨 있는 난파선들을 볼 수 있는 색다른 경험이 된다.

브루스 앵커 크루즈 Bruce Anchor Cruise

꽃병 섬으로 이동하는 선체 바닥이 유리로 된 크루즈는 글라스 보텀 보트 Glass Bottom Boat라고도 부른다. 섬 주변을 순회하는 시닉 크루즈와 섬을 랜딩하는 크루즈로 나뉜다. 봄부터 가을까지만 운행하며 오전 9시부터 4시까지 1시간에 1대꼴로 운항한다.

- 7433 Hwy6
- CAD 시닉 크루즈 성인 CAD 52.21, 65세 이상 CAD 50.44, 어린이 CAD 43.36, 3세 이하 무료
- cruises.bruceanchor.com

지구에서 가장 아름다운 단풍 풍경 열차의 출발점
SAULT STE. MARIE
수세인트마리

북미에서 가장 유명한 관광 열차인 아가와 캐니언 열차는 자동차로 갈 수 없는 깊은 협곡까지 들어가 캐나다의 대자연을 누릴 수 있다. 협곡 사이사이 흐르는 강줄기, 울창한 숲, 깎아지른 절벽과 그 절벽을 타고 흐르는 폭포의 모습은 어디에서도 볼 수 없었던 놀라운 경치를 만들어낸다.

수세인트마리 Sault Ste. Marie

수세인트마리는 온타리오 북서부 슈페리어 호수가 세인트 메리 강으로 흘러들어 휴론 호수로 이동하는 길목에 자리한 도시다. 도시 자체에 큰 볼거리는 없으나 아가와 캐니언 열차가 출발하는 역 주변으로는 호텔과 식당, 상점이 있고 마을 대부분은 걸어 다닐 수 있다.

- 토론토에서 국내선을 타면 약 1시간 30분 소요되며 에어캐나다를 이용하면 된다. 렌터카로 가는 경우 700km 넘는 거리이기 때문에(7시간 이상) 가는 길에 있는 알곤퀸 주립 공원이나 토버모리를 포함해 3~4박 일정으로 계획하는 것을 추천한다.

아가와 캐니언 Agawa Canyon

아가와 캐니언은 온타리오주 북동부 알고마 카운티에 위치한 깊고 험준한 협곡으로, 수세인트마리에서 북서쪽으로 약 183km 떨어져 있다. 12억 년 전부터 아가와 강의 침식으로 형성되었으며, 열차나 하이킹을 통해서만 접근할 수 있다. 가을이면 형형색색의 단풍으로 물들어 절경을 이루며, 단풍 여행지로 많은 사랑을 받고 있다.

아가와 캐니언 관광 열차 Agawa Canyon Tour Train

기차의 넓은 창문으로 아가와 캐니언의 대자연이 펼쳐진다. 절경이 나타나면 6개 언어(한국어 포함)로 설명 방송이 나온다. 협곡 레일을 따라 경사로와 내리막길을 반복하다보면 183km 여정이 끝난다. 도착 후 1시간 30분 동안 공원에서 자유 시간을 즐길 수 있다. 자갈길을 따라 4개 폭포를 보거나, 300개 계단을 올라 캐니언이 한눈에 보이는 전망대에 오를 수 있다. 휴식이 필요하면 아가와 강변에서 쉴 수 있다. 9월 말부터 10월 첫째 주는 초성수기로 예약을 서둘러야 한다.

- 87 Huron Street, Sault Ste. Marie
- 8/1~10/19(2025년 기준, 해마다 다름) 수세인트마리 출발 08:00 | 수세인트마리 18:00
- CAD 비수기 성인 CAD 140, 60세 이상 CAD 104, 어린이 & 학생 CAD 70, 2세 미만 무료, 성수기(9월 중순~10월) CAD 155(연령 구분 없음), 2세 미만 무료
- www.agawatrain.com

사계절 자연이 숨 쉬는 천국
MUSKOKA
무스코카

자연 그대로 맑고 깨끗한 호수, 울창한 숲, 태고의 화강암 절벽이 어우러진 무스코카는 캐나다인의 마음을 사로잡은 최고의 휴양지다. 계절마다 다른 얼굴을 보여주는 이곳은 1000개가 넘는 호수와 울창한 숲이 만들어내는 완벽한 자연의 조화를 자랑한다. 호숫가를 따라 럭셔리 로지부터 통나무 산장, 가족형 코티지 등 다양한 숙소들이 아름답게 자리 잡고 있어 취향대로 골라 머무를 수 있다.

헌츠빌 Huntsville

무스코카의 중심 도시인 헌츠빌은 도심 한가운데를 가로지르는 페어리 호수Fairy Lake와 버논 호수Vernon Lake의 아름다운 풍경으로 유명하다. 빅토리아시대 건축물이 즐비한 메인 스트리트는 아기자기한 상점과 레스토랑이 늘어서 있어 산책하는 즐거움을 더한다. 여름철에는 호수를 따라 카약과 카누를 즐기는 사람들로 북적이며, 겨울이면 인근 알곤퀸으로 향하는 스키어들의 베이스캠프 역할을 한다. 헌츠빌 알곤퀸 극장을 시작으로 메인 스트리트를 따라 곳곳에 그룹 오브 세븐 화가들의 작품을 재현한 벽화가 펼쳐진다. 35점이 넘는 작품이 거리를 예술적 감성으로 물들여 마치 야외 갤러리를 거니는 듯한 기분을 선사한다. 토론토에서 차로 2시간 30분이면 닿을 수 있어 근교 여행지로도 손색이 없다.

MONTREAL

몬트리올

몬트리올은 북미의 프랑스라 불릴 정도로 프랑스와 닮아 있다. 몬트리올 거주 인구의 절반 가까이 프랑스어를 사용하고 도시의 안내 방송도 프랑스어와 영어가 함께 나온다. 올드 몬트리올 거리에는 프랑스 스타일의 노천카페와 레스토랑, 프렌치 건축양식 등 도시 곳곳에서 프랑스의 정취를 느낄 수 있다. 또한 캐나다 최고 수준의 박물관, 미술관, 대학교, 세계적 명성이 자자한 재즈 페스티벌 등 예술과 문화적으로도 성장한 도시다. 특히 1984년 몬트리올에서 시작된 태양의 서커스는 이 도시의 창의적인 예술 정신을 전 세계에 알리고 있다.

찾아가기

AIRPLANE
항공

몬트리올 피에르 엘리엇 트뤼도 국제공항Montréal-Pierre Elliott Trudeau International Airport은 시내에서 약 20분 거리에 있다. 에어캐나다는 6~10월에 우리나라와 몬트리올 간 직항편을 운항하며, 그 외 기간에는 토론토나 미국 동부를 경유하는 항공편을 이용하면 된다. 직항은 약 13시간 30분, 경유 편은 17~20시간 정도 소요되며 이는 항공편이나 경유지 체류 시간에 따라 차이가 있다. 에어캐나다, 델타 에어라인, 아메리칸 에어라인, 에어트랜셋 등 국내선 항공을 이용해 캐나다 주요 도시와 미국에서 올 수 있다.

몬트리올 공항에서 시내로

1. 버스 747 익스프레스 Bus 747 Express

공항 도착 층 버스 승강장 (Berri-UQAM 루트) → 다운타운까지 45~70분 소요, 총 11정거장 / CAD 11 → 몬트리올 다운타운

* 도착 층 기계에서 티켓 구매 및 기사에게 현금으로 지불(거스름돈을 주지 않으니 동전을 맞춰서 준비해야 한다.)
* 1일권 구매 시 몬트리올 시내 교통까지 이용 가능하므로 1일권 구매 추천

2. 택시 Taxi

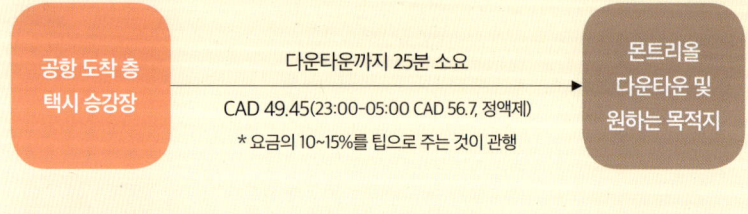

공항 도착 층 택시 승강장 → 다운타운까지 25분 소요 / CAD 49.45(23:00-05:00 CAD 56.7, 정액제) * 요금의 10~15%를 팁으로 주는 것이 관행 → 몬트리올 다운타운 및 원하는 목적지

3. 우버 Uber

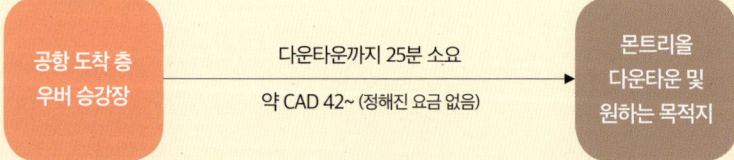

공항 도착 층 우버 승강장 → 다운타운까지 25분 소요 / 약 CAD 42~ (정해진 요금 없음) → 몬트리올 다운타운 및 원하는 목적지

TRAIN
기차

몬트리올 기차역은 다운타운 중심에 있으며 캐나다 동부 주요 도시 및 미국까지 연결되는 비아레일과 암트랙을 이용할 수 있다. 역사 내부에는 쇼핑센터, 카페, 레스토랑, 슈퍼마켓, 관광 안내소, 렌터카, 우체국, 주차장 등 편의 시설이 다양하고 언더그라운드 시티와도 연결되어 있다.

주요 도시~몬트리올 기차 이동 시간 & 비용(이코노미 기준)

토론토	4시간 50분~5시간 30분	CAD 54~
오타와	약 2시간	CAD 41~
퀘벡 시티	3시간 15~20분	CAD 42~

BUS
버스

몬트리올의 버스 터미널에서는 캐나다 동부 주요 도시를 오가는 그레이 하운드와 트루아리비에르Trois-Rivières, 드러먼드빌Drummondville, 페르세Percé 등 퀘벡주 소도시와 가스페Gaspé 반도로 향하는 오를레앙 익스프레스Orléans Express를 이용할 수 있다.

＊ 오를레앙 익스프레스 www.orleansexpress.com/en

주요 도시~몬트리올 버스 이동 시간 & 비용

토론토	6시간 15~50분	CAD 55~
퀘벡 시티	2시간 30분~4시간	CAD 50~
오타와	2시간~2시간 50분	CAD 22~

> **몬트리올 버스 터미널** Montreal Bus Terminal/Gare d'Autocars de Montréal
> 📍 메트로 Berri-UQAM역 또는 Sherbrooke역에서 도보 5분
> ◎ 1717 Rue Berri

· 시내 교통 ·

몬트리올의 대중교통은 몬트리올 대중교통 시스템(Société de Transport de Montréal, STM)에서 종합 관리하며 버스와 메트로가 있다. 관광 시 유용하게 활용할 수 있는 수단은 메트로이며 총 4개 라인을 운영한다. 버스가 메트로보다 노선이 더 많지만 관광객보다 현지인에게 유용한 교통수단이다. 메트로와 버스는 1개 승차권으로 구입한 후 120분 이내에 환승 가능하며, 메트로는 버스로만 환승할 수 있다. 승차권은 메트로 역의 티켓 머신이나 드러그스토어, 편의점에서 구매할 수 있다.

▶ www.stm.info/en

종류	성인(CAD)	65세 이상 / 어린이(CAD)
1회권	3.75	2.75
2회권	7	5
10회권	32.5	21.75
1일권	11	
주말 무제한권 (금요일 16:00~월요일 05:00)	15.25	

METRO
메트로

메트로는 그린 라인Green Line, 오렌지 라인Orange Line, 블루 라인Blue Line, 옐로 라인Yellow Line 총 4개 노선을 운영 중이며 관광지는 대부분 오렌지 라인, 그린 라인과 연결되어 있다. 평일 3~5분, 주말 5~10분 간격으로 05:30~01:00까지 운행한다.

BUS
버스

버스는 평균 05:30~01:00까지 운행하고 노선이 다양하지만, 배차 간격이 넓은 편이라 버스를 놓치는 경우 오래 기다려야 하기 때문에 불편하다. 캐나다 어디에서나 그렇듯 잔돈을 거슬러주지 않으니 탑승 전 정확한 금액을 준비해야 한다. 환승해야 한다면 탑승 후 환승 티켓Paper Transfer을 받아두자.

몬트리올을 더 즐겁게

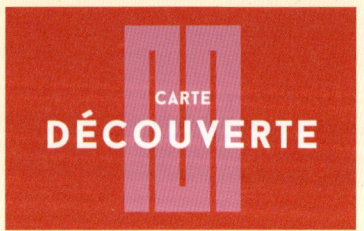

몬트리올 뮤지엄 카드
Montreal Museums Cards

몬트리올의 50개 박물관을 3일간 원하는 만큼 방문할 수 있는 몬트리올 뮤지엄 카드는 박물관을 네 곳 이상 방문할 예정인 관광객에게 경제적인 패스다.

CAD CAD 115

▸ museesmontreal.org/en

몬트리올 워킹 투어
Montreal Walking Tour

올드 몬트리올의 좁고 낭만적인 길을 가이드와 함께 걸으며 역사에 대한 설명을 듣는 워킹 투어는 걷는 것이 매력적인 몬트리올을 제대로 즐겨볼 수 있는 방법이다. 자크 카르티에 광장, 시청, 구 항구, 노트르담 대성당, 유럽풍 거리 등 올드 몬트리올의 하이라이트 스폿을 모두 방문한다. 투어 업체마다 차이가 있지만 1시간 30분~2시간 정도 소요되고 현지인 가이드에게 여행 팁도 얻을 수 있다.

CAD 성인 CAD 32, 65세 이상 & 학생 CAD 28, 6~17세 CAD 16.5, 5세 이하 무료

▸ guidatour.qc.ca

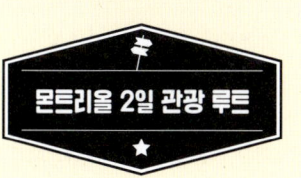

몬트리올 2일 관광 루트

· DAY 1 ·

1 생 폴 거리 — 도보 5분 — 2 노트르담 대성당

도보 1분

4 자크 카르티에 광장 — 도보 2분 — 3 몬트리올 시청

도보 5분

5 봉스쿠르 마켓 — 도보 5분 — 6 구 항구

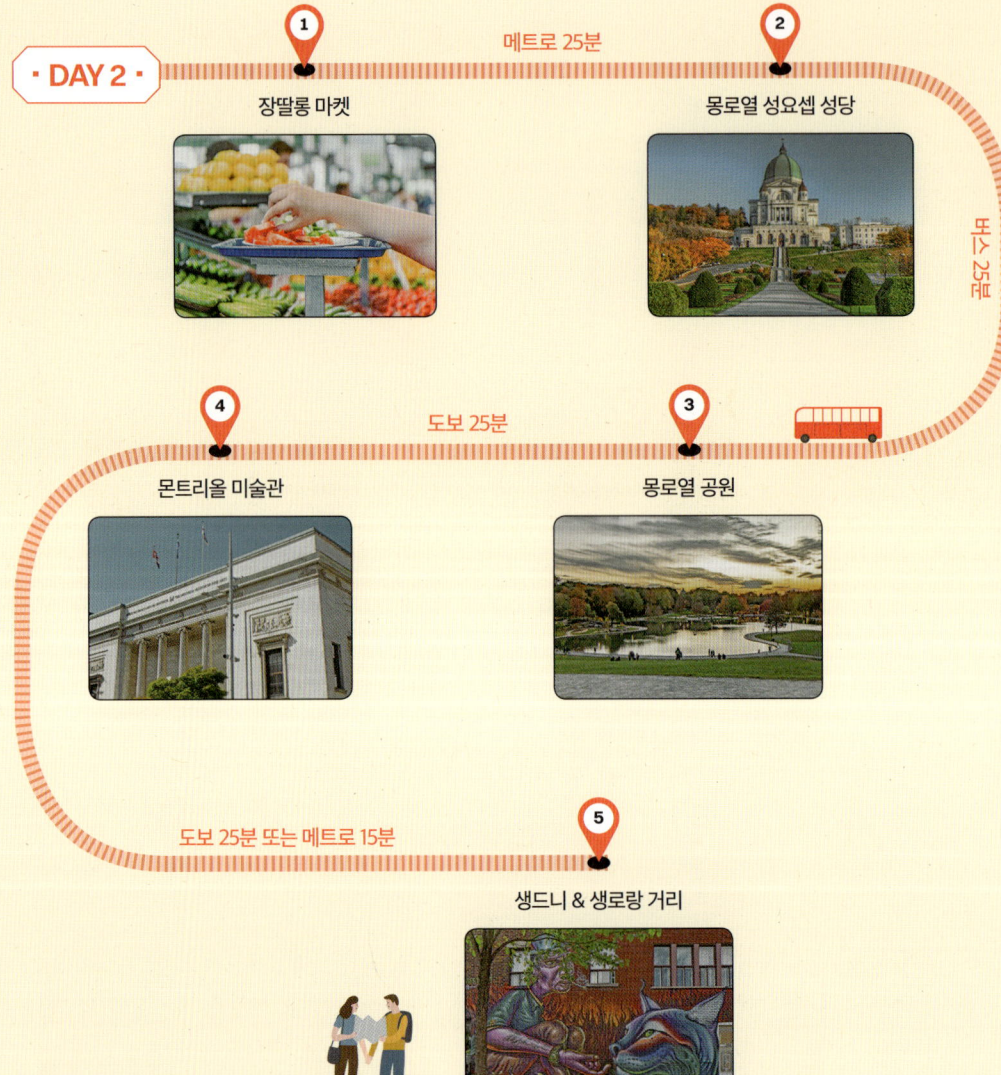

Old Montreal
올드 몬트리올

올드 몬트리올은 발걸음마다 역사가 살아 숨 쉬는 매혹적인 도시다. 돌이 깔린 고풍스러운 길, 장엄한 대성당, 유럽풍 건축물은 세련된 다운타운과는 확연히 다른 클래식한 분위기를 자아낸다. 거리 곳곳에 자리한 노천카페와 프렌치 레스토랑은 마치 프랑스에 와 있는 듯한 착각을 불러일으킨다. 노천카페에 앉아 여유를 즐기는 것만으로도 몬트리올의 진정한 매력을 온전히 느낄 수 있다.

TRAVEL HIGHLIGHTS

Old Port of Montreal
몬트리올 구 항구

올드 몬트리올의 세인트 로렌스 강변을 따라 약 2km 길이로 조성된 구역은 몬트리올의 항구 지역으로 대관람차, 실내 놀이터, IMAX 영화관, 레스토랑, 산책로 등 관광시설이 모여 있다. 즐길 거리가 다양해 사시사철 관광객과 시민들로 가득하다. 대관람차에 오르면 올드 몬트리올과 다운타운의 전망을 볼 수 있고, 겨울이면 대관람차 주변은 거대한 야외 아이스스케이트장으로 변신한다.

📍 올드 몬트리올의 세인트 로렌스 강과 인접한 항구 지역

시계탑 Clock Tower

45m 높이의 시계탑은 1919~1922년에 지어졌으며 항구 위치를 표시하는 역할을 한다. 또한 전쟁 중 바다에서 실종된 선원들을 기념하는 의미도 지니고 있다. 극도로 정교하고 정확한 시계는 영국에서 만들어졌고 런던의 빅벤과 흡사하다. 시계탑 내부의 192개 계단을 오르면 세인트 로렌스 강과 몬트리올의 멋진 전망을 볼 수 있다.

📍 1 Clock Tower Quay Street
🕐 매일 06:00~22:00
💰 CAD 무료

몬트리올 대관람차
The Montreal Observation Wheel

몬트리올 대관람차는 구 항구에서 가장 인기 있는 시설이다. 몬트리올의 구 항구와 다운타운까지 도시의 아름다움을 사방이 유리로 된 캐빈에 앉아 편하게 즐길 수 있다. 약 60m의 가장 높은 지점까지 올라갔을 때는 막혀 있는 곳 없이 탁 트인 경치를 감상할 수 있다.

- 362 Rue de la Commune East
- 매일 10:00~23:00
- CAD 성인 CAD 31.62, 65세 이상 CAD 27.02, 10~17세 CAD 24.14, 5~9세 CAD 17.25, 4세 이하 무료

몬트리올 과학 센터 Montreal Science Centre

몬트리올 과학 센터는 과학과 기술을 주제로 한 체험형 전시관으로, 관람객이 직접 만지고 경험할 수 있는 전시로 구성되어 있다. 다양한 상호작용 장치를 통해 관람객은 전시에 직접 참여할 수 있으며, 이는 자연스럽게 호기심을 자극하고 과학을 쉽게 이해할 수 있도록 돕는다. 교육적 가치가 높아 특히 어린 자녀를 동반한 가족 여행객에게 꾸준한 인기를 끌고 있다. 박물관 내에는 IMAX 영화관도 있으며, 영화 관람을 원할 경우 별도의 입장권을 구매해야 한다.

- 2 Rue de la Commune Quest
- 월~금요일 09:00-16:00, 토~일요일 10:00-17:00
- CAD 성인 CAD 28, 65세 이상 CAD 25.5, 13~17세 CAD 19, 2~12세 CAD 18.5, 2세 이하 무료

보타 보타 스파 Bota Bota Spa

항구에 정박해 있는 배 위에 만들어진 보타 보타 스파는 몬트리올 구 항구의 이색적인 풍경을 연출한다. 총 5개 층에는 테라스 레스토랑, 정원, 사우나와 야외 스파 시설이 갖춰져 있다. 밤에 방문한다면 몬트리올의 야경도 함께 즐기면서 여행의 피로를 풀 수 있다.

- ◎ Entrée McGill et, R. de la Commune Ouest & McGill Street
- ⏱ 월~목요일 10:00-22:00, 금~일요일 09:00-22:00
- CAD 3시간권 월~목요일 CAD 70~80, 금~일요일 CAD 85~90(입장 시간과 시즌에 따라 변동 있음)

해비타트 67 Habitat 67

캐나다의 유명 건축가 모셰 사프디 Moshe Safdie의 첫 번째 프로젝트 해비타트 67은 캐나다에서 가장 유명한 건축물이다. 1967년 엑스포 67 Expo 67 프로젝트의 일환으로 지어졌으며 몬트리올을 방문한 고위 인사들이 임시로 머물거나 전시관으로 이용했다. 지중해와 중동 지역의 언덕 마을에서 영감받은 건축물은 가로세로를 제대로 맞추지 않은 블록처럼 들쑥날쑥한 모습이다. 일종의 모듈 형태로 총 354개 유닛을 불규칙하게 쌓았고 그 안에는 148개의 실내 공간을 만들었다. 모셰 사프디는 이 프로젝트 이후 유명 건축가로서 명성을 얻었다. 현재는 몬트리올 시민이 거주하는 아파트이며 여름 시즌 동안은 건축물과 아파트 산책로를 둘러볼 수 있는 투어가 진행된다.

- ◎ 2600 Avenue Pierre-Dupuy

몬트리올 시청 Montreal City Hall

1872~1878년 유럽의 제2제국 스타일Second Empire Style로 건축된 건물로, 유럽풍 건물은 올드 몬트리올에 멋스러움을 더한다. 프랑스의 오페라 가르니에Palais Garnier 스타일의 건축물이다. 평화로워 보이는 시청에는 캐나다의 혼란스러운 이야기가 담겨 있기도 한데, 1967년 프랑스 드골 대통령이 몬트리올을 방문했을 당시 시청에서 진행한 연설 마지막에 군중을 향해 "자유 퀘벡 만세|Vive le Québec Libre!"를 외치고 단상을 내려왔다고 한다. 당시 퀘벡주에는 자치권을 외치는 분리 운동이 점차 확산되는 상황이었고 대통령의 발언이 한쪽을 지지하는 듯 보여 외교적 혼란을 불러일으킨 사건이었다. 시청 정면의 아치형 문 위를 보면 당시 연설을 진행했던 발코니를 볼 수 있으며 1층은 관광객에게 무료로 개방한다.

- 메트로 오렌지 라인 Champ-de Mars역에서 도보 5분
- 275 Rue Notre Dame East
- 월~금요일 08:30~17:00, 토~일요일 휴무
- CAD 무료

자크 카르티에 광장
Place Jacques-Cartier

몬트리올 시청 앞 구 항구 방향으로 완만하게 이어지는 내리막길이 바로 자크 카르티에 광장이다. 언덕에서 내려다보는 구 항구의 전망을 보기 위해 관광객이 모여드는 곳이다. 광장 곳곳에 설치된 벤치에 앉아 길거리 음악가의 연주를 듣거나 예술가의 그림과 공예품을 구경할 수 있다. 주변을 둘러싼 노천 카페들은 편안한 휴식과 함께 몬트리올의 여유로운 분위기를 만끽하기에 제격이다.

- 몬트리올 시청 앞에서 항구 방향의 내리막길

봉스쿠르 마켓 Bonsecours Market

멋스러운 건축물에 은색 돔 지붕이 돋보이는 봉스쿠르 마켓은 캐나다의 10대 문화유산 건물 중 하나다. 1847년 지어진 건물은 정부 건물, 콘서트홀, 파머스 마켓 등 다양한 용도로 활용되었고 1984년에는 캐나다 국립 역사 지구로 선정되었다. 현재는 퀘벡주 예술가의 갤러리, 디자이너 부티크, 공예품 숍 등 상점으로 가득 차 있어 캐나다 여행의 의미 있는 기념품을 구매할 수 있다.

- 메트로 오렌지 라인 Champ-de-Mars역에서 도보 10분, 자크 카르티에 광장 끝에서 왼쪽
- 매일 10:00-18:00

노트르담 대성당
Notre-Dame Basilica of Montreal

캐나다 최초의 고딕 리바이벌 양식으로 1824~1829년에 건축된 노트르담 대성당은 몬트리올의 가장 대표적인 관광 스폿이다. 국가 장례식, 유명인들의 방문과 결혼식 등 다양한 장소로 활용되기도 한다. 성당 내부는 전체적으로 파란빛을 띤다. 또한 벽과 천장의 금박 장식과 퀘벡의 예술가가 350년 교구의 역사를 담아 디자인한 스테인드글라스, 7000개의 파이프로 만든 파이프오르간 등이 화려함을 끌어올린다. 노트르담 대성당의 또 다른 자랑거리인 아우라AURA는 조명과 음악을 활용한 쇼로 낮과는 다른 감동적인 대성당의 모습을 연출한다. AURA는 평일 오후 6시, 일요일 오후 7시에 시작하며 여름 시즌에는 하루 2회 진행되기도 하니 성당에 방문했다면 꼭 즐겨보자. 2020년부터 대대적인 복원 작업을 시작했으며 2040년 완공 예정이다.

- 메트로 오렌지 라인 Place-d'Armes역에서 도보 5분
- 월~금요일 09:00-16:30, 토요일 09:00-16:00, 일요일 12:30-16:00
- CAD 입장료 성인 CAD 16, 65세 이상 CAD 15, 학생 CAD 14, 6~16세 CAD 10, 5세 이하 무료
AURA 성인 CAD 35, 65세 이상 CAD 30, 학생 CAD 29, 6~16세 CAD 20, 5세 이하 무료
(AURA 쇼는 온라인 예약 추천) @ www.aurabasiliquemontreal.com

생폴 거리 | Saint-Paul Street

조약돌이 깔린 거리를 따라 디자이너 부티크, 갤러리, 기념품 숍, 다국적 레스토랑, 카페 등이 늘어서 있다. 이 매력적인 거리는 노트르담 대성당, 자크 카르티에 광장, 봉스쿠르 마켓을 자연스럽게 연결해 올드 몬트리올 관광의 중심 동선이 된다. 아기자기한 상점을 구경하고 프렌치 레스토랑에서 저녁 식사를 즐긴 후, 밤에는 분위기 있는 재즈 바에서 하루를 마무리하면 좋다.

- 노트르담 대성당에서 나온 후 왼쪽 항구 방향으로 가면 생폴 거리가 나옴

몬트리올 고고학 역사박물관
Montreal Museum of Archaeology and History

몬트리올 고고학 역사박물관은 몬트리올 탄생 350주년을 기념하며 1992년 개관했다. 몬트리올 첫 발상지에 설립되었고 초기 정착 시대부터 현재까지 이르는 수백 년의 역사를 주제로 전시한다. 역사와 고고학에 관련된 상설 전시 외에도 매년 임시 전시회를 개최하며 문명, 문화유산, 역사에 대해 다양하게 다루고 있다. 최첨단 멀티미디어관인 Generations MTL을 꼭 방문해보자. 사방으로 달린 패널에서 상영되는 영상은 역사와 몬트리올이 변화하는 모습을 생동감 있게 보여준다.

- 노트르담 대성당에서 항구 방향으로 도보 5분
- 화~금요일 10:00-17:00, 토~일요일 11:00-17:00, 월요일 휴무
- CAD 성인 CAD 27, 65세 이상 CAD 24, 18~30세 CAD 18, 13~17세 CAD 14, 5~12세 CAD 9, 4세 이하 무료

팔레 데 콩그레 | Palais des Congrès de Montréal

몬트리올에서 가장 큰 규모의 컨벤션 센터다. 1983년 콘크리트 건물로 지어진 후 2003년 대대적인 보수공사를 통해 오늘날과 같은 아름다운 유리 건물로 거듭났다. 건물 전체를 붉은색, 파란색, 오렌지색, 노란색 등 다양한 색상의 유리가 뒤덮고 있는데 내부에서 보면 색색의 유리 벽이 햇빛을 그대로 받아 더욱 아름다운 모습으로 반짝인다. 태양, 컬러, 투명함을 동시에 느낄 수 있는 이색적인 건축물로 평가받고 있다.

- 메트로 오렌지 라인 Place-d'Armes역에서 도보 4분
- 1001 Pl. Jean-Paul-Riopelle
- 매일 05:30-23:00
- CAD 전시회 미 관람 시 무료

Restaurant & Cafe

Holder |프랑스 요리|

올드 몬트리올에 위치한 레스토랑으로 프랑스식 요리를 즐길 수 있으며 정통 프랑스식 요리와 현대적인 스타일로 재해석한 메뉴도 눈에 띈다. 적당한 금액에 와인과 함께 제대로 된 식사를 즐기고 싶다면 추천하는 곳이다. 저녁 시간은 손님으로 가득해 대기 줄이 긴 편으로 미리 예약하는 것을 추천한다.

- 407 Rue McGill #100a
- 월~수요일 11:30-22:00, 목~금요일 11:30-22:30, 토요일 17:30-22:30, 일요일 17:30-22:00
- CAD 애피타이저 CAD 16~29, 스테이크 CAD 28~51, 파스타 CAD 28~33

Toqué |프랑스 요리|

몬트리올 컨벤션 센터 주변에 있는 프랑스식 레스토랑으로 1993년 문을 연 이래 꾸준한 사랑을 받고 있다. 퀘벡 지역의 소규모 생산자들과 협업해 신선하고 품질 좋은 농산물만 사용하며 시즌에 맞게 메뉴를 선정하고 400개가 넘는 와인 리스트를 갖추고 있다.

- 900 Place Jean-Paul-Riopelle
- 런치 화~금요일 11:30-13:45
  디너 화~토요일 17:30-21:30, 일~월요일 휴무
- CAD 메인 CAD 47~54, 디저트 CAD 18, 테이스팅 메뉴(7코스) CAD 198

Le Club Chasse et Pêche |파인 다이닝|

각종 매체에서 진정한 미식가라면 꼭 방문해봐야 할 필수 레스토랑으로 꼽는 곳이며 트립 어드바이저에서 2016년부터 3년 연속 으뜸 시설로 선정되었다. 메뉴는 스타터와 메인을 포함해 약 14가지로 단출하게 구성되어 있지만 진정한 퀘벡 스타일의 요리를 맛볼 수 있으며 매번 새롭고 혁신적인 메뉴를 선보인다.

- 423 Rue Saint-Claude
- 화~토요일 18:00-22:30, 일~월요일 휴무
- CAD 애피타이저 CAD 24~35, 메인 CAD 49~67, 디저트 CAD 18

Crêperie Chez Suzette |크레페|

1996년 오픈한 레스토랑으로 유럽 스타일의 크레페와 퐁뒤 전문점이다. 채소, 치킨, 해산물 등 토핑을 푸짐하게 넣어 식사용으로 만든 크레페가 특히 인기 있는 메뉴다. 가성비가 좋아 관광객과 현지인 모두에게 인기를 끌어 항상 사람으로 붐비는 올드 몬트리올의 맛집 중 하나다.

- 3 Rue Saint Paul East
- 일~목요일 10:00-21:00, 금~토요일 10:00-21:30
- CAD 샌드위치 CAD 13.99~19,99, 크레페 CAD 14.99~25.99, 퐁뒤 CAD 19.99~32.99

Le Petit Dep |카페|

올드 몬트리올 구시가지 생폴 거리에 위치한 카페 겸 식료품점으로 화려한 에메랄드색 정문부터 눈길을 끈다. 음료, 샌드위치, 스낵, 아이스크림 등 디저트를 먹을 수 있도록 작은 테이블이 준비되어 있으며 옛날 과자와 사탕을 매장 곳곳에 쌓아놓아 아기자기하고 귀여운 분위기를 느낄 수 있다.

- 179 Rue Saint-Paul
- 월~수요일 08:00-22:00, 목~일요일 08:00-23:00
- CAD 아이스크림 CAD 7, 샌드위치 CAD 11~12

Mélisse |팔라펠, 파스타|

화이트를 기본으로 한 깔끔한 인테리어에 초록색 식물을 배치해 편안하고 우아한 분위기를 느낄 수 있는 레스토랑으로, 셰프의 아이디어가 곳곳에 묻어 있다. 직접 구운 빵과 로컬 채소, 과일 등을 활용해 건강한 메뉴를 선보이며 요리 하나하나에서 재료의 장점을 느낄 수 있다. 주말 브런치도 인기가 높다.

- 719 Rue William
- 화요일 11:30-14:30, 수~금요일 11:30-14:30, 18:00-22:00, 토~일요일 10:00-14:30, 월요일 휴무
- CAD 단품 CAD 10~44

Crew Collective & Café |카페|

입구에서부터 화려하고 중후함이 느껴지는 카페는 100여 년 전 캐나다 왕립 은행 건물을 개조해 카페로 사용하고 있다. 카페와 비즈니스 미팅 룸을 함께 운영해 업무를 보는 현지인도 많다. 역사적인 건물을 둘러보고 기념할 만한 여행 사진을 남기기 좋아 많은 관광객이 방문한다.

- 360 Rue Saint-Jacques
- 월~금요일 08:00-16:00, 토~일요일 09:00-16:00
- CAD 커피 CAD 3.25~6

Downtown Montreal
다운타운 몬트리올

몬트리올 관광을 떠올리면 대부분 올드 몬트리올의 역사적인 대성당과 유럽풍 건축물을 떠올리겠지만 세계적 수준의 박물관, 미술관, 대학, 문화센터 등 놓쳐서는 안 될 필수 방문지는 다운타운에 모여 있다. 다운타운은 몬트리올의 경제, 문화, 교육의 중심지이자 4성급 이상의 대형 호텔 체인이나 쇼핑센터, 고층 빌딩 등 현대적인 시설이 가득하다. 여기에 세계 각국의 요리를 즐길 수 있는 레스토랑이 생 카트린 거리를 빼곡히 메우고 있다.

TRAVEL HIGHLIGHTS

몬트리올 중앙역 Central Station

1943년에 오픈한 몬트리올 중앙역은 다운타운 교통의 중심이다. 퀘벡 시티, 토론토, 오타와 등 캐나다 주요 도시로 이동하는 비아레일이 지나고 미국으로 향하는 암트랙도 드나든다. 역의 출발 홀에는 캐나다인의 삶을 주제로 한 프레스코화가 곳곳에 그려져 있고 레스토랑, 카페, 드러그스토어 등 편의 시설이 있다.

📍 메트로 오렌지 라인 Bonaventure역에서 도보 4분

생카트린 거리
Saint-Catherine Street

몬트리올 다운타운의 중심 거리인 생가드린은 약 11km 길이로 이어진 거리에 영화관, 레스토랑, 대형 쇼핑센터, 브랜드 상점, 드러그스토어 등 상업 매장으로 가득 차 있다. 거리가 화려하지는 않지만 유럽 건축양식의 성당과 현대적 분위기의 매장이 늘어서 있어 이색적인 분위기를 연출하며 몬트리올 최대 번화가답게 밤낮 할 것 없이 사람들로 가득하다.

📍 메트로 그린 라인 McGill역에서 도보 2분, 쇼핑몰 이튼 센터가 있는 거리

벨 센터 Bell Centre

1996년 몰슨 센터 Molson Centre라는 이름으로 출범한 후 지금은 벨 센터라고 불린다. 벨 센터는 캐나다 아이스하키 팀 몬트리올 캐나디안스 Montreal Canadiens의 홈경기장이자 록 콘서트, 클래식 음악 공연 등의 행사가 개최되는 주요 엔터테인먼트 공간이다. 매일 진행되는 가이드 투어에 참여하면 하키 선수들의 로커 룸과 경기장을 둘러볼 수 있다.

- 메트로 오렌지 라인 Bonaventure역에서 도보 5분
- 경기장 투어 1290 Avenue des Canadiens-de-Montreal
- 하키 시즌 월~토요일 12:00-18:00(여름 시즌 레노베이션 공사)
- CAD 경기장 투어 성인 CAD 22, 65세 이상 CAD 16, 학생 CAD 16, 어린이 CAD 13, 4세 이하 무료

몬트리올 현대미술관
Contemporary Art Museum of Montreal(MAC)

캐나다의 현대미술을 선도하는 MAC의 역사는 1964년부터 시작되었다. 60년이 넘는 세월 동안 현대 예술 작품의 수집, 전시 등 다양한 활동을 했고 1992년 캐나다 최대의 문화 단지인 몬트리올 플라스 데자르 Place des Arts로 옮겨왔다. MAC에서는 퀘벡과 캐나다에서 활동하는 세계적 수준의 예술가부터 최신 트렌드를 이끄는 신예 예술가들의 작품과 함께 디지털, 음향, 설치미술, 조각품 등 다양한 예술 작품을 감상할 수 있다. 또한 현대미술에 친숙해질 수 있도록 교육 프로그램을 제공하며 예술 공연과 축제를 개최한다.

- 메트로 그린 라인 McGill역과 Peel역에서 도보 5분
- 화~금요일 11:30-19:00, 토요일 11:00-18:00, 일요일 11:00-17:30, 월요일 휴무
- CAD 성인 CAD 10, 18세 미만 무료

몬트리올 미술관 Montreal Museum of Fine Arts(MMFA)

1860년 개관한 MMFA는 고대부터 현대까지 약 4만 3000점의 작품을 소장하고 있으며 총 5개의 파빌리온으로 나뉘어 예술 작품을 전시한다. 메인 입구에 들어서면 만나게 되는 장-노엘 데마레 파빌리온Jean-Noël Desmarais Pavilion에는 현대 및 그래픽 작품 전시관과 레스토랑, 기념품 숍 등이 있다. 마이클 & 레나타 혼스타인 파빌리온Michal and Renata Hornstein Pavilion은 세계의 예술품을, 릴리안 & 데이비드 스튜어트 파빌리온Liliane and David M. Stewart Pavilion은 장식미술과 디자인 작품을, 가장 최근 오픈한 마이클 앤 레나타 혼스타인 파빌리온 포 피스Michal and Renata Hornstein Pavilion for Peace는 고전부터 현대미술 작품까지 폭넓은 종류의 개인 컬렉션을 전시한다. 클레어 & 마르크 부르지에 파빌리온Claire and Marc Bourgie Pavilion에는 퀘벡과 캐나다의 작품, 이누이트족의 예술품까지 다루고 있다. 또한 이곳에는 2011년 개관한 460석 규모의 Bourgie 콘서트홀이 있다. 셔브룩 스트리트Sherbrooke Street를 통해 메인 입구로 들어가면 각 파빌리온이 지하로 연결되어 있어 편하게 오갈 수 있다. MMFA는 캐나다에서 가장 오래된 미술관이자 캐나다 3대 미술관 중 하나로 꼽히는 만큼 방대한 규모의 미술관을 둘러보면 진면모를 느낄 수 있다.

- 메트로 그린 라인 Guy-Concordia역에서 도보 7분
- 화, 목~일요일 10:00-17:00, 수요일 10:00-19:00 월요일 휴무
- CAD 일반 CAD 24, 21~30세 CAD 16, 20세 이하 무료 수요일 17:00 이후 21세 이상 CAD 12

맥코드 박물관 McCord Museum

1921년 개관한 맥코드 박물관은 수집가 데이비드 로스 맥코드David Ross McCord의 개인 소장품을 전시하면서 시작되었다. 맥길 대학교의 후원으로 운영되던 박물관은 현재 캐나다 정부에서 관리하며 북미에서는 가장 방대한 컬렉션을 보유한 역사박물관 중 하나로 평가받고 있다. 박물관은 그림, 사진, 문서, 생활용품, 의복 등 150만 점에 이르는 소장품을 통해 캐나다의 과거와 현재를 보여준다. 2018년부터는 패션 박물관과 통합되어 원주민의 전통 의상, 신발, 장신구는 물론 다양한 섬유, 직물 등 패션 관련 전시도 함께 선보이고 있다.

- 메트로 그린 라인 McGill역에서 도보 3분, 맥길 대학교 정문에서 왼쪽 건너편
- 화~일요일 10:00-17:00(수요일 ~21:00), 월요일 휴관
- CAD 성인 CAD 20, 65세 이상 CAD 19, 학생 CAD 15, 17세 이하 무료, 수요일 17:00 이후 무료

언더그라운드 시티 Underground City

몬트리올의 다운타운에도 토론토의 패스PATH와 같은 거대한 지하 도시인 언더그라운드 시티가 있다. 밖으로 나가지 않아도 몬트리올 다운타운의 이튼 센터, 중앙역, 벨 센터, 플라스 데자르 등 주요 명소를 지하 통로로 다닐 수 있다. 언더그라운드 시티는 7개의 메트로 역, 9개의 호텔, 43개의 주차장, 190개의 외부 출구, 2000개의 상점으로 연결되며 길이는 33km를 넘을 정도로 거대하다. 캐나다 동부의 혹독한 겨울 날씨 때문에 만들어진 곳이지만, 여름에도 무더위를 피할 수 있어 계절에 상관없이 항상 사람들로 붐빈다.

- 다운타운의 Bonaventure, McGill, Peel 등 메트로 역 및 중앙역 지하로 연결됨

맥길 대학교 McGill University

몬트리올 다운타운 중심에 있는 맥길 대학교는 도시에서 가장 활기찬 생카트린 거리와 인접해 있다. 세계적으로 아름다운 캠퍼스로 손꼽히는 이곳은 역사적인 건물들과 아름다운 정원이 완벽히 조화를 이루고 있다. 다운타운 캠퍼스에는 최고 수준의 교육 시설을 갖춘 80여 개 건물이 있다. 1821년 영국 글래스고 출신의 제임스 맥길James McGill이 설립한 이 대학교는 지금까지 12명의 노벨상 수상자와 3명의 캐나다 총리, 다수의 대법관 등 수많은 인재를 배출했다. 토론토 대학교, 브리티시 컬럼비아 주립 대학교와 함께 캐나다 최상위 학교로 평가받는다. 맥길 대학교 재학생이 직접 안내하는 캠퍼스 투어를 통해 기숙사와 도서관 등 캠퍼스 곳곳을 둘러볼 수 있다. 투어는 관광 안내소에서 시작되며, 시험이나 방학 기간에는 일정이 변동될 수 있으니 방문 전 홈페이지에서 스케줄을 확인하자.

- 메트로 그린 라인 McGill역에서 도보 5분
- 관광 안내소 3415 Rue McTavish
- 관광 안내소 월~금요일 10:00-16:00
- CAD 캠퍼스 투어 무료
- www.mcgill.ca/undergraduate-admission/visit/campus-tours

· SPECIAL ·

Montreal International Jazz Festival

몬트리올 국제 재즈 페스티벌

매년 여름 음악을 사랑하는 전 세계 사람들이 몬트리올 국제 재즈 페스티벌을 즐기기 위해 다운타운을 가득 메운다. 재즈 음악을 중심으로 하면서도 활기찬 분위기를 돋우기 위해 록부터 팝, 일렉트로닉, 힙합에 이르기까지 다양한 음악을 즐길 수 있다. 축제 기간에는 몬트리올 다운타운의 예술 지구 카르티에 데 스펙터클 Quartier des Spectacles을 중심으로 30개가 넘는 국가에서 모여든 음악가들의 공연이 500회 이상 열린다. 축제는 매년 여름 6~7월경 10일간 진행되며 야외 공연은 무료로 감상할 수 있다. 일부 유료 티켓이 필요한 이벤트는 사전 예약을 권장한다.

📍 메트로 그린 라인 Place-des-Arts역 또는 Saint-Laurent역, 다운타운의 플라스 데자르 주변
🔗 www.montrealjazzfest.com

Restaurant & Cafe

Dunn's Famous | 훈제 고기 요리 |

레스토랑의 창업자 던Dunn이 1927년 몬트리올에 작은 레스토랑을 오픈한 것이 지금의 Dunn's Famous가 되었으며 몬트리올 시내에서 대표적인 체인 레스토랑으로 성장했다. 몬트리올 스타일의 훈제 소고기를 넣은 스모크드 미트 샌드위치와 푸틴Poutine 등 퀘벡을 대표하는 음식을 즐길 수 있다.

- 1249 Rue Metcalfe
- 매일 11:00-05:00
- CAD 스모크드 미트 샌드위치 CAD 19.25~24.95
  버거 CAD 12~21.5
  푸틴 CAD 12.75~22.5

Reuben's Deli & Steakhouse
| 스테이크 |

몬트리올 다운타운에 위치한 레스토랑으로 약 40년간 운영 중이며 가족 여행객이 방문하기 좋은 곳이다. 프리미엄 스테이크, 햄버거, 스모크드 미트 샌드위치, 푸틴, 샐러드 등 몬트리올에서 꼭 맛봐야 할 음식부터 어린이들이 즐길 만한 햄버거까지 메뉴 구성이 다양하다.

- 1116 Rue Sainte-Catherine
- 월요일 12:00-21:00, 화~목, 일요일 12:00-22:00, 금~토요일 12:00-23:00
- CAD 애피타이저 CAD 13~24
  스테이크 CAD 52~74
  스모크드 미트 샌드위치 CAD 24~29

3 Brasseurs Crescent | 수제 맥주, 푸틴 |

맥주 양조장과 레스토랑을 함께 운영하는 곳으로 수제 맥주에 어울리는 식사 메뉴를 제공한다. 몬트리올을 비롯해 퀘벡, 토론토에도 매장을 두고 있다. 여행을 마친 후 간단하게 맥주를 즐기며 이야기를 나누기 좋은 분위기의 레스토랑이다.

- 1356 Rue Sainte-Catherine
- 일~수요일 11:00-24:00, 목요일 11:00-01:00, 금~토요일 11:00-02:00
- CAD 버거 CAD 17~21, 푸틴 CAD 10.5~22.75, 피자 CAD 7.75~23

Upstairs Jazz Bar & Grill |재즈 바|

몬트리올 생카트린 거리 주변에 위치한 작은 규모의 재즈 바로 칵테일, 와인과 함께 식사를 할 수 있는 레스토랑을 함께 운영한다. 재즈 공연은 5시 30분부터 9시 30분까지 3~4회 진행되며 7시 공연은 디너를 필수로 주문해야 한다. 규모는 작은 편이지만 부담 없이 라이브 음악과 재즈를 즐길 수 있다. 디너를 주문하지 않더라도 사전 예약 후 방문하는 것이 좋다. 방문 전 홈페이지를 통해 공연 시간과 정보를 확인하자.

- 1254 Rue Mackay
- 화~일요일 17:30-01:00, 월요일 휴무
- CAD 단품 CAD 18~42, 칵테일 CAD 12~17
- www.upstairsjazz.com/en/index.php

MELK Bar à Café |카페|

몬트리올에 3개 매장이 있는 로컬 카페로 유기농 커피를 제공하며 작지만 감각적인 인테리어로 현지인에게 사랑받는 곳이다. 스콘, 쿠키, 홈메이드 페이스트리 등 베이커리도 판매한다. 관광객이 방문하기 좋은 곳은 다운타운에 위치한 지점이며 올드 타운 컨벤션 센터 주변에서도 찾을 수 있다.

- 1206 Rue Stanley
- 월~금요일 07:00-17:00, 토~일요일 08:00-17:00
- CAD 커피 CAD 2.17~4.13

Pikolo Espresso Bar |카페|

몬트리올 다운타운 플라스 데자르 부근에 위치한 카페로 2011년 오픈한 곳이다. 카페 창업자가 직접 호주에서 배워온 커피 문화와 로스팅 기술을 반영해 품질 좋은 커피를 제공하며 로컬 베이커리에서 만든 크루아상, 머핀, 파이 등의 디저트도 판매한다.

- 1635 Rue Clark
- 월~금요일 07:30-18:00, 토~일요일 08:00-18:00
- CAD 커피 CAD 2.83~4.13

The Surroundings of Montreal
몬트리올 인근 지역

몬트리올의 유명 관광지는 올드 몬트리올과 다운타운 몬트리올에 대부분 밀집되어 있지만 도시가 워낙 크다 보니 다운타운을 벗어난 지역에도 눈길을 끄는 관광지가 많다. 북미에서 가장 오래된 시장인 장딸롱 마켓이나 몬트리올의 탁 트인 전망을 볼 수 있는 몽로열 공원은 이미 많은 관광객에게 사랑받는 곳이다. 조금 더 특별한 곳을 찾는다면 캐나다의 젊은이들이 모이는 대학가 주변의 생드니, 생로랑 거리에 방문해 활기 넘치는 분위기를 느껴보자.

TRAVEL HIGHLIGHTS

장딸롱 마켓 Jean-Talon Market

북미에서 가장 오래된 야외 시장인 장딸롱 마켓은 1933년 리틀 이탈리아 지역에서 시작되었다. 현지에서 재배한 농산품과 특산물, 빵, 식료품 등을 파는 상점이 가득 들어서 있다. 활기찬 분위기의 시장을 둘러보거나 마켓 주변의 레스토랑에서 세계 각국 요리를 맛볼 수 있다.

- 메트로 오렌지, 블루 라인 Jean-Talon역에서 도보 5분
- 월~토요일 08:00-18:00, 일요일 08:00-17:00

생로랑 거리 Saint-Laurent Boulevard

몬트리올의 가장 인상적인 장소인 생로랑 거리는 벽화로 가득한 매력적인 길이다. 디자이너 부티크, 주얼리 숍, 빈티지 숍, 인테리어 소품점 등 트렌디한 상점으로 가득하다. 벽화 축제가 열리는 메인 장소로 여름에는 더욱 활기를 띠며 작은 거리를 사이에 두고 있는 생드니 거리와 함께 둘러보면 좋다.

- 메트로 그린 라인 Saint-Laurent역에서 도보 1분 / 메트로 오렌지 라인 Sherbrooke역에서 도보 10분

생드니 거리 Saint-Denis Street

몬트리올의 젊은 거리인 생드니는 퀘벡 대학교 앞에 있어 젊은이들로 가득하며 분위기 좋은 야외 테라스가 있는 레스토랑과 디자이너 부티크, 아기자기한 상점 등 볼거리가 많다. 생드니 거리를 거닐다 보면 19세기 프렌치 스타일의 석조 주택이 늘어서 있어 이국적인 분위기를 느낄 수 있다.

- 메트로 그린, 오렌지, 옐로 라인 Berri-UQAM역에서 도보 2분, Berri-UQAM역에서부터 Mont-Royal역 방향

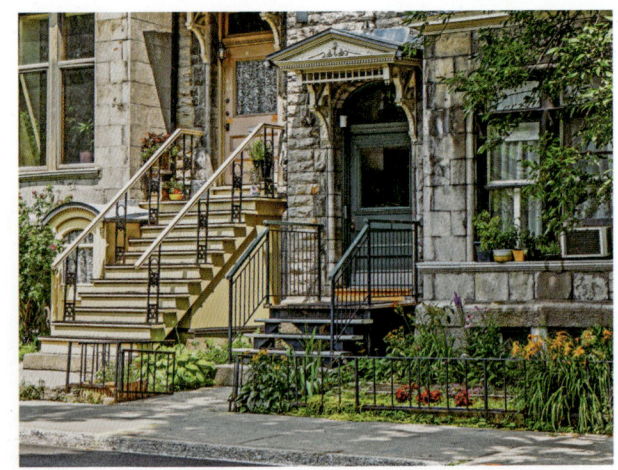

몽로열 공원 Mount-Royal Park

복잡한 몬트리올 도심 한가운데 우뚝 솟아 있는 몽로열 산은 몬트리올의 탁 트인 전경을 볼 수 있어 관광객과 시민 모두에게 사랑받는다. 공원의 ❶콘디아랭크 벨베데레Kondiaronk Belvedere 전망대에서 가장 멋진 전망을 볼 수 있다. 몽로열 공원의 또 다른 명소는 공원 남서쪽에 있는 ❷비버 호수Beaver Lake로 여름에는 산책과 휴식을, 가을에는 단풍으로 물든 풍경을, 겨울에는 아이스스케이트와 썰매를 즐길 수 있어 사계절 내내 다양한 액티비티를 경험할 수 있다. 다운타운에서 간다면 걸어서 50분 정도 트레일을 올라야 하고, 택시로는 약 15분 소요된다.

- 생로랑 거리, 생드니 거리와 몽로열 애비뉴Mont-Royal Avenue가 만나는 곳에서 11번 버스를 타고 전망대 근처 Remembrance/Du Chalet 정류장 또는 비버 호수 근처 Lac aux Castor 정류장 하차
- 매일 06:00-24:00

Travel Tips

❶ 콘디아랭크 벨베데레 전망대

❷ 비버 호수

몽로열 성요셉 성당
Saint Joseph's Oratory of Mount-Royal

몽로열 성요셉 성당은 1904년 성당을 지은 안드레 수도사 Brother André의 신비로운 기적이 알려지며 유명해졌다. 안드레 수도사의 기도로 사람들의 병이 치유되었다는 이야기가 전해지며 캐나다에서 가장 큰 성지순례 명소로 거듭나 매년 200만 명이 넘는 방문객이 찾는다. 입구에는 성당을 방문해 병이 치유되었다는 이야기를 증명하듯 목발이 쌓여 있다. 성당 내부에는 안드레 수도사가 사용했던 물건과 방을 재현해 둔 전시실도 볼 수 있다. 성당의 중앙 건물은 높이 97m의 거대한 초록색 돔이 있어 웅장함을 뽐낸다.

- 메트로 오렌지 라인 Snowdon역에서 도보 17분
- 매일 06:30-21:00

장드라포 공원 Parc Jean-Drapeau

몬트리올 항구와 가까운 세인트 로렌스 강에 떠 있는 생텔렌 섬 Saint-Helen's Island과 노트르담 Notre-Dame 섬 위에 조성된 공원을 장드라포 공원이라 부른다. 엑스포 67, 올림픽 등 국제적인 행사를 개최했으며 조정 경기장, 자동차 경주 트랙 등 여러 스포츠 시설도 있다. 그 밖에 놀이공원, 워터 파크, 박물관, 카지노, 자전거 전용 도로 등 섬 전체가 야외 엔터테인먼트 공간으로 전 연령대가 다양한 활동을 즐길 수 있다.

- 메트로 옐로 라인 Jean-Drapeau역 / 다운타운에서 택시 이용 시 약 10분

환경 박물관 Biosphere Environmental Museum

북미 최초의 환경 박물관으로 환경문제에 대한 시민들의 인식을 일깨우고 행동과 참여를 높이기 위한 목표를 가지고 기후, 자연, 생물을 주제로 전시를 진행한다. 특히 최첨단 멀티미디어를 활용해 흥미를 이끄는 전시를 진행해 인기가 좋다. 환경 박물관은 독특한 외관으로도 주목받고 있다. 엑스포 67 당시 미국 건축가가 거대한 공 모양의 강철 구조물 안에 박물관 건물을 지어놓은 독특한 형태이며, 장 드라포 공원의 명물로 꼽힌다.

- 메트로 옐로 라인 Jean-Drapeau역에서 도보 2분
- 매일 09:00-18:00(시즌에 따라 오픈 시간 변경)
- CAD 성인 CAD 23.25, 65세 이상 CAD 21, 학생 CAD 17, 5~17세 CAD 12, 4세 이하 무료

몬트리올 식물원 Montreal Botanical Garden

다운타운에서 차로 약 15분 거리에 있는 몬트리올 식물원은 세계에서 3번째로 큰 규모를 자랑한다. 1931년 설립되어 2만 2000종 이상의 식물이 자라고 있으며, 몬트리올의 다양성을 반영해 퍼스트 네이션스 가든, 로즈 가든, 차이니즈 가든, 재패니즈 가든 등 총 10개 구역으로 나뉘어 있다. 연중 다양한 행사와 어린이를 위한 교육 프로그램도 열려 퀘벡주 시민이 많이 방문한다. 방대한 규모의 식물원은 관광객을 위해 내부를 순환하는 미니 열차를 운영해 편하게 둘러볼 수 있다. 현재 온실을 점검하기 위해 폐쇄했으며 야외 정원만 개방하고 있다.

- 메트로 그린 라인 Pie-IX역에서 도보 15분 / 다운타운에서 택시 이용 시 약 18분
- 매일 09:00-18:00(시즌에 따라 오픈 시간 변경)
- CAD 성인 CAD 20.75, 65세 이상 CAD 18.75, 학생 CAD 15.25, 5~17세 CAD 10.75, 4세 이하 무료

마일 엔드 Mile End

몬트리올의 몽로열 북쪽에 자리 잡은 마일 엔드는 예술가들의 아지트이자 다문화가 공존하는 창의적인 지구다. 한때 이민자들의 거주지였던 이곳은 트렌디한 카페, 예술 공간, 빈티지 숍 등이 모여 있는 힙한 동네로 변모했다. 이곳의 상징이자 베이글의 성지인 페어마운트 베이글Fairmount Bagel과 생 비아토 베이글St-Viateur Bagel은 빼놓을 수 없다. 이 외에도 현지 맥주를 즐길 수 있는 브라스리 듀 뒤 시엘Brasserie Dieu du Ciel, 1970년부터 이어져온 카페 올림피코Café Olimpico 등 곳곳에 숨은 맛집이 많다. 생로링 대로를 따라 들어선 빈티지 숍들은 독특한 아이템을 찾는 쇼핑 마니아의 눈길을 사로잡는다.

> **TIP** 몬트리올 여행이 맛있어지는 순간! 마일 엔드 푸드 투어
>
> 다양한 문화가 녹아든 마일 엔드는 그 자체로 하나의 거대한 미식 축제다. 몬트리올 이민자들이 만들어낸 다채로운 미식 문화를 한 번에 경험하고 싶다면 로컬 몬트리올 푸드Local Montreal Food Tours의 투어를 추천한다. 현지 가이드와 함께 마일 엔드의 대표 맛집을 탐방하며, 각 가게의 숨은 이야기와 음식에 얽힌 흥미로운 역사까지 들을 수 있어 특별한 경험이 된다. 요즘은 투어 종류에 따라 다르며 약 3시간 정도 소요된다. 좀 더 자세한 내용은 홈페이지를 참고하자.
>
> ▶ localfoodtours.com/montreal

• SPECIAL •

Tales in a Thousand Colours, Montreal Mural Festival

도시를 물들이는 형형색색 이야기, 몬트리올 벽화 축제

도시 예술의 대중화를 위해 2013년부터 시작된 몬트리올 벽화 축제는 매년 여름 이 도시에서 가장 중요하고 활기찬 축제 중 하나로 자리 잡았다. 벽화 축제 시즌이 다가오면 새로운 벽화를 그리는 모습을 몬트리올 시내에서도 볼 수 있다. 또한 축제 기간에는 라이브 음악, 팝업 스토어, 푸드 트럭, 아티스트와의 대화, 세계적 수준의 음악가가 참여하는 애프터 파티 등 즐길 거리가 다양하다. 축제는 매년 6월 11일간 생로랑 거리Saint-Laurent Boulevard를 중심으로 펼쳐진다. 메트로 2호선을 이용해 Sherbrooke역 또는 Mont-Royal역에서 찾아갈 수 있다. 별도의 참가 비용 없이 자유롭게 구경할 수 있지만, 벽화에 담긴 이야기에 대해 자세히 알고 싶다면 가이드 투어에 참여해도 좋다.

CAD 무료, 가이드 투어 CAD 40
▸ muralfestival.com/guided-tours

Schwartz's Deli | 샌드위치

1928년 루마니아에서 온 이민자가 설립한 레스토랑으로 스모크드 미트 샌드위치 전문점이다. 몬트리올에서 가장 유명한 식당이라고 할 수 있다. 10일간 숙성시킨 훈제 고기로 만들어 제대로 된 스모크드 미트 샌드위치를 맛볼 수 있다. 언제 방문하든 항상 사람이 많아 긴 대기는 각오해야 한다.

- 3895 Boul St-Laurent
- 일~목요일 10:00-23:00, 금~토요일 10:00-24:00
- CAD 샌드위치 CAD 11~14.5
  스테이크 CAD 14.95~35.95

St-Viateur Bagel Shop | 베이글

1957년 몬트리올에 오픈한 베이글 숍으로 가장 오래된 곳이기도 하다. 몬트리올에 베이글 숍과 베이커리 카페를 합해 7개 매장을 운영 중이다. 플레인, 참깨, 시나몬, 건포도, 로즈메리 등 여러 종류의 베이글을 만들고 있다. 베이커리 카페에 방문하면 베이글로 만든 샌드위치와 샐러드 등 간단한 식사가 가능하다.

- 베이글 숍 263 Rue Saint Viateur / 베이커리 카페 1127 Avenue du Mont-Royal
- 베이글 숍 매일 06:00-24:00 / 베이커리 카페 매일 07:00-20:00
- CAD 베이글 1개 CAD 1.10~1.35
  12개 CAD 14.25~16.8
  베이글 샌드위치 CAD 9~14

Fairmount Bagel | 베이글

St-Viateur Bagel Shop과 함께 몬트리올에서 유명한 베이글 전문점이다. 1919년 몬트리올에서 작은 베이글 가게로 시작해 현재는 코스트코, 카르푸 같은 슈퍼마켓에도 납품하는 대형 베이커리로 성장했다. 몬트리올 스타일의 쫀득한 수제 베이글의 종류는 참깨, 퍼피 시드, 어니언, 갈릭, 뮤즐리 등 매우 다양하다.

- 74 Avenue Fairmount
- 24시간
- CAD 베이글 1개당 CAD 1.2~1.4, 12개 CAD 13.75~16.3

Restaurant & Cafe

L'Avenue | 브런치 |

최근 몬트리올에서 가장 핫한 브런치 카페다. 오픈 시간에 맞춰 가지 않으면 대기할 정도로 인기 많은 곳이며 독특하게 모든 고객에게 애피타이저로 과일 꼬치를 준비해준다. 인기 있는 메뉴는 버터 향이 은은하게 풍기는 프렌치토스트와 에그 베네딕트.

- 922 Avenue du Mont-Royal East
- 매일 08:00-16:00
- CAD 단품 CAD 13~28

L'Express | 프랑스 요리 |

알록달록 개성 있는 프랑스식 건축물이 늘어선 생드니 거리에서 화려한 간판 하나 없이 운영 중인 이곳은 40년 전통의 프렌치 레스토랑이다. 모던한 분위기의 외관과는 달리 내부는 캐주얼하고 친숙한 분위기다. 에그 베네딕트, 오믈렛, 프렌치토스트 등 브런치 식사로 유명하며 현지인에게도 인기가 많은 곳이기 때문에 방문 전 예약을 권장한다.

- 3927 Rue Saint-Denis
- 매일 11:30-02:00
- CAD 애피타이저 CAD 9.75~23, 메인 CAD 19.5~37.5

La Banquise | 푸틴 |

몬트리올에서 가장 유명한 퀘벡 스타일의 푸틴 전문점이다. 클래식 푸틴부터 소시지, 베이컨, 양파, 사워크림 등 토핑을 올린 다양한 종류를 판매한다. 동그랗게 덩어리져 있는 치즈와 촉촉한 감자튀김, 부드러운 소스가 서로 어우러져 식감이 좋다.

- 994 Rue Rachel East
- 24시간
- CAD 레귤러 사이즈 CAD 9.95~16.5
  라지 사이즈 CAD 16.75~25.95

Brasseurs du Monde | 수제 맥주 |

맥주 양조장과 레스토랑을 같이 운영하는 곳으로, 양조장에서는 총 24가지의 수제 맥주를 생산하며 맥주와 잘 어울리는 다양한 식사 메뉴가 준비되어 있다. 몬트리올 대학가 주변에 있어 활기찬 분위기를 느끼며 여행의 즐거움을 더할 수 있는 곳이다.

- 1567 Rue Saint-Denis
- 매일 11:00-03:00
- CAD 브런치 CAD 7~25, 단품 CAD 7~49

· SPECIAL ·

The Best Places to See Fall Colours in Montreal

몬트리올 근교 단풍 여행지

단풍 여행으로 빼놓을 수 없는 곳이 바로 캐나다 동부다. 그중에서도 몬트리올은 나이아가라와 퀘벡을 잇는 메이플 로드 중간에 위치한 도시다. 몬트리올에서 단 1~2시간 거리에는 가을 빛으로 물든 단풍 명소가 많다. 아래 5개 지역은 몬트리올 근교에서 손꼽히는 단풍 명소로 가을 시즌 몬트리올을 방문했다면 꼭 가봐야 할 곳이다.

이스턴 타운십
Eastern Townships

몬트리올에서 동남쪽으로 약 1시간 거리, 세인트 로렌스 강의 남쪽 평원 지역이 이스턴 타운십이다. 이곳은 크고 작은 30여 개 마을이 모여 형성된 관광 구역이다. 넓고 광활한 평원에 따라 이어진 산줄기에는 가을이면 울긋불긋한 단풍이 뒤덮여 황홀한 풍경을 감상할 수 있다. 또한 퀘벡주에서도 소문난 비옥한 땅과 기후 때문에 와이너리, 과일 농장, 지역 레스토랑 등 미식 여행이 가능한 곳이다. 약 20개의 와이너리를 연결해 만든 와인 루트 Wine Route를 따라 그림 같은 풍경 속에서 드라이브를 즐길 수 있다. 퀘벡주 와인 생산량의 60%를 차지할 만큼 와인으로 유명한 지역이니 와인 애호가라면 방문해볼 만하다. 셔브룩 Sherbrooke, 마고그 Magog, 그랜비 Granby 마을이 이스턴 타운십 관광의 중심이며 차가 없으면 여행하기 어려운 곳이기 때문에 몬트리올에서 렌터카를 이용하는 것이 좋다. 당일 여행도 충분히 가능하지만, 시간 여유가 있다면 와이너리와 농장 체험을 겸해 1~2박 일정으로 계획하는 것을 추천한다.

생 브누아 뒤 락 수도원
Abbaye de Saint-Benoît-du-Lac

몬트리올에서 1시간 30분 거리에 위치한 생 브누아 뒤 락 수도원은 멤프레마고그Memphrémagog 호수를 배경으로 계절마다 색다른 아름다움을 선사한다. 5월이 되면 보랏빛 라벤더가 만개해 수도원을 감싸며 은은한 향기를 퍼뜨리고, 가을이면 붉고 황금빛으로 물든 단풍이 수도원의 웅장한 건축과 어우러져 장관을 이룬다. 호숫가 산책로를 따라 걸으며 자연의 평온함을 만끽할 수 있으며 기념품점에서는 수도원에서 직접 만든 치즈와 사과주Cider도 판매한다.

- 몽 오포드 국립공원에서 차로 30분
- 1 Rue Principale, Saint-Benoît-du-Lac

마노아 허비
Manoir Hovey

마노아 허비는 애팔래치아산맥의 품 안, 마사위피 호숫가에 조용히 자리한 럭셔리 호텔이다. 가을이면 호숫가를 따라 번지는 단풍이 수채화처럼 은은하게 퍼져 장관을 이룬다. 이곳에서는 자연의 고요함 속에 몸을 맡기고, 따뜻한 환대와 함께 이스턴 타운십의 고유한 문화와 정서를 깊이 있게 마주할 수 있다. 세상과 한 발짝 떨어져 오롯이 휴식에 집중할 수 있는, 그런 특별한 시간이 머무는 곳이다.

- 몬트리올에서 차로 1시간 15분
- 575 Rue Hovey, North Hatley

몽 오포드 국립공원
Mont-Orford National Park

이스턴 타운십에서 단풍을 감상할 수 있는 최고의 명소다. 하이킹 전문가가 아니더라도 도전할 수 있는 트레일이 많아 산 위에서 아름다운 풍광을 볼 수 있어 인기 좋은 관광지다.

- 몬트리올에서 차로 1시간 20~30분
- 3321 Chemin du Parc Orford

로렌시아 고원
Laurentides

아름다운 산과 호수가 있는 로렌시아 고원은 퀘벡주의 수려한 풍경을 만들어내는 자연 여행 명소다. 몬트리올에서 제대로 된 단풍 여행을 즐기기 위해 매년 수많은 관광객이 방문한다. 알록달록한 건물과 단풍나무 산으로 둘러싸인 몽트랑블랑 리조트와 예술가들의 마을로 알려진 생소베르는 로렌시아 고원의 대표 명소로 가을에는 단풍 관광, 겨울에는 스키를 즐기는 관광객들로 북적인다.

- 몬트리올에서 차로 2시간 30분

곤돌라

몽트랑블랑
Mont-Tremblant

로렌시아 고원 깊숙한 곳에 자리한 몽트랑블랑은 겨울 스키 리조트로 잘 알려져 있고 가을에는 관광용 곤돌라를 타고 산 위로 올라 파노라마로 펼쳐진 단풍 풍경을 볼 수 있다. 또한 리조트 주변의 간단한 트레일을 따라 하이킹을 하거나 호수 위에서 카누를 즐길 수 있다. 속도감과 스릴을 동시에 느낄 수 있는 루지는 남녀노소 모두에게 인기가 높다. 산 정상에서 출발해 굽이진 트랙을 따라 내려가면서 탁 트인 산악 풍경까지 감상할 수 있다. 완벽한 휴식을 경험하고 싶다면 스칸디나브 스파가 답이다. 숲속에 자리한 약 6689m^2 규모의 프리미엄 노천 온천으로 다양한 온도의 스파 시설을 갖추고 있다. 휴대폰, 사진 촬영 및 대화가 금지된 사일런트 존에서는 자연과 하나되는 온전한 휴식을 취할 수 있다.

곤돌라 Gondola	왕복 CAD 28
루지 Luge	체어리프트+세 번 타기 CAD 31 *이용 횟수 및 포함 내역에 따라 다름 CAD 28~136
스칸디나브 스파 Scandinave Spa	CAD 80~150 *시즌 및 요일에 따라 다름

스칸디나브 스파

루지

생소베르
Saint-Sauveur

로렌시아 고원에 위치한 또 다른 스키 리조트인 생소베르는 겨울에는 스키장으로 유명하고, 여름에는 워터 파크나 아웃렛을 방문하는 가족 여행객들로 북적거린다. 예술가의 마을이란 별명이 어울리는 생소베르의 작은 공원에선 음악가들이 연주하는 무료 공연을 즐길 수 있고, 로컬 예술가가 만든 작품을 전시해둔 소규모 갤러리도 많아 감각적인 마을 분위기를 충분히 느낄 수 있다.

- 몬트리올에서 차로 1시간 10분
- 350 Avenue St Denis, Saint-Sauveur

QUEBEC CITY
퀘벡 시티

퀘벡주의 주도이자 몬트리올 다음으로 큰 도시이며 17세기 초 프랑스 탐험가 사뮈엘 드 샹플랭이 설립했다. 퀘벡 시티의 올드 퀘벡은 북미 유일의 성벽 도시로 1985년 유네스코 세계문화유산에 등재되었다. 올드 퀘벡의 높은 지대는 어퍼 타운, 프티 샹플랭 거리와 구 항구, 성벽 밖 세인트 로렌스 강변 지역은 로어 타운이라 불린다. 어퍼 타운에서 성벽을 지나 주 의사당 방향으로 나가면 젊고 활기찬 분위기를 느낄 수 있다. 이 지역은 현대식 호텔과 고층 건물이 있으며, 소문난 레스토랑이 많아 미식가들의 천국으로 불린다.

ⓘ 관광 안내소

◉ 페어몬트 르 샤토 프롱트낙 옆 다름 광장
◴ 매일 09:00-17:00

· 찾아가기 ·

✈ AIRPLANE
항공

퀘벡 장르사주 국제공항 Quebec City Jean-Lesage International Airport은 올드 퀘벡에서 약 20분 거리에 있다. 우리나라에서 직항 스케줄은 없으며 토론토를 경유하는 항공편을 이용해야 한다. 토론토 경유 시 항공편마다 차이는 있겠지만 약 19~21시간 걸린다. 퀘벡 시티는 캐나다 동부의 주요 도시에 속하지만 항공편이 다양하지 않다. 국내에서 가는 경우는 몬트리올, 오타와, 토론토 등 동부 도시에서 에어캐나다, 웨스트젯 항공편이 있으며 서부에서는 직항 연결 편이 없다. 미국에서 가는 경우는 뉴욕, 시카고, 보스턴에서 미국 항공사의 항공편을 이용할 수 있다.

퀘벡 공항에서 시내로

1. 택시 Taxi

| 공항 도착 층 택시 승강장 | → 올드 퀘벡까지 20~25분 소요
CAD 49.45 (23:00-05:00 CAD 56.7, 정액제)
* 요금의 10~15%를 팁으로 주는 것이 관행 | 올드 퀘벡 및 원하는 목적지 |

2. 우버 Uber

| 공항 도착 층 우버 승강장 | → 올드 퀘벡까지 20~25분 소요
약 CAD 42~ (정해진 요금 없음) | 올드 퀘벡 및 원하는 목적지 |

TRAIN
기차

퀘벡 시티의 기차역은 올드 퀘벡에서 약간 벗어난 구 항구 지역에 있으며 올드 퀘벡까지는 도보 15분 소요된다. 몬트리올, 오타와 등 캐나다 동부 주요 도시로 연결되는 비아레일을 이용할 수 있다. 역사 내부에는 레스토랑, 편의점, 짐 보관소 등 편의 시설이 있다.

주요 도시~퀘벡 시티 기차 이동 시간 & 비용 (이코노미 기준)

몬트리올	3시간 10~40분	CAD 42~
오타와	5시간 40분~6시간	CAD 54~

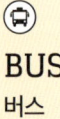
BUS
버스

퀘벡 시티의 버스 터미널은 팰리스역과 연결되어 있다. 몬트리올, 오타와로 운행하는 오를레앙 익스프레스와 베생폴Baie-Saint-Paul, 베생캐서린Baie-Sainte-Catherine, 라말베La Malbaie 등 샤를부아 지역 운행 버스인 인터카Intercar를 이용할 수 있다.

* 인터카 | @ intercar.ca

주요 도시~퀘벡 시티 버스 이동 시간 & 비용

몬트리올	3시간 15~20분	CAD 42~
베생폴	약 1시간 15분	CAD 29.79~
라말베	약 2시간 45분	CAD 42.95~
베생캐서린	약 3시간 35분	CAD 61.81~

· 시내 교통 ·

퀘벡 시티의 관광지는 대부분 도보로 다닐 수 있어 버스를 탈 일이 많지 않지만 퀘벡 국립 미술관이나 몽모랑시 폭포로 갈 때는 버스를 이용하는 것이 좋다. 퀘벡 국립 미술관은 11, 800, 801번 버스를, 몽모랑시 폭포는 800번 버스를 이용하면 된다. 승차권은 시내 편의점(Tabagie, Depanneur)에서 구입할 수 있는데 1회권은 CAD 3.5(버스에서 현금으로 지불 시 CAD 3.75), 1일권은 CAD 9.25다. 탑승 후 90분 이내에는 환승이 가능하다. 현금으로 내는 경우 거스름돈을 주지 않으니 정확한 금액을 준비하자. 버스를 타고 내리는 것은 한국과 같으며 내릴 때는 창가의 노란 줄을 잡아당겨 하차 요청을 하고 버스가 멈추면 직접 문을 밀어서 열어야 한다. 퀘벡 시티 중심의 대형 호텔 앞이나 기차역 등 시내에서 택시를 잡을 수 있고, 이른 새벽이나 늦은 밤에는 호텔에 택시를 요청하거나 콜택시를 불러 이용하면 된다.

▶ www.rtcquebec.ca/en
퀘벡 시티 택시 Hypra Taxi +1 418 525 8294 | Taxi Coop Beauport +1 418 661 7711 | Taxi Coop Quebec +1 418 525 5101 | Taxi Quebec Centre-Ville +1 418 558 8334

퀘벡 시티를 더 즐겁게

퀘벡 크루즈
Quebec Cruise

퀘벡 시티는 올드 퀘벡뿐만 아니라 세인트 로렌스 강을 유람하며 근교를 즐길 수 있는 퀘벡 크루즈도 인기다. 올드 퀘벡의 전망과 근교의 몽모랑시 폭포, 오를레앙 섬 주변을 돌아보는 유람선 여행을 할 수 있다. 크루즈는 5~11월 초순에만 운행하며 1시간 30분 정도 소요된다. 금액은 1인당 CAD 49.99다. 디너 크루즈와 런치 크루즈에서 코스 요리를 즐길 수 있으며, 여름철에는 불꽃놀이 크루즈, 나이트 디제이 & 칵테일 크루즈 등 다양한 이벤트성 크루즈도 운영한다. 또한 퀘벡 시티에서 버스를 타고 출발해 타두삭까지 이동해 고래 관찰 투어도 참여할 수 있다. 크루즈 종류에 대해 좀 더 자세한 내용은 홈페이지를 참고하자.

- 프티 샹플랭 거리에서 걸어서 5분 이내
- 10 Rue Dalhousie
- www.croisieresaml.com/en

퀘벡 시티 페리
Quebec City Ferry

세인트 로렌스 강을 건너며 퀘벡 시티의 전망을 감상할 수 있는 퀘벡 시티 페리는 퀘벡의 레비스Levis 지역과 올드 퀘벡을 연결하는 교통수단이다. 페리는 06:00-02:20까지 운행하며 약 20~40분 간격으로 다닌다. 레비스까지는 약 20분 소요되며 요금은 CAD 4.05다. 관광 크루즈에 비해 짧은 시간이지만 금액이 저렴한 편이고 오롯이 올드 퀘벡의 전망을 감상할 수 있어 인기가 높다.

- 프티 샹플랭 거리에서 걸어서 5분 이내(선착장 Traverse)
- 10 Rue des Traversiers
- www.traversiers.com/en/our-ferries/quebec-city-levis-ferry/home

시티 투어 버스
City Sightseeing Bus

퀘벡 시티의 역사적 명소를 관광하기 가장 적절한 홉-온, 홉-오프 버스로 2층은 오픈형이라 퀘벡의 경치를 즐기기에 좋다. 올드 퀘벡의 15군데 명소를 돌아보는 루트로 내리지 않고 탈 경우 1시간 45분~2시간 정도 소요된다. 투어 버스는 4~10월 하순에만 다니며 08:45-16:15(30~45분 간격)까지 운행한다.

- 다름 광장 Place d'Armes에 위치한 관광 안내소 Centre Infotouriste de Quebec
- CAD 레드 루트 성인 CAD 49.99, 어린이 CAD 34.99, 5세 미만 무료
- toursvieuxquebec.com/en/forfait/Double-Decker

올드 퀘벡 마차 투어
Calèches Quebec

마차를 타고 올드 퀘벡의 좁고 구불구불한 길을 따라 명소를 돌아보는 이색적인 투어다. 투어는 다름 광장에서 출발하며 35분, 70분, 105분 중 선택할 수 있고 비용은 소요 시간에 따라 CAD 100~300이다.

- 다름 광장의 트레조 거리, 페어몬트 르 샤토 프롱트낙 방향
- www.calechesquebec.com

퀘벡 윈터 카니발
Quebec Winter Carnival

매년 겨울 개최되는 윈터 카니발은 퀘벡 시티의 대표적인 겨울 축제다. 매년 2월 약 10일간 축제가 진행되며 도시 전체는 거대한 놀이공원으로 탈바꿈한다. 썰매장, 아이스스케이트장, 얼음 궁전, 얼음 조각 대회, 얼어붙은 강 위를 달리는 카누 경주, 야간 퍼레이드 등 관광객이 직접 참여해볼 수 있는 다양한 활동이 준비되어 있다. 카니발 기간에 퀘벡을 다니다 보면 눈사람처럼 생긴 인형 탈을 만날 수 있는데, 이 캐릭터는 윈터 카니발의 마스코트인 보놈 Bonhomme이다. 보놈을 만나면 추억의 사진을 남기는 것도 잊지 말자.

- 2025년 2/7~2/16
- CAD 카니발 에피지 Effigy 패스 CAD 30(한 번 구매로 축제 기간 동안 사용)
- carnaval.qc.ca/en

퀘벡 시티 1일 관광 루트

1. 루아얄 광장 — 도보 2분 →
2. 프티 샹플랭 거리 — 도보 5분 →
3. 노트르담 대성당 
   ↓ 도보 2분
4. 다름 광장 & 트레조 거리
5. 페어몬트 르 샤토 프롱트낙 ← 도보 1분 —
   ↓ 도보 2분
6. 뒤프랭 테라스 — 도보 20분 →
7. 시타델

프티 샹플랭 거리 사진

프티 샹플랭 거리
Rue du Petit Champlain

세인트 로렌스 강변에 세로로 길게 뻗어 있는 프티 샹플랭 거리는 기념품 숍, 레스토랑, 카페 등 개성 있는 상점들로 빼곡히 차 있는 보행자 거리다. 상점은 어느 하나 비슷하지 않고 각각 개성이 뚜렷하며 테라스의 꽃과 길에 늘어선 간판이 어우러져 매력을 뽐낸다. 〈도깨비〉에 등장한 ❶빨간 문도 이 거리에 있다. 또 하나 놓치지 말아야 할 것은 메인 거리 뒷골목에 조성된 ❷우산 골목Umbrella Alley이다. 알록달록한 우산으로 꾸민 골목에서 개성 있는 사진을 남겨보자. 프티 샹플랭 거리 초입에는 경사가 가파른 계단이 있는데 ❸목 부러지는 계단Breakneck Steps이라는 별명이 붙여졌다. 술에 취한 채 계단을 오르다 목이 부러지는 사고가 여러 번 발생한 후 생긴 이름이라고 한다. 계단을 오르면 올드 퀘벡의 어퍼 타운으로 올라갈 수 있고 계단 옆의 ❹푸니쿨라Funiculaire를 이용해도 된다. 푸니쿨라는 어퍼 타운의 페어몬트 르 샤토 프롱트낙 호텔 바로 앞에서 내리며 타는 동안 전망도 볼 수 있어 인기다. 푸니쿨라는 편도 CAD 5이며 09:00-23:00까지 운행한다.

❶〈도깨비〉에 등장한 빨간 문

📍 로어 타운 루아얄 광장에서 도보 3분 / 페어몬트 르 샤토 프롱트낙 호텔에서 푸니쿨라 이용

QUEBEC CITY — Travel Highlights

❸ 우산 골목

❸ 목 부러지는 계단

❹ 푸니쿨라

페어몬트 르 샤토 프롱트낙
Fairmont Le Château Frontenac

1893년 지어진 페어몬트 르 샤토 프롱트낙 호텔은 유서 깊은 올드 퀘벡 역사 지구 내에 지어졌으며 퀘벡 시티의 상징물이다. 올드 퀘벡의 높은 지역에 있어 여행할 때 어디에서나 볼 수 있다. 고성 스타일로 지어진 호텔은 외관뿐만 아니라 내부도 웅장하고 화려하다. 많은 유명 인사들이 거쳐가고 역사가 오래되다 보니 가이드 프로그램도 있어, 시대별 호텔 역사를 들으며 둘러보는 것도 색다른 경험이 된다.

📍 어퍼 타운 다름 광장 옆

루아얄 광장 Place Royale

유럽인이 최초로 퀘벡 시티에 정착해 다운타운을 건설하기 시작한 곳으로 알려진 루아얄 광장은 퀘벡의 오랜 역사가 담긴 곳이다. 광장 중심에는 루이 14세의 흉상이 세워져 있고 승리의 노트르담 성당과 유럽풍 건물이 광장을 에워싸고 있다.

- 로어 타운 프레스코 벽화에서 도보 3분 / 프티 샹플랭 거리에서 도보 3분

승리의 노트르담 성당
Notre-Dame-des-Victoires

프랑스와 영국의 전쟁에서 프랑스군이 이긴 것을 기념해 지어진 성당이다. 노트르담 대성당에 비해 소박한 규모지만 내부는 외관과 달리 화려함을 자랑한다. 무료 가이드 투어에 참여할 수 있으며 성당이 넓지 않아서 10분 정도면 자유롭게 둘러볼 수 있다.

- 루아얄 광장
- 토요일 11:00-16:00
  일요일 10:00-16:00
  월~금요일 휴무

문명 박물관 Museum of Civilization

1988년 퀘벡 로어 타운에 개관한 문명 박물관은 퀘벡주와 캐나다의 문화와 역사를 다루는 박물관이다. 캐나다 원주민, 개척자, 이민자 등 초기 정착 시절부터 현대까지 인류와 관련된 내용을 사진, 모형, 유물, 영상 등을 활용해 생동감 있게 전달한다. 어린이를 대상으로 한 체험관을 운영해 가족 여행객에게도 적합한 곳이다.

- 로어 타운 프레스코 벽화에서 도보 3분 / 구 항구에서 도보 5분
- 매일 10:00-17:00
- CAD 35세 이상 CAD 26, 65세 이상 CAD 25, 18~34세 CAD 21, 12~17세 CAD 9, 6~11세 CAD 5.5, 5세 이하 무료

프레스코 벽화 Quebec City Mural

루아얄 광장 주변의 프레스코 벽화는 퀘벡에서 가장 크고 화려하다. 5층 높이의 그림은 퀘벡 역사에서 중요한 인물들의 모습과 퀘벡의 사계절을 모두 나타내고 있어 과거와 현재가 공존하는 느낌을 준다.

- 프티 샹플랭 거리 북쪽의 루아얄 광장을 지나 도보 3분

뒤프랭 테라스 Dufferin Terrace

페어몬트 르 샤토 프롱트낙 호텔 옆으로 세인트 로렌스 강이 내려다보이는 뒤프랭 테라스는 약 400m 길이의 산책로다. 뒤프랭 테라스를 따라 걷다 보면 오른쪽에 언덕으로 연결된 계단이 나온다. 계단을 따라 오르면 페어몬트 르 샤토 프롱트낙 호텔과 세인트 로렌스 강, 퀘벡 시티가 어우러진 아름다운 전망을 볼 수 있다. 이곳은 일명 '도깨비 언덕'이라 불리는데 드라마 <도깨비>에서 묘비가 나온 장면에 등장한다. 실제로 묘비는 없으며 드라마에서 CG로 만든 것이다. 겨울이면 뒤프랭 테라스에서 스릴 넘치는 터보건 슬라이드도 즐길 수 있다. 최대 시속 70km로 짜릿한 순간을 경험할 수 있으며 12월 중순~3월 중순까지 오픈하나 날짜는 날씨 상황에 따라 달라질 수 있다.

📍 페어몬트 르 샤토 프롱트낙 호텔에서 항구 방향으로 넓게 펼쳐진 전망 테라스

다름 광장 & 트레조 거리
Place d'Armes & Rue du Trésor

페어몬트 르 샤토 프롱트낙 호텔 옆의 다름 광장은 퀘벡 여행의 중심이 되는 곳이다. 관광 안내소가 있으며 시티 투어와 마차 투어가 이곳에서 출발한다. 광장 중심에는 퀘벡을 세운 프랑스의 식민지 개척자 사뮈엘 드 샹플랭의 동상이 있다. 빨간색 지붕이 인상적인 트레저 호텔 옆의 트레조 거리는 예술가들의 작품을 전시해놓은 야외 갤러리이자 상점이다. 현지 아티스트들이 직접 그린 그림을 판매하고 있어 기념품으로도 좋다. 트레조 거리를 지나면 노트르담 대성당이 나온다.

📍 다름 광장 페어몬트 르 샤토 프롱트낙 호텔 바로 옆 중앙에 동상이 서 있는 광장 / 트레조 거리 다름 광장 빨간색 지붕 건물 옆의 작은 골목

> **TIP 크리스마스 마켓** Marche de Noel Allemand de Quebec
> 다름 광장 주변 퀘벡 시청 일대에서 11월 중순부터 12월 말까지 독일식 마켓이 열린다. 크리스마스 음악과 합창단의 아름다운 연주, 화려한 조명으로 꾸며진 전통 유럽식 마켓에서 축제를 즐길 수 있다.
> ▸ www.mnaq.ca

노트르담 대성당
Notre-Dame de Québec Basilica-Cathedral

1647년에 지어진 노트르담 대성당은 캐나다에서 가장 오래된 성당이자 국립 사적지다. 프랑스의 영향을 받은 유서 깊은 건물은 퀘벡의 역사를 담고 있기도 하며 이후 교회 건축물과 실내장식에 많은 영향을 줬다. 화려한 실내장식과 예술 작품 보관소를 둘러볼 수 있다.

- 다름 광장에서 도보 2분, 트레조 거리 끝에 위치
- 월~금요일 07:30-16:00, 토요일 07:30-17:30, 일요일 08:30-17:00

시타델 The Citadelle of Quebec

시타델은 북아메리카에서 가장 큰, 한때 영국군이 소유했던 요새로 미국인의 침입을 막기 위해 건설되었다. 퀘벡 시티에서 가장 높은 케이프 다이아몬드 위에 지어져 세인트 로렌스 강과 퀘벡 시티를 한눈에 조망할 수 있다. 뉴 프랑스 시대부터 현재까지 이어져온 긴 역사를 품은 시타델은 캐나다 국립 사적지로 지정되었으며 캐나다 유일의 프랑스어 사용 부대인 로열 22연대가 주둔하고 있다. 시타델 내부에는 부대의 역사를 소개하는 박물관이 있어 흥미진진한 관람을 할 수 있다. 무료 가이드 투어는 영어와 프랑스어로만 제공되지만, 요새의 자세한 이야기를 들을 수 있는 좋은 기회다. 여름 시즌(6월 말~9월 초) 중 수요일과 일요일 오전 10시에는 근위병 교대식이 열리는데 놓치지 말아야 할 볼거리 중 하나다.

- 다름 광장에서 도보 20분, 아브라함 평원으로 가기 전에 위치
- 매일 09:00-17:00
- CAD 성인 CAD 22, 65세 이상 CAD 20, 학생 CAD 20, 11~17세 CAD 8, 10세 이하 무료

구 항구 Old Port

한쪽에는 세인트 로렌스 강이 흐르고 다른 한쪽에는 올드 퀘벡 역사지구와 연결된 구 항구는 캐나다 크루즈 관광의 중심지로 활약 중이다. 항구 카페와 매력적인 상점, 미술관, 야외 극장 등 관광객과 현지인 모두가 휴식을 취하기에 적절하다.

📍 로어 타운 세인트 로렌스 강변

팰리스역 Gare du Palais

퀘벡 중앙역인 팰리스역은 퀘벡 시티와 주변 도시를 연결하는 교통의 중심이 되는 곳이다. 기차역과 버스 터미널이 연결되어 있으며 역 안에는 레스토랑, 편의점, 렌터카 등 편의 시설이 갖춰져 있다. 기차역의 주요 노선은 몬트리올, 오타와 등 대도시로 가는 비아레일이며 버스의 주요 노선은 퀘벡주 소도시로 가는 인터카와 오를레앙 익스프레스다. 또한 샤를부아 관광 열차와 셔틀 버스도 이용할 수 있다.

📍 다름 광장에서 도보 15분, 택시로 5분

아브라함 평원
Plains of Abraham

1759년 영국과 프랑스의 역사적인 전투가 있었던 거대한 전장이다. 1908년 퀘벡 창립 300주년을 기념해 지금의 공원으로 조성되었다. 현재는 퀘벡에서 가장 큰 공원으로 150종 이상의 식물과 꽃이 자라나며 시민들의 휴식 공간이자 지역사회의 이벤트 장소로 사용된다. 겨울에는 아이스스케이팅을 즐길 수 있다.

📍 뒤프랭 테라스를 따라 계속 걸으면 아브라함 평원으로 이어짐

스트룀 스파 노르딕 Strøm Spa Nordique

퀘벡 여행에 낭만을 더해줄 북유럽 스타일의 스파는 세인트 로렌스 강의 평온함을 느끼며 휴식을 만끽할 수 있는 곳이다. 인피니티 풀, 대리석 스팀 욕조, 실내 및 야외 스파 시설과 레스토랑, 부티크 숍이 마련되어 있다.

- 프티 샹플랭 거리에서 도보 25분 / 1번 버스 Champlain/1119 정류장 하차 후 도보 5분
- 515 Boulevard Champlain
- 일~목요일 09:00-22:00, 금~토요일 09:00-23:00
- CAD 59~94 (마사지 이용 시 비용 별도 추가)
- www.stromspa.com/vieux-quebec

주 의사당 Parliament Building

올드 퀘벡의 성벽을 지난 신시가지에 위치한 주 의사당은 프랑스 고전 양식으로 지어졌다. 건물 주변으로는 정원이 펼쳐져 있어 유럽 왕실의 정원을 연상케 한다. 정원에는 드라마 <도깨비>의 배경이었던 투어니 분수가 있어 사진을 찍기 좋은 장소다. 주 의사당 내부를 둘러보는 75분 무료 가이드 투어에 참여할 수 있으며 개별적으로 둘러보는 것도 가능하다. 화려한 내부와 퀘벡 유명인의 청동상, 미술품 등을 감상할 수 있다.

- 다름 광장에서 도보 15분
- 월~금요일 08:30-16:30, 토요일 09:30-16:30, 일요일 휴무
- CAD 무료

수도 전망대 Observatoire de la Capitale

퀘벡 시티에서 가장 높은 건물의 31층에 있는 전망대. 퀘벡 시티를 360도 파노라마 뷰로 감상할 수 있으며 퀘벡 시티의 오랜 역사에 대해 전시해둔 공간도 마련되어 있다.

- 다흠 광장에서 도보 20분, 퀘벡주 의회 의사당 뒤편
- 화~일요일 10:00-17:00, 월요일 휴무, 오픈 날짜는 매년 변동(자세한 내용은 홈페이지 참고)
- CAD 성인 CAD 14.75, 65세 이상 CAD 11.5, 학생 CAD 11.5, 6~17세 CAD 7, 5세 이하 무료
- www.observatoire-capitale.com

퀘벡 국립 미술관 National Museum of Fine Arts of Quebec

1933년 개관한 퀘벡 국립 미술관은 17세기부터 현대까지 4만 점이 넘는 작품을 소장하고 있으며, 주로 퀘벡 지역의 다양한 예술 작품을 총 4개 관에 나누어 전시한다. 피에르 라송드 파빌리온 Pierre Lassonde Pavilion과 샤를 바야이르제 파빌리온 Charles-Baillairgé Pavilion은 현대 예술 작품을 다루며 제라르 모리셋 파빌리온 Gérard-Morisset Pavilion은 역사 예술 작품을 다룬다. 미술관의 중심인 센트럴 파빌리온 Central Pavilion에는 상상력을 자극하는 조각품 전시관과 레스토랑, 안내소 등 편의 시설이 있다. 4개의 파빌리온 중 가장 최근에 지어진 피에르 라송드 파빌리온은 유명 건축가들이 설계한 독특한 건축물이다. 건물 외벽으로 돌출된 계단과 상자를 쌓아놓은 듯한 건물 디자인을 구경하는 재미도 쏠쏠하다.

- 11번 버스 Musée Beaux-Arts 하차
- 화~일요일 10:00-17:00(수요일 21:00까지), 월요일 휴무
- CAD 31세 이상 CAD 24, 65세 이상 CAD 23, 18~30세 CAD 15, 13~17세 CAD 7, 12세 이하 무료
  매주 수요일 17:00~21:00 50% 할인, 매월 첫째 주 일요일 무료 입장

Restaurant & Cafe

Cochon Dingue Champlain
| 립, 프랑스 요리 |

프랑스어로 '미친 돼지'라는 뜻을 지닌, 약 40년의 전통을 이어오는 프랑스식 레스토랑이다. 한국인 관광객에게 이미 입소문이 자자한 곳으로 퀘벡에 총 5개 매장을 운영하는데 프티 샹플랭 거리에 있는 곳이 1979년 처음으로 오픈한 곳이다. 메이플 소스로 글레이즈된 립과 연어, 디저트로는 당근 케이크가 유명하다.

- 46 Boulevard Champlain
- 매일 08:00-21:00
- CAD 애피타이저 CAD 5.95~16.95
  메인 CAD 19.95~38.95

Bistro St-Malo | 프랑스 요리 |

퀘벡 시티 구 항구 지역에 위치한 아늑한 분위기의 프렌치 비스트로 돼지고기, 양고기 등을 넣어 만든 프랑스 특선 요리 카술레Cassoulet와 블러드 소시지Blood Sausage (또는 블랙 푸딩Black Pudding), 토끼 고기 메뉴가 유명하다. 어니언 수프와 애플파이도 이곳의 추천 메뉴.

- 75 Rue Saint-Paul
- 화~일요일 17:00-20:30, 월요일 휴무
- CAD 애피타이저 CAD 14~24, 메인 CAD 27~42

Le Chic Shack | 햄버거 |

퀘벡의 오베르주 생-안투안Auberge Saint-Antoine 호텔 창업자가 2012년 설립한 레스토랑으로 퀘벡 대표 음식 푸틴과 수제 버거를 판매한다. 식재료 하나하나 까다롭게 관리해 품질 좋은 음식을 제공하기로 유명하며, 버거 애호가부터 어린아이까지 즐길 수 있는 다양한 메뉴가 준비되어 있다.

- 15 Rue de Fort
- 매일 11:30-21:00
- CAD 버거 CAD 11~23, 푸틴 CAD 11~20, 밀크셰이크 CAD 8

Chez Boulay-Bistro Boréal
| 프랑스 퓨전 요리 |

올드 퀘벡에 위치한 모던 스타일의 프렌치 비스트로. 캐나다와 유럽식 요리를 결합한 퓨전 스타일의 요리를 즐길 수 있다. 바이슨, 메이플 시럽에 절인 앵거스 소고기, 소고기 볼살 요리 등 캐나다 스타일의 스테이크 메뉴와 대구, 송어, 고등어, 연어같이 단백질과 오메가-3 지방산 함량이 높은 생선을 사용하는 북유럽 스타일의 메뉴를 선보인다.

- 1110 Rue Saint-Jean
- 화~수요일 17:00-21:45, 목~금요일 11:30-13:30, 17:00-21:45, 토요일 10:00-14:00, 17:00-21:45, 일요일 10:00-14:00
- CAD 브런치 CAD 12~32, 런치 CAD 27~43(수~금요일 11:30-14:00에만 가능), 디너 CAD 29~45

Aux Anciens Canadiens
| 퀘벡 전통 요리 |

올드 퀘벡 중심에 위치한 이 레스토랑은 퀘벡의 멋스러움을 가장 잘 느낄 수 있는 퀘벡 전통 요리 전문점이다. 가정집 같아 보이는 외관이 관광객의 발길을 사로잡는다. 크림과 블루베리 와인 소스의 바이슨 스테이크, 메이플 시럽 오리 스테이크, 메이플 파이 등 캐나다산 식재료를 활용한 다양한 메뉴가 있다.

- 34 Rue Saint-Louis
- 매일 12:00-22:30
- CAD 애피타이저 CAD 14.95~26.95, 메인 CAD 39.95~58.95, 데일리 스페셜 CAD 69.85~

1640 Bistro | 프랑스 요리 |

다름 광장과 페어몬트 르 샤토 프롱트낙 호텔이 바라다보이는 멋진 테라스가 인상적인 레스토랑으로 로컬에서 생산된 식재료를 이용해 프렌치 스타일의 요리를 선보인다. 가격대는 전체적으로 높은 편이고, 달팽이 요리나 블루베리 스테이크 메뉴가 만족도가 높은 편이며 크렘 브륄레도 맛있다.

- 20 Rue Sainte-Anne
- 매일 12:00-21:00
- CAD 버거 CAD 25~26, 피자 CAD 26~28, 메인 CAD 35~52

Snack Bar Saint-Jean | 패스트푸드 |

퀘벡의 대표 메뉴 푸틴과 버거를 판매하는 레스토랑으로 푸틴에서는 퀘벡 시민에게 으뜸으로 꼽힌다. 생치즈를 크고 투박하게 썰어 얹은 푸틴의 맛은 고소함을 한층 높여준다. 푸틴 종류만 13가지로 다양하게 맛볼 수 있다.

- 780 Rue Saint-Jean
- 일~목요일 11:00-16:00, 금~토요일 11:00-17:00
- CAD 푸틴 CAD 7.5~16
  버거 CAD 5.5~11.5

Le Billig | 크레페, 갈레트 |

얇은 크레페 위에 해산물, 치킨, 달걀 같은 재료를 넣어 만든 프렌치 스타일의 갈레트 전문점이다. 토핑 위에는 레몬 크림, 캐러멜 등 다양한 소스를 곁들일 수 있다. 디저트보다는 한 끼 식사용으로 좋으며 밤에는 와인, 맥주와 함께 식사할 수 있는 메뉴도 준비되어 있다.

- 481 Rue Saint-Jean
- 월~금요일 11:00-22:00, 토~일요일 10:00-22:00
- CAD 스페셜 크레페 CAD 17~26
  디저트 크레페 CAD 6.5~14.5

Café La Maison Smith | 커피 |

퀘벡의 로컬 카페로 시티와 오를레앙 섬 지역을 합해 총 6개 매장을 두고 있다. 프랑스 스타일의 테라스 좌석이 올드 퀘벡의 분위기를 잘 살려 유명한 곳이다. 오를레앙 섬 지점에서 매일 로스팅한 신선한 커피콩을 사용하며 커피 맛을 제대로 느끼고 싶다면 에스프레소를 추천한다.

- 9 Rue des Jardins
- 월~수요일 06:30-19:00, 목~금요일 06:30-20:00
  토요일 07:00-20:00, 일요일 07:00-19:00
- CAD 커피 CAD 3~7

Ciel! Bistro-Bar | 퀘벡 전통 요리 |

퀘벡 시티의 콩코드 호텔 28층에 위치한 시엘! 비스트로-바는 360도 파노라마 뷰를 감상할 수 있는 회전 레스토랑이다. 한 바퀴 도는데 약 90분이 걸리며 신선한 지역 식재료를 활용한 감각적인 요리를 맛볼 수 있다. 저녁 9시 이후에는 야경과 함께 로맨틱한 바 분위기를 즐기며 특별한 시간을 보낼 수 있고, 주말에는 브런치를 즐기는 현지인이 많다.

- 1225 Place Montcalm
- 월~금요일 17:00-21:00, 토요일 09:00-22:00, 일요일 09:00-21:00
- CAD 브런치 CAD 25~29, 저녁 메인 메뉴 CAD 29~45

Cantook Micro Torréfaction | 커피 |

퀘벡 다운타운 생장 거리에 위치한 소규모 로스터리 카페로 입구에 들어서면서부터 고소한 커피 향이 코끝을 자극한다. 이곳은 직접 로스팅한 신선한 커피콩을 사용하며 소량의 원두도 구매할 수 있다. 추천 메뉴는 플랫 화이트, 핸드 드립. 핸드 드립의 경우 입맛에 맞는 원두를 선택할 수 있다.

- 575 Rue Saint-Jean
- 월~금요일 07:30-19:00, 토~일요일 09:00-17:00
- CAD 에스프레소 커피 CAD 2.85~5.35
  드립 커피 CAD 3.2~3.4

Mary's Popcorn Shop | 팝콘 |

올드 퀘벡에 위치한 팝콘 전문점으로 다양한 소스를 입힌 바삭한 팝콘을 맛볼 수 있다. 팝콘 종류만 9가지이며 가장 추천하는 맛은 메이플 시럽 피칸, 초콜릿 맛이다. 1봉지당 양이 많은 편이라 식사 후 방문한다면 스몰 사이즈도 충분하다.

- 56 Côte de la Montagne
- 매일 10:30-22:00
- CAD 스몰 CAD 3.75~6.75, 미디엄 CAD 6.25~12.75
  라지 CAD 8.75~19.25
  엑스트라 라지 CAD 10.75~27.25

Sapristi Champlain | 이탤리언 요리 |

페어몬트 르 샤토 프롱트낙 아래 올드 퀘벡에 자리한 이탤리언 레스토랑으로 캐나다에서 작은 유럽을 흠뻑 느낄 수 있다. 피자와 파스타가 주메뉴이며 레스토랑과 바를 함께 운영하는 곳이어서 주류도 다양하게 준비되어 있다. 분위기와 맛뿐만 아니라 훌륭한 서비스로도 유명한 곳이다.

- 24 Boulevard Champlain
- 일~수요일 11:30-21:00, 목~토요일 11:30-22:00
- CAD 샐러드 CAD 18~22, 피자 CAD 18~26
  파스타 CAD 20~29

Le Lapin Sauté | 토끼 고기 |

프티 샹플랭 거리에 들어선 토끼 고기 전문점으로 언제 가도 만석일 만큼 인기가 좋다. 파스타나 푸틴 등의 요리에 토끼 고기를 올려주는데 한국인에겐 다소 생소하지만 퀘벡에서는 귀한 보양식으로 통한다. 토끼 고기뿐 아니라 오리고기 요리도 유명하며 크렘 브륄레 등의 디저트도 다양하게 판매한다.

- 52 Rue du Petit Champlain
- 월~금요일 11:00-21:00, 토~일요일 09:00-21:00
- CAD 토끼 푸틴 CAD 24, 토끼 파이 CAD 28, 메이플 크렘 브륄레 CAD 10

La Boutique de Noel de Quebec

1년 365일 크리스마스 분위기를 느낄 수 있는 기념품 매장이다. 아기자기한 크리스마스 소품과 퀘벡의 기념품 등을 구매할 수 있으며 한국 사람들에게는 드라마 〈도깨비〉에 나왔던 상점으로 잘 알려져 있다.

- 47 Rue de Buade, 노트르담 대성당 정문 건너편
- 월~목요일 10:00-18:00, 금~일요일 09:00-21:00, 12/25, 1/1 휴무

La Petite Cabane à Sucre

프티 샹플랭 거리에 위치한 기념품 상점으로 메이플에 관련된 제품과 퀘벡 현지의 농산품을 판매한다. 매장 앞에서 즉석으로 만들어주는 메이플 태피를 맛볼 수 있어 인기를 끈다.

- 94 Rue du Petit Champlain
- 월~수요일 09:30-17:30, 목~토요일 09:30-21:00, 일요일 09:30-17:00

Cidrerie Vergers Pedneault

퀘벡 시티 북쪽 지역의 농장에서 재배한 사과로 만든 애플 사이다와 잼 등의 퀘벡 특산품을 판매하는 곳이다. 애플 사이다는 퀘벡에서 메이플 시럽과 더불어 인기 있는 기념품이다. 직접 시음도 할 수 있으니 입맛에 맞게 골라 보자.

- 73 Rue du Petit Champlain
- 월요일 10:00-20:00, 화~금요일 10:00-21:00, 토~일요일 10:00-17:00

La Fudgerie

설탕, 버터, 우유를 넣어 만든 퍼지와 견과류나 말린 과일 등을 넣어 만든 초콜릿 등 달콤한 간식과 선물용 기념품을 구매하기 좋은 매장이다. 23년간 초콜릿을 만들어온 전문가가 첨가물 없이 순수한 추출만으로 만드는 제품은 매우 독창적이고 뛰어난 맛을 자랑한다.

- 85 Rue du Petit Champlain
- 6~9월 성수기 매일 10:00-19:00, 10~5월 비수기 매일 10:00-17:00

Hotel

페어몬트 르 샤토 프롱트낙 Fairmont Le Château Frontenac ★★★★

퀘벡 시티의 랜드마크인 호텔로 세인트 로렌스 강의 절경과 유네스코 세계 문화유산에 등재된 올드 퀘벡의 건축양식을 한눈에 볼 수 있다. 610개의 객실을 갖추고 있으며 고전적인 유럽의 매력을 느낄 수 있다. 드라마 〈도깨비〉에 등장한 우체통은 로비 한편에 자리하고 있으며 히치콕, 처칠, 엘리자베스 여왕 등 유명인의 이름을 따온 스위트도 있다.

- 1 Rue des Carrières
- +1 418 692 3861
- www.fairmont.com/frontenac-quebec
- CAD CAD 420~

아이스 호텔 Hotel de Glace ★★★

퀘벡 시티 중심에서 약 30분 거리에 위치한 호텔은 북미 대륙에서 단 하나뿐인 아이스 호텔이다. 2001년에 오픈했으며 전 세계에서 100만 명이 넘는 관광객이 방문한 퀘벡의 명소이다. 호텔은 발카르티에 빌리지 Valcartier Village 내에 있는데 이곳은 실내 워터 파크와 썰매장, 튜빙 슬로프 등 다양한 놀이 시설을 갖춘 복합 테마파크다. 호텔 숙박이 부담스럽다면 내부를 둘러보는 투어만 참여할 수도 있다. 하지만 호텔 내부가 의외로 아늑해 어린이와 함께 오는 경우가 아니라면 한 번쯤 경험해볼 만하다. 아이스 호텔은 매년 1~3월까지만 오픈하며 그 외 여름과 가을 시즌에는 발카르티에의 일반 호텔에서 숙박하며 워터 파크와 캠핑 같은 여름 체험을 즐길 수 있다.

- 2280 Boulevard Valcartier, Saint-Gabriel-de-Valcartier
- +1 418 844 2200
- www.valcartier.com/en/lodging/hotel-de-glace-ice-hotel
- CAD 아이스 호텔 CAD 399~849, 투어 CAD 29.99~

QUEBEC CITY'S COUNTRYSIDE

퀘벡 시티 주변 도시

퀘벡 시티 주변 지역은 킹스턴에서 대서양까지 캐나다 동부를 관통하는 세인트 로렌스 강을 빼놓고는 이야기할 수 없다. 대부분의 마을이 강기슭에 형성되어 있어 기차 여행이나 드라이브 코스로 유명하며 전원의 정취를 고스란히 느낄 수 있다. 퀘벡 시티에서 반나절이면 다녀올 수 있는 몽모랑시 폭포나 생탄 캐니언에서는 도시에서 경험할 수 없는 자연 여행을 만끽할 수 있다. 여유를 가지고 당일이나 1박 일정으로 좀 더 북쪽으로 향하면 평화로운 소도시에서 진정한 힐링을 누릴 수 있다.

CHUTE-MONTMORENCY

몽모랑시 폭포

퀘벡에서 북쪽으로 7km 거리에 있는 몽모랑시 폭포는 몽모랑시 강과 세인트 로렌스 강이 만나는 지점에 자리 잡고 있다. 나이아가라 폭포보다 1.5배 높은 83m 높이의 폭포는 웅장하지는 않지만 좁은 폭과 거친 물살 때문에 무척 아찔하다. 폭포 위에 설치된 현수교는 100m 높이에서 폭포를 내려다볼 수 있어 장관을 선사하며 이곳에 오르는 방법은 두 가지가 있다. 주차장에서 케이블카를 타고 폭포 위까지 올라가거나, 오른쪽 길을 따라 계단으로 비스타 포인트까지 오르는 것이다. 올라갈 때는 케이블카, 내려올 때는 반대편에서 계단을 이용하면 다양한 각도에서 폭포를 감상할 수 있어 추천한다. 폭포 정상의 마노아르 몽모랑시 별장은 고급 레스토랑이자 기념품점이며 별장 주변으로 간단한 산책로가 조성되어 있다. 겨울에 얼었던 강이 녹는 봄 시즌에 가장 많은 수량을 볼 수 있고, 7월 말에서 8월 초는 세인트 로렌스 강변에서 불꽃놀이가 펼쳐진다. 가을에는 폭포 주변의 단풍이 절경을 이룬다. 폭포를 가로지르는 더블 짚라인을 타면 잊지 못할 짜릿한 스릴을 만끽할 수 있다.

- 퀘벡에서 차로 15분 거리에 있으며 렌터카가 없다면 택시나 8800번 버스를 타고 갈 수 있다. 또는 퀘벡 시티 근교를 돌아보는 투어를 이용하는 방법도 있다. 퀘벡 시티에서 자전거를 대여해 다녀올 수도 있지만 체력이 많이 소모되니 신중하게 선택하자.
- 5300 Boulevard Sainte-Anne
- 평균적으로 여름 시즌 09:00-18:00까지, 가을 시즌 09:00-17:00까지, 겨울 시즌 10:00-16:00까지 폭포를 오르는 케이블카를 탈 수 있다. 날짜별 시간이 다르니 방문 전 확인하자.
- CAD 성인 CAD 8.78~11.7, 65세 이상 CAD 7.9, 17세 이하 무료 케이블카(왕복) 성인 CAD 14.95, 6~17세 CAD 7.48, 5세 이하 무료 / 더블 짚라인 성인 CAD 31, 어린이 CAD 23.25

TIP 투어로 몽모랑시 폭포 즐기기

퀘벡 시티에서 출발해 생탄 드 보프레와 오를레앙 섬 등 퀘벡 근교의 조용한 마을을 돌아보는 투어. 일정에 몽모랑시 폭포가 포함되었고 렌터카 없이는 가기 힘든 근교 지역들이 있어 퀘벡 시골의 분위기를 느껴볼 수 있다.

출발지 인포메이션 센터 / 소요 시간 4시간 30분~5시간
CAD 성인 CAD 69.99, 어린이 CAD 44.99, 5세 이하 무료
www.toursvieuxquebec.com/en/forfait/Countryside-Tour

ÎLE D'ORLÉANS

오를레앙 섬

길이 34km, 폭 8km의 오를레앙 섬은 퀘벡에서 북쪽으로 30분만 가면 만날 수 있는 세인트 로렌스 강의 보물이다. 이 섬은 프랑스의 개척자 자크 카르티에Jacques Cartier가 처음 발견했으며, 비옥한 토지 덕분에 17세기 프랑스 이민자들이 모여들어 농경 생활을 이어갔다. 1935년 섬과 육지를 잇는 다리가 건설되면서 관광지로 주목받기 시작했고, 현재는 퀘벡의 전원 풍경과 농촌 문화를 체험하려는 관광객이 많이 찾는다. 발전의 속도가 더뎠던 덕분에 수백 년 된 프랑스식 농장과 주택, 캐나다에서 가장 오래된 성당 등 역사적 건물이 잘 보존되어 있다. 포도, 딸기, 감자, 사과 등을 재배하는 농가가 많아 7~9월에는 직접 과일을 수확하며 농장 체험을 할 수 있다. 이 섬의 대표 특산품은 애플 사이다와 메이플 시럽이며, 양질의 포도가 생산되어 와인 산지로도 명성이 높다. 렌터카 없이는 여행하기 쉽지 않으므로 차를 빌려 오를레앙 섬의 농장과 역사적 건물을 둘러보는 반나절 일정을 추천한다.

- 하루 1편씩 오를레앙 섬과 퀘벡 시티를 오가는 셔틀버스를 이용할 수 있다(1인 CAD 24.9). 하지만 섬 내부에서는 차가 없으면 여행이 어렵기 때문에 셔틀버스보다는 투어를 이용하면 좋다(1인 CAD 44.95). 투어는 약 3시간~3시간 30분 동안 진행되며 오를레앙 섬의 로컬 음식을 맛보고 경치를 즐길 수 있다.
- quatrenatures.com/shuttle-bus/shuttle-bus-ile-dorleans
- quebecbustour.com/en

The Observation Tower

오를레앙 섬 계단 전망대로 이곳에 오르면 탁 트인 풍경을 감상할 수 있다.

Maison Drouin

1730년에 지어진 역사적인 건물. 내부를 둘러볼 수 있다. (6월 중순~10월 초 운영)

La Seigneurie de l'Île d'Orléans

여러 개의 테마로 조성된 정원. 7월 라벤더 시즌에 정원이 특히 유명하다.

Parc Maritime de Saint-Laurent

옛 조선소였던 곳으로 오를레앙 섬의 역사가 담겨 있다. (6월 초~10월 중순 운영)

Cassis Monna et Filles

블랙 커런트로 만든 와인, 아이스크림 등 다양한 음식을 맛볼 수 있다.

Chocolaterie de l'île d'Orléans

초콜릿 전문점으로 과일과 견과류를 듬뿍 넣은 초콜릿 및 풍미 가득한 아이스크림을 판매한다.

Confiturerie Tigidou Jam Factory

유기농 과일로 만든 잼, 꿀, 티 등을 판매하는 곳으로 차를 마시며 쉬어 가기에도 좋다.

SAINTE-ANNE-DE-BEAUPRÉ

생탄 드 보프레

퀘벡 시티에서 북쪽으로 약 35km 떨어진 생탄 드 보프레는 종교 관광지로 유명한 작은 마을이다. 이곳의 가장 큰 볼거리는 1658년에 건립된 생탄 드 보프레 성당Basilica Sainte-Anne-de-Beaupre으로, 북미 3대 가톨릭 성지 중 하나이자 기적의 성지로 알려져 있다. 이 성당의 기적은 17세기 초로 거슬러 올라간다. 세인트 로렌스 강에서 배가 난파된 후, 한 선원이 성모 마리아의 어머니인 생탄Sainte-Anne의 가호로 목숨을 건졌고 이 기적을 기리기 위해 성당이 세워졌다. 로마네스크 양식의 성당은 1922년 화재로 소실된 후 현재 모습으로 재건되었으며, 성당 천장 전체를 장식한 모자이크에는 생탄의 생애가 묘사되어 있다. 기적의 성지로 알려지면서 치유를 바라는 사람들의 발길이 끊이지 않는다. 성당 한편에는 목발들이 전시되어 있는데, 이곳에서 치유의 기적을 경험한 사람들이 감사의 마음을 담아 남기고 간 것이라고 한다.

◎ 10018 Avenue Royale, Sainte-Anne-de-Beaupre
◎ 월~금요일 08:00-17:00, 토요일 08:00-17:30, 일요일 07:45-17:45

MONT SAINTE-ANNE

몽 생탄

퀘벡 시티에서 30분 거리로 접근성이 뛰어난 몽 생탄 산은 로렌시아 산맥의 일부로 해발 800m에 이르며 스키장으로 유명하다. 연평균 5m의 자연 강설량을 자랑하며 초급부터 고급까지 다양한 슬로프를 갖추고 있다. 겨울에는 야간 스키와 스노보드는 물론 튜빙, 스노슈잉, 개썰매, 마차 등을, 여름에는 캠핑, 하이킹, 산악자전거, 패러글라이딩 등 다양한 레포츠를 즐길 수 있는 사계절 액티비티의 천국이다.

- 2000 Boulevard du Beau Pre, Beaupre
- 월~금요일 09:00-16:00, 토~일요일 08:30-16:00, 야간 스키 및 좀 더 자세한 내용은 홈페이지 참고
- CAD 1일권 성인 CAD 107.10~136, 65세 이상 CAD 89.25~115, 13~17세 CAD 67.15~86, 7~12세 CAD 45.9~60, 6세 이하 무료, 좀 더 자세한 내용은 mont-sainte-anne.com/en 참고

CANYON SAINTE-ANNE

생탄 캐니언

퀘벡 시티에서 차로 약 30분 거리에 폭포와 협곡이 어우러진 생탄 캐니언이 자리 잡고 있다. 협곡 사이로 떨어지는 폭포의 높이는 약 74m로 나이아가라 폭포보다 높다. 아찔한 협곡 사이를 3개의 현수교가 가로지르고 있어 다양한 각도에서 장관을 감상할 수 있으며 캐니언 사이를 오가는 길이 완만해 산책을 즐기기에 좋다. 특히 가을이면 단풍으로 물드는 절경 덕분에 퀘벡 시티 근교의 인기 여행지로 손꼽힌다. 이곳의 명물인 에어 캐니언Air Canyon은 짚라인과 비슷한 체험 시설로 협곡 사이를 날 듯이 가로지를 수 있다. 또한 캐나다 최초로 도입한 암벽등반인 비아 페라타Via Ferrata도 체험할 수 있다. 암벽에 박힌 말뚝과 연결된 로프를 이용해 안전하게 수직 절벽을 오르는 특별한 경험이다. 전체 관람에는 약 1시간 30분이 소요되어 주변 관광지와 함께 반나절 코스로 둘러보기에 적당하다.

- 206 Route 138 est, Saint-Joachim
- 5/8~6/23 09:00-17:00, 6/24~9/2 09:00-18:00, 9/3~10/20 09:00-17:00, 10/21~5/7 휴무 (날짜는 매년 조금씩 변동, 자세한 사항은 canyonsa.qc.ca/en/rates-and-schedule 확인)
- CAD 성인 CAD 14, 6~17세 CAD 9, 5세 이하 무료

CHARLEVOIX

샤를부아

퀘벡 시티에서 차로 약 1시간 거리에 있는 샤를부아는 퀘벡주의 아름다운 전원 풍경을 간직하고 있다. 한쪽으로는 세인트 로렌스 강을 따라 캐나다 최고의 시닉 드라이브 코스가 펼쳐지고, 다른 한쪽으로는 로렌시아 산맥의 높은 산들이 자리해 다양한 야외 액티비티를 즐길 수 있다. 또한 가장 북쪽의 베생캐서린과 타두삭은 캐나다에서 가장 유명한 고래 투어 명소다. 베생폴과 라말베 등 유서 깊은 도시에는 역사적인 건축물과 예술가들의 갤러리, 그리고 수준급의 레스토랑이 가득해 역사와 미식, 예술, 액티비티 어느 하나 빼놓을 것 없이 다양하게 즐길 수 있다.

시닉 드라이브 코스 '퀘벡 루트 362'
A Scenic Drive Course 'Quebec Route 362'

베생폴에서 라말베까지 이어지는 362번 고속도로는 세인트 로렌스 강변을 따라 경치를 즐길 수 있는, 약 50km 길이의 드라이브 코스다. 완만한 언덕길을 오르내리며 한쪽으로 펼쳐진 세인트 로렌스 강의 장관을 감상할 수 있는데, 특히 단풍 시즌이면 화려한 가을 풍경까지 더해져 캐나다 동부의 대표적인 시닉 드라이브 코스로 손꼽힌다.

베생폴 Baie-Saint-Paul

샤를부아의 작은 전원 마을 베생폴은 예술의 도시로 유명하다. 전 세계적으로 명성을 떨치는 공연인 〈태양의 서커스 Cirque de Soleil〉가 탄생한 곳이다. 마을 곳곳 예술가들의 갤러리와 독특한 상점, 부티크, 레스토랑 등이 늘어서 있다. 높은 건물 없이 조용한 분위기의 마을은 산책을 즐기며 힐링하기 좋다. 베생폴의 또 다른 명소는 르 제르망 샤를부아 Le Germain Charlevoix 호텔이다. 친환경 호텔로서 자체적으로 운영하는 스파와 감각적인 인테리어로 많은 사랑을 받는다.

Hotel & Spa Le Germain Charlevoix

- 50 Rue de la Ferme, Baie-Saint-Paul
- +1 418 240 4100
- CAD 비수기 CAD 229~, 성수기 CAD 359~
- www.legermainhotels.com/en/charlevoix

라말베 La Malbaie

샤를부아의 조용한 항구 마을인 라말베는 샤를부아 열차의 종착점이자 362번 시닉 드라이브 코스의 마지막 지점이다. 풍경 여행을 즐기는 관광객의 발걸음이 끊이지 않으며 카야킹 등의 해양 스포츠를 즐길 수 있다. 라말베의 명소는 페어몬트 르 마누아 리슐리에Fairmont Le Manoir Richelieu 호텔이다. 세인트 로렌스 강과 주변 풍경을 한눈에 내려다볼 수 있는 언덕 위에 지어진 고성 호텔로 품격 있는 하루를 보낼 수 있다.

Fairmont Le Manoir Richelieu

- 181 Rue Richelieu, La Malbaie
- +1 418 665 3703
- CAD 비수기 CAD 328~, 성수기 CAD 553~
- www.fairmont.com/richelieu-charlevoix

TIP 고래 관찰 투어 Whale Watching Tours

고래 관찰 투어는 하루에 평균 2회 정도 출발한다. 다양한 보트 종류에 따라 요금과 소요 시간이 조금씩 달라지니 홈페이지를 참고하자. 퀘벡 시티 또는 베생폴에서 출발하는 왕복 셔틀과 투어가 포함된 패키지를 예약하면 렌터카 없이도 편안하게 투어에 참여할 수 있다. 단, 하루 1편만 출발하기 때문에 사전 예약을 권장한다.

- 조디악 기준 하루 2회(10:15, 13:30) 출발
- CAD 조디악 기준 6~12세 CAD 99.99, 13세 이상 CAD 119.99 / 퀘벡 출발 요금 CAD 199.99~
- www.croisieresaml.com/en

베생캐서린 Baie-Sainte-Catherine & 타두삭 Tadoussac

베생캐서린과 타두삭 지역은 캐나다에서 가장 유명한 고래 관광지로, 물 위로 고래가 뛰어오르는 모습을 관찰할 수 있어 매년 수많은 관광객이 방문한다. 소형 보트인 조디악 또는 중형 보트를 타고 바다로 나가 고래가 점프하는 모습을 가까이에서 볼 수 있다. 4월 말부터 10월까지 투어가 가능하며 약 2시간 소요된다.

ATLANTIC CANADA
애틀랜틱 캐나다

캐나다의 동부 대서양 연안에 있는 노바스코샤, 프린스 에드워드 아일랜드, 뉴브런즈윅, 뉴펀들랜드 래브라도를 통틀어 애틀랜틱 캐나다라고 부른다. 이 지역은 북미에서 유럽인이 최초로 발견한 땅으로 영국, 스코틀랜드, 프랑스의 문화가 어우러지며 도시 곳곳에 이주민의 역사가 깃들어 있다. 거대하고 순수한 자연을 만끽할 수 있을 뿐만 아니라, 전통과 문화가 고스란히 보존된 올드 타운을 거닐다 보면 마치 시간이 멈춘 듯한 마법 같은 순간이 찾아온다.

> **TIP** 추천 시즌
>
> **노바스코샤** | 케이프 브레튼 아일랜드 5~9월
> **프린스 에드워드 아일랜드** | 캐번디시 7~8월
> **뉴브런즈윅** | 호프웰 록스 공원 5~10월
> **뉴펀들랜드 래브라도** | 세인트 존스 빙산 & 고래 관찰 5~6월, 그로스 몬 국립공원 6~9월

노바스코샤 Nova Scotia

애틀랜틱 캐나다 4개 주 중에서 가장 많은 인구가 거주하며 현대적으로 발달한 곳이다. 주도 핼리팩스를 중심으로 루넨버그, 페기스 코브, 캐벗 트레일 등 한적한 바닷가 마을과 대자연 여행을 함께 즐길 수 있으며 저렴하고 신선한 랍스터로 유명하다. 자세한 내용은 250P

뉴브런즈윅 New Brunswick

캐나다 본토와 애틀랜틱 캐나다의 노바스코샤, 프린스 에드워드 아일랜드를 연결하는 교통의 중심이다. 펀디만 연안의 해안 도시가 발달한 뉴브런즈윅은 애틀랜틱 캐나다 여행 시 한 번쯤 거쳐가게 되는 곳이며 신비로운 매력을 지니고 있다. 자세한 내용은 283P

언제 여행해야 할까?

애틀랜틱 캐나다를 여행하기 가장 좋은 시즌은 관광객이 원하는 여행에 따라 다르지만 일반적으로 7~8월이며, 이 시기는 낮의 평균기온이 20~30℃ 정도로 따뜻한 편이라 여행하기 가장 좋다. 하지만 호텔이나 투어 등 관광과 관련된 모든 것이 바빠지는 시기이기 때문에 차선으로 선택한다면 비교적 바쁘지 않은 5~6월이나 9월 중순~10월 초순이다. 이 시기의 평균기온은 10℃ 정도이며 낮과 밤의 온도 차가 큰 편이라 밤에는 쌀쌀하게 느껴지지만 7~8월에 비해 관광객이 붐비지 않는다. 5~6월에는 뉴펀들랜드 래브라도에서 빙산과 고래 관찰이 가능하고 9~10월은 애틀랜틱 캐나다가 단풍으로 물든 모습을 볼 수 있다.

프린스 에드워드 아일랜드 Prince Edward Island

세계적으로 유명한 소설 〈빨간 머리 앤〉의 작가 루시 모드 몽고메리Lucy Maud Montgomery의 고향이자 소설 속 주요 배경인 캐번디시를 비롯해 동화 같은 전원 풍경을 볼 수 있는 프린스 에드워드 아일랜드는 애틀랜틱 캐나다에서 가장 여유롭게 힐링 여행을 즐길 수 있는 곳이다. 자세한 내용은 267P

뉴펀들랜드 래브라도 Newfoundland and Labrador

캐나다 최동단에 위치한 뉴펀들랜드 래브라도는 캐나다 연방에 가장 나중에 합류한 곳이며 주도인 세인트 존스는 북미에서 역사가 제일 긴 도시다. 유네스코 세계유산에 등재된 지역만 네 곳이며 때 묻지 않은 천혜의 자연환경을 간직한 곳이다. 자세한 내용은 288P

어떻게 여행해야 할까?

애틀랜틱 캐나다는 차를 렌트해 여행하는 것이 가장 일반적인 방법이다. 버스, 기차, 국내선 비행기 등 다양한 교통편이 있지만 운행 횟수가 많지 않고 국립공원 등 자연 명소는 도심을 벗어난 지역에 있어 차로 다니는 것이 가장 편하다. 하지만 이른 5월이나 10월의 경우 추운 날씨로 눈이 녹지 않았다면 렌터카를 빌리는 것이 위험할 수 있기 때문에 시기를 잘 고려해 여행을 계획해야 한다. 렌터카를 빌릴 수 없는 경우에는 도시 간 이동은 노바스코샤, 프린스 에드워드 아일랜드, 뉴브런즈윅 세 곳을 연결하는 마리타임 버스Maritime Bus를 이용하는 것이 효율적이다. 뉴펀들랜드 래브라도는 토론토, 몬트리올 등 캐나다 동부 도시에서 국내선 비행기를 이용해야 한다. 노바스코샤와 프린스 에드워드 아일랜드는 페리로 이동할 수도 있다.

NOVA SCOTIA

노바스코샤

노바스코샤는 4개의 애틀랜틱 캐나다 주 중 가장 부유하고 인구가 많은 곳이다. 대서양 항구의 중심지로서 과거 조선업과 해군기지의 중요한 역할을 담당했다. 주도인 핼리팩스 항구를 통해 많은 유럽 이민자들이 들어와 영국과 스코틀랜드의 문화가 깊이 뿌리내렸다. 케이프 브레튼 섬이 있는 노바스코샤의 동쪽은 대부분 높은 산악 지대와 숲으로 이루어져 있고, 핼리팩스와 루넨버그 등 해안가 마을이 있는 서쪽은 낮은 지대와 바위 해변이 특징이다. 한적하고 여유로운 어촌 마을과 함께 대자연의 다채로운 매력을 느낄 수 있는 곳이다.

HALIFAX

핼리팩스

노바스코샤의 주도인 핼리팩스는 대서양과 맞닿은 매력적인 항구도시다. 시타델 국립 역사 지구와 그랜드 퍼레이드 등 군대 역사와 관련된 관광지가 많다. 특히 다운타운에서 가장 높은 곳에 자리 잡은 요새인 시타델은 역사적 가치뿐만 아니라 도시와 항구가 어우러진 경치를 감상할 수 있어 가장 인기가 높다. 대부분의 관광지가 항구 주변에 모여 있고 도시가 크지 않아 2~3시간이면 주요 명소를 둘러볼 수 있다. 천천히 걸으며 골목에 숨어 있는 트렌디한 카페와 개성 있는 상점을 구경하고 마켓에서 신선한 해산물 요리를 맛보며 항구도시의 매력을 느껴보자.

ⓘ 관광 안내소

📍 Halifax Stanfield International Airport Arrivals
🕘 월~금요일 09:00-17:00

· 찾아가기 ·

✈ AIRPLANE
항공

핼리팩스 스탠필드 국제공항Halifax Stanfield International Airport은 시내에서 약 30분 거리에 있다. 우리나라에서 직항 스케줄은 없으며 에어캐나다를 통해 경유하는 항공편을 이용해야 하고 소요 시간은 약 19~21시간 걸린다. 캐나다 국내에서는 토론토, 몬트리올, 오타와 등 동부 대도시와 뉴욕, 보스턴, 필라델피아 등 미국 동부 도시에서 항공편을 이용할 수 있다. 관광 안내소는 공항에 있으니 필요한 정보가 있다면 방문 후 시내로 이동하자.

핼리팩스 공항에서 시내로

1. 버스 320번 Bus 320

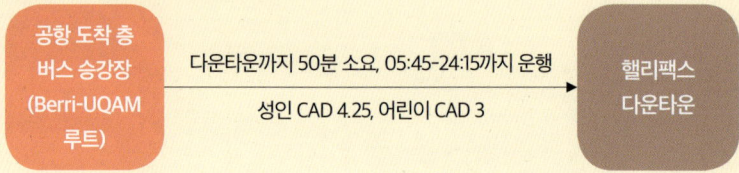

* 피크 타임(06:00-09:00, 16:00-19:00) 30분 간격, 피크 타임 외 1시간 간격
* 기사에게 현금으로 지불(거스름돈을 주지 않으니 동전을 맞춰서 준비해야 한다.)

2. 택시 Taxi

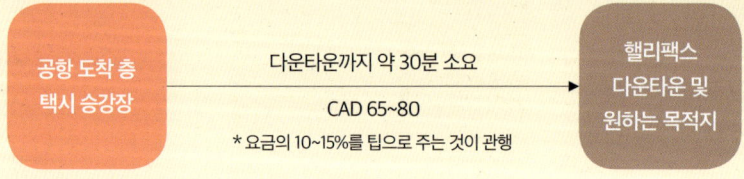

* 공항 도착 층 교통 안내 데스크 Ground Transportation에서 택시 요청

🚆 TRAIN
기차

핼리팩스는 몬트리올에서 출발해 1박 2일 걸리는 비아레일 디 오션의 종착역으로 캐나다 본토와 애틀랜틱 캐나다를 연결하는 교통의 허브다. 기차역은 워터프런트 구역에 위치해 시내로 접근하기 좋다.

주요 도시~핼리팩스 기차 이동 시간 & 비용(이코노미 기준)

몬트리올	약 22시간	CAD 152~
퀘벡(Sainte-Foy)	약 18시간	CAD 161~
몽튼	약 4시간 10분	CAD 49~

BUS
버스

핼리팩스 버스 터미널은 기차역과 함께 있다. 몽튼, 샬럿타운, 세인트 조지 등 애틀랜틱 캐나다 도시부터 포트 혹스베리, 루넨버그 등의 소도시까지 운행하는 마리타임 버스를 이용할 수 있다.

주요 도시~핼리팩스 버스 이동 시간 & 비용

몽튼	약 4시간 5분	CAD 53.25~
샬럿타운	약 5시간 5분(환승 1회)	CAD 58.25~

· 시내 교통 ·

핼리팩스는 도보로 충분히 관광할 수 있어 버스 탈 일은 거의 없고 공항에 갈 때 320번 버스를 타거나 택시를 이용하면 된다. 버스 티켓은 CAD 4.25이며 시내의 드러그스토어(Lawtons Drugs, Shoppers Drug Mart, Pharmasave)에서 구매할 수 있다. 현금 지불도 가능하나 거스름돈을 주지 않으니 정확한 금액을 미리 준비하도록 하자. 택시는 시내에서도 찾을 수 있지만 호텔에 요청하거나 콜택시를 부르는 것이 더욱 빠르다.

핼리팩스 택시 Casino Taxi +1 902 429 6666 | Yellow Cab +1 902 420 0000 | Bob's Taxi +1 902 463 2222

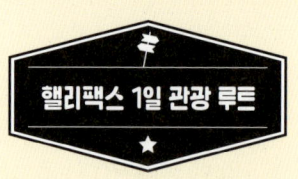

핼리팩스 1일 관광 루트

1. 핼리팩스 시타델 — 도보 4분 → **2. 올드 타운 클락** — 도보 2분 → **3. 그랜드 퍼레이드**

도보 8분 ↓

4. 대서양 해양 박물관 ← 도보 5분 — **5. 핼리팩스 워터프론트**

도보 10분 ↓

6. 핼리팩스 시포트 파머스 마켓 — 도보 5분 → **7. 알렉산더 키스 양조장**

TRAVEL HIGHLIGHTS

> **TIP 올드 타운 클락** Old Town Clock
>
> 1803년 설치된 시계탑은 핼리팩스에 주둔했던 영국군 사령관 켄트 공작에게 받은 선물이다. 시타델로 오르는 동쪽 입구에 설치되어 있다. 팔라디안 스타일의 건물 위에 팔각형 모양의 시계탑이 있고 탑의 네 면에 시계가 설치되어 있다.

핼리팩스 시타델 Halifax Citadel National Historic Site

시타델은 1749~1800년에 핼리팩스의 항구 지역과 왕립 해군 조선소를 지키기 위해 지은 요새로, 1935년 국립 역사 지구로 지정되어 핼리팩스의 대표적인 관광지로 자리 잡고 있다. 다운타운이 내려다보이는 언덕 위에 지어져 도시와 항구의 풍경이 한눈에 들어온다. 매일 정오에는 대포 발사와 근위병 교대식이 펼쳐지며, 직원들은 과거에 입었던 군복과 전통 복장을 착용해 방문객에게 역사 속으로의 시간 여행을 선사한다.

- 5425 Sackville Street
- 매일 09:00-17:00(11/12~5/6 시설 제한적 운영)
- CAD 6/1~9/15 성인 CAD 13.25, 65세 이상 CAD 11.25, 17세 이하 무료, 5/1~5/31 & 9/16~10/31 성인 CAD 9, 65세 이상 CAD 7.5, 17세 이하 무료

그랜드 퍼레이드 Grand Parade

핼리팩스 시청 앞으로 길게 펼쳐진 광장인 그랜드 퍼레이드는 1749년 핼리팩스 건립과 함께 조성된 가장 오래된 장소로 역사적 의미가 깊다. 과거에는 이곳에서 군사훈련과 행진이 진행되었다. 오늘날에는 시민들의 휴식 공간이자 각종 지역 행사가 열리는 다목적 광장으로 활용되고 있다.

- 1770 Barrington Street

자연사박물관
Museum of Natural History

노바스코샤 자연사박물관은 이 지역의 자연, 고고학, 해양 생물 등 역사 문화적으로 의미 있는 유물을 수집하고 전시하는 곳으로, 노바스코샤의 전통과 역사를 한눈에 살펴볼 수 있다. 상설 전시와 더불어 핼리팩스 원주민 공동체와 관련된 특별 전시도 진행한다. 이 박물관의 최고 인기 스타는 'GUS'라는 이름의 101세 거북이다. 1950년대에 한 동물 애호가가 기증한 이후 지금까지 박물관에서 살고 있는데, 날씨가 좋은 날에는 박물관 뒷마당에서 산책하는 모습을 볼 수 있으니 놓치지 말자.

- 1747 Summer Street
- 매일 09:30-16:30
- CAD 성인 CAD 10, 65세 이상 CAD 9, 6~17세 CAD 6, 5세 이하 무료

핼리팩스 워터프런트
Halifax Waterfront

항구를 따라 길게 이어진 핼리팩스의 워터프런트 구역은 해산물 레스토랑, 관광버스 정류장, 해양 박물관, 자전거 대여 숍 등 관광에 중요한 스폿이 모여 있는 핼리팩스의 중심이다.

> **TIP** 하버 호퍼 투어 Harbour Hopper Tours
>
> 수륙 양용차를 이용해 주요 명소를 관광한 후 바다 위를 유람하며 핼리팩스 부두 지역의 경관을 볼 수 있다.
>
> - 1549 Lower Water Street
> - 4월 말~11월 초까지 운영, 매일 10:15-19:15(55분 운행) | @ www.harbourhopper.com
> - CAD 성인 CAD 48.5~56.75, 6~17세 CAD 27~32.5, 어린이 CAD 16.75~20, 2세 미만 무료

핼리팩스 시포트 파머스 마켓
Halifax Seaport Farmer's Market

1750년부터 운영되어온 핼리팩스 시포트 파머스 마켓은 북미에서 가장 오래된 전통을 자랑하는 시장이다. 현지에서 생산된 신선한 농산물과 식재료, 공예품을 판매하는 상점이 늘어서 있어 활기 넘치는 지역 시장의 분위기를 느낄 수 있다.

- 961 Marginal Road
- 토요일 08:00-14:00
  일요일 10:00-14:00

대서양 해양 박물관
Maritime Museum of the Atlantic

해양 박물관은 1948년 캐나다 왕립 해군의 유물을 수집, 보존하기 위해 설립되었으며 1957년부터 대서양 해양 박물관으로서의 역할을 시작했다. 선박의 발전 과정과 항해 시대, 증기선, 난파선, 선박 모형 등 해양과 관련된 전시와 1917년 발생한 핼리팩스 대폭발에 대한 전시를 볼 수 있다. 특히 이곳에서는 타이타닉호에서 발견된 유물과 배의 잔해, 희생자들의 이야기 등 타이타닉호와 관련된 역사를 깊이 있게 다루고 있다.

- 1675 Lower Water Street
- 5/1~10/31 매일 09:30-16:30 (화요일 ~20:00) 11/1~4/30 화요일 09:30-20:00, 수~일요일 09:30-16:30, 월요일 휴무
- CAD 5/1~10/31 성인 CAD 9.55, 65세 이상 CAD 8.5, 6~17세 CAD 5.15, 5세 이하 무료 11/1~4/30 성인 CAD 5.15, 65세 이상 CAD 4.4, 6~17세 CAD 3.1, 5세 이하 무료

Restaurant & Cafe

The Five Fishermen |해산물 요리|

핼리팩스 다운타운에 위치한 고급 레스토랑으로 현대적이고 세련된 분위기와 멋진 풍경을 즐기며 제대로 된 식사를 할 수 있는 곳이다. 노바스코샤의 해산물과 캐나다 트리플 A, 미국 프라임 등급의 재료만을 사용해 품격 있는 요리를 선보인다. 같은 곳에서 Little Fish Wine Bar를 함께 운영하고 있어 저녁에 가볍게 한잔하기 좋다.

- 1740 Argyle Street
- 매일 17:00-22:00
- CAD 애피타이저 CAD 17~21, 해산물 CAD 35~53, 스테이크 CAD 36~54

The Press Gang Restaurant & Oyster Bar |해산물 요리|

1759년에 지어진 핼리팩스에서 가장 오래된 역사적인 건물에 있는 시푸드 레스토랑으로 식당 인테리어도 중후한 분위기를 느낄 수 있다. 노바스코샤, 뉴브런즈윅, 프린스 에드워드 아일랜드의 로컬 공급자에게 매일 신선한 해산물을 제공받아 요리해 가격대는 비싼 편이지만 음식 맛도 훌륭하고 분위기도 좋아 인기가 높다.

- 5218 Prince Street
- 화~목요일 17:00-22:00, 금~토요일 17:00-23:00, 일~월요일 휴무
- CAD 오이스터 1개당 CAD 3.75, 애피타이저 CAD 19~27, 메인 CAD 40~54

Lot Six Bar & Restaurant
|해산물 요리|

다양한 북미식 해산물 요리를 선보이는 시푸드 레스토랑으로 평일에는 디너만 가능하며 주말에는 브런치와 디너를 제공한다. 핼리팩스의 다른 시푸드 레스토랑과 비교했을 때 가격대가 비싸지 않아 고급 레스토랑이 부담이라면 추천한다. 특히 이곳은 매일 4~6시 해피 아워에 방문하면 오이스터를 저렴한 가격에 맛볼 수 있어 인기 있다.

- 1685 Argyle Street
- 브런치 토~일요일 11:00-15:00, 디너 수~일요일 16:00-21:00, 월~화요일 휴무
- CAD 오이스터 1개당 CAD 3.75, 브런치 CAD 13~22, 메인 CAD 12~32

The Bicycle Thief | 랍스터 파스타 |

올드 스쿨 스타일과 뉴트로 감성의 인테리어가 돋보이는 이탤리언 레스토랑으로 항구가 바라보이는 파티오로 유명해 여름이면 항상 손님으로 북적거린다. 음식은 비싼 편이지만 항구 앞으로 펼쳐지는 평화로운 풍경을 감상하며 즐기는 식사는 오래도록 잊지 못할 경험을 선사한다. 핼리팩스에서 꼭 먹어봐야 할 랍스터 롤과 랍스터를 넣어 만든 파스타를 추천한다.

- 1475 Lower Water Street
- 매일 11:30-23:00
- CAD 런치 CAD 20~36, 디너 CAD 24~54

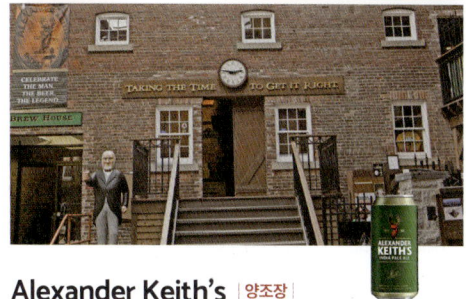

Alexander Keith's | 양조장 |

캐나다의 유명 맥주 브랜드인 알렉산더 키스는 1820년 스코틀랜드 출신의 알렉산더 키스가 설립한 양조장으로 상호는 그의 이름을 따서 지었다. 인디아 페일 에일, 라이트 에일, 레드 엠버 에일 등 씁쓸하면서도 진한 에일 맥주가 메인 상품이며 라거, 필스너같이 청량감 있는 맥주도 생산한다. 양조장에 방문하면 맥주 제조 과정과 시음이 포함된 투어에 참여할 수 있다.

- 1496 Lower Water Street
- 월~금요일 11:30-20:00, 토요일 10:00-20:00, 일요일 휴무
- CAD 투어 성인 CAD 28.95, 학생 & 65세 이상 & 군인 CAD 25.95, 11~18세 CAD 12.95, 10세 이하 무료

Edna | 비프 타르타르, 관자 요리 |

가성비 좋은 주말 브런치를 즐길 수 있는 레스토랑으로 핼리팩스 다운타운에서 도보로 10분 정도 떨어진 위치에 있다. 관광객보다는 현지인이 즐겨 찾는 맛집이다. 주말 브런치 타임에는 버거, 에그 베네딕트, 프렌치토스트 등 가벼운 메뉴가 준비되어 있고 디너 타임에는 립아이 스테이크, 비프 타르타르, 관자 요리 등 좀 더 다양한 메뉴가 준비되어 있다.

- 2053 Gottingen Street
- 브런치 일요일 10:00-14:00, 런치 화~금요일 11:30-14:30, 디너 화~일요일 17:00-22:00
- CAD 런치 CAD 10~24, 디너 CAD 16~52

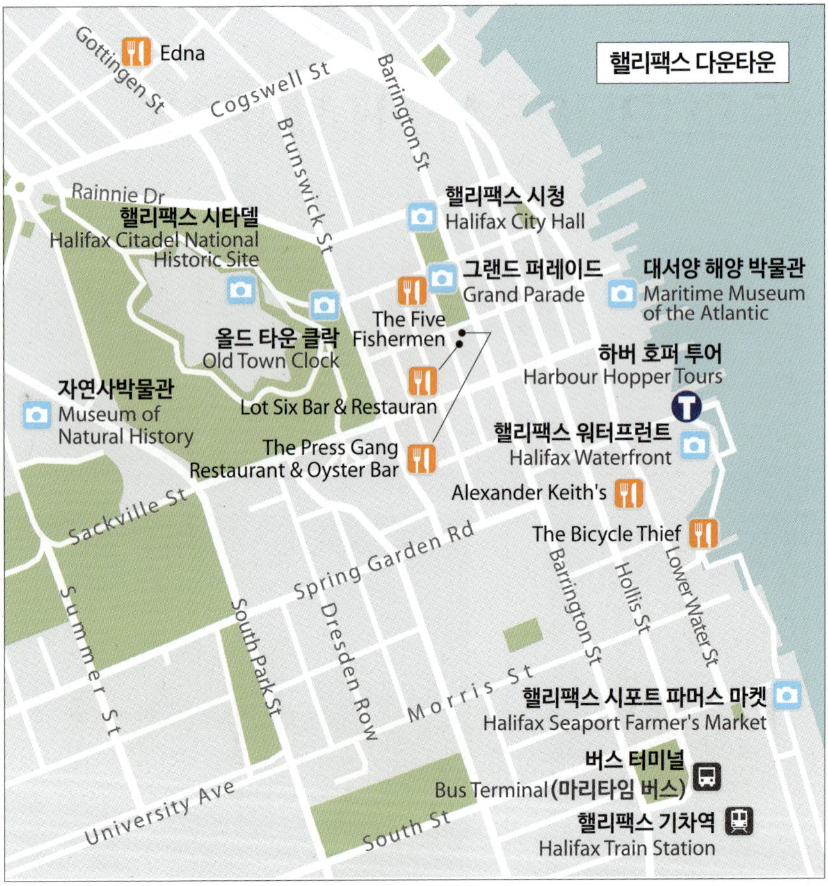

핼리팩스 다운타운

- Edna
- 핼리팩스 시타델 / Halifax Citadel National Historic Site
- 핼리팩스 시청 / Halifax City Hall
- 그랜드 퍼레이드 / Grand Parade
- 대서양 해양 박물관 / Maritime Museum of the Atlantic
- 올드 타운 클락 / Old Town Clock
- The Five Fishermen
- 하버 호퍼 투어 / Harbour Hopper Tours
- 자연사박물관 / Museum of Natural History
- Lot Six Bar & Restauran
- The Press Gang Restaurant & Oyster Bar
- 핼리팩스 워터프런트 / Halifax Waterfront
- Alexander Keith's
- The Bicycle Thief
- 핼리팩스 시포트 파머스 마켓 / Halifax Seaport Farmer's Market
- 버스 터미널 (마리타임 버스) / Bus Terminal
- 핼리팩스 기차역 / Halifax Train Station

THE SUBURBAN HALIFAX
핼리팩스 근교

페기스 코브 Peggy's Cove

노바스코샤의 해안에는 160개가 넘는 역사적인 등대가 있는데, 페기스 코브는 그중 가장 아름다운 등대인 페기스 코브 포인트 등대Peggy's Cove Point Lighthouse를 만날 수 있는 곳이다. 이 등대는 어촌 마을 남쪽 해안가의 거대한 바위 위에 우뚝 서 있다. 일몰 시간에 맞춰 방문하면 환상적인 등대 풍경을 볼 수 있고 낮 시간에는 보트 투어를 이용해 부두 주변을 유람하며 바위섬, 어촌 마을, 해양 동물을 관찰할 수 있다(보트 투어에 대한 자세한 정보는 www.peggyscoveboattours.com 참고). 페기스 코브 마을은 굉장히 작아서 둘러보는 데 시간이 많이 소요되지 않는다. 핼리팩스에서 머물며 일몰 관광이나 주변 마을과 묶어 당일치기 관광으로 방문하면 좋다.

- 핼리팩스에서 차로 약 45분~1시간
- 178 Peggys Point Road, Peggys Cove

ⓘ 페기스 코브 관광 안내소

- 96 Peggys Point Road
- 5~10월 매일 09:00-17:00, 11~4월 휴무

Restaurant & Cafe

Ryer Retail |수산시장|

페기스 코브의 북서쪽 세인트 바가렛 베이를 향해 드라이브를 하다 보면 만날 수 있는 소규모 수산시장으로 신선한 랍스터, 홍합, 오이스터, 새우 등 수산물을 합리적 가격에 판매한다. 일반 매장에서 판매하는 랍스터보다 저렴한 가격에 구매할 수 있다. 수산물을 포장하거나 매장에 조리를 요청해 가게 앞에 마련된 간이 테이블에서 식사를 즐길 수 있다.

- 8494 Peggys Cove Road, Indian Harbour, NS B3Z 3P9 Canada
- 월~화, 목~일요일 10:00-17:00, 수요일 휴무
- CAD 시가

Sou'Wester Gift & Restaurant Company Ltd. |해산물 요리|

페기스 코브의 상징인 포인트 등대 앞에 위치한 레스토랑으로 1967년 테이블 4개의 작은 식당으로 시작해 지금까지 역사를 이어오고 있다. 랍스터 찜과 피시 & 칩스, 홍합 요리 등 노바스코샤에 방문했다면 꼭 먹어봐야 할 해산물 요리를 선보인다. 레스토랑 2층에서 기념품 매장을 운영한다.

- 178 Peggys Point Road, Peggy's Cove, NS B3Z 3S2 Canada
- 매일 10:00-18:00
- CAD 1인 CAD 20~30

마혼 베이 Mahone Bay

그림같이 아름다운 풍경을 지닌 마혼 베이는 해안가에 위치한 작은 마을이다. 19세기 목조선 제작으로 유명했던 곳으로 마을에는 조선업 역사에 대한 전시를 진행하는 박물관도 있다. 해안가를 따라 형형색색의 건물이 들어서 있고 개성 있는 카페와 상점 등 볼거리가 다양하다. 마혼 베이에서 가장 유명한 곳은 3개 교회가 이어져 있는 길이다. 교회는 각기 다른 모습이며 내부 투어도 할 수 있다. 바다와 교회가 어우러진 모습을 보고 싶다면 카누를 빌려 바다로 나가거나 건너편의 오클랜드 로드Oakland Road로 가면 된다. 가까이에서 보는 것과 달리 물 위에 반영된 교회 건물은 더욱 멋진 풍경을 만들어낸다.

- 핼리팩스에서 차로 1시간 / 페기스 코브에서 차로 1시간 / 루넨버그에서 차로 15분
- 89 Edgewater Street, Mahone Bay

ⓘ 마혼 베이 관광 안내소
- 165 Edgewater Street
- 매일 10:00-16:00

루넨버그 Lunenburg

1995년 유네스코 세계 문화유산에 등재된 루넨버그는 1753년에 영국이 건설한 계획도시다. 마을의 건축물은 대부분 18세기에 지어진 목조건물로, 오늘날까지도 그 모습을 잘 보존해 역사적 가치를 인정받고 있다. 항구와 인접한 경사면을 따라 파스텔 톤 건물이 늘어서 있어 마치 그림 같은 풍경을 자아낸다. 루넨버그는 과거 조선업으로 전성기를 누렸던 도시다. 캐나다의 10센트 동전 뒷면을 장식하는 블루노즈Bluenose호가 1921년 루넨버그에서 첫 출항했으며, 이후 '북대서양의 여왕'이라는 칭호를 얻을 만큼 경주선으로서 톡톡히 제 역할을 했다. 오늘날에는 노바스코샤의 상징물로 전 세계 문화 행사에 참여하고 있다. 워터프런트 지역에서는 운이 좋으면 정박해 있는 블루노즈호를 볼 수 있다. 루넨버그에 정박해 있을 때는 직접 배에 올라 항해를 체험할 기회도 있으니 놓치지 말자.

- 핼리팩스에서 차로 1시간 10분 / 페기스 코브에서 차로 1시간 15분 / 마혼 베이에서 차로 15분
- 119 Cumberland Street

ⓘ 루넨버그 관광 안내소
- 11 Blockhouse Hill Road
- 5월, 10월 매일 09:00-18:00, 6월, 9월 매일 08:00-19:00 7~8월 매일 08:00-20:00, 11~4월 휴무

· SPECIAL ·

Cape Breton Island, Nature's Spectacular Canvas

자연이 빚은 절경, 케이프 브레튼 섬

케이프 브레튼 섬은 노바스코샤 북동쪽에 있으며 노바스코샤 반도와 다리로 연결되어 있다. 세계에서 가장 아름다운 드라이브 코스로 손꼽히는 캐벗 트레일과 하이커들의 천국인 케이프 브레튼 하이랜즈 국립공원이 있어 자연 여행지로 유명하다. 본격적인 여행 시즌은 5~9월이며 이 시기에는 하이킹, 고래 관찰 투어, 드라이브 등 모든 활동을 즐길 수 있다. 케이프 브레튼 섬으로 가는 방법은 두 가지가 있다. 섬 내에 위치한 시드니 공항JA Douglas McCurdy Sydney Airport을 이용하면 이동 거리가 짧아 편리하지만, 항공 스케줄이 제한적이다. 대부분의 여행객은 더 많은 항공편이 운항되는 핼리팩스 국제공항을 이용하며, 이곳에서 섬까지는 차로 약 2시간 30분 소요된다.

ⓘ 관광 안내소

📍 셰티캠프 16 Visitor Centre Road
잉고니시 37639 Cabot Trail
🕘 5~10월, 봄 시즌 09:00-17:00
여름 시즌 08:30-19:00
가을 시즌 09:00-17:00

캐벗 트레일

캐벗 트레일 Cabot Trail

바다와 산의 빼어난 자연경관을 품은 캐벗 트레일은 케이프 브레튼 섬 북쪽 해안을 따라 이어지는 약 300km 길이의 해안 도로다. 캐벗이란 이름은 애틀랜틱 캐나다를 발견한 탐험가 존 캐벗John Cabot의 이름을 딴 것이다. 캐벗 트레일 동쪽 입구의 바덱Baddeck에서 시작해 시계 반대 방향으로 북쪽의 케이프 브레튼 하이랜즈 국립공원을 지나 서쪽 입구에서 끝난다. 쉬지 않고 한 바퀴 돌 경우 4시간 정도 소요된다. 시간 여유가 있다면 2~3일에 걸쳐 해안가 마을을 둘러보며 여유로운 여행을 즐기는 것을 추천한다.

바덱

TIP 고래 관찰 투어 Whale Watching Tours

케이프 브레튼 섬의 고래 관찰 투어는 세인트 로렌스만과 대서양에 출몰하는 혹등고래, 긴 지느러미 돌고래, 긴수염고래, 밍크고래 등 다양한 종류의 고래를 만날 수 있어 매우 유명하다. 업체에 따라 차이는 있지만 투어 시즌은 여름과 가을(6~10월)이며 약 2시간 동안 진행되고, 1인당 비용은 CAD 50~65 정도다. 인버네스Inverness, 셰티캠프, 플레전트 베이Pleasant Bay, 베이 세인트 로렌스Bay St. Lawrence, 잉고니시 등 해안가 마을에서 투어를 신청할 수 있다. 케이프 브레튼 섬의 고래 관찰 투어는 대부분 조디악 보트와 중형 선으로 진행된다.

▸ oshan.ca | ingonishwhalewatching.ca | pleasantbaywhalewatching.com

❶ 셰티캠프

❸ 스카이라인 트레일

케이프 브레튼 하이랜즈 국립공원
Cape Breton Highlands National Park

❷ 잉고니시

케이프 브레튼 하이랜즈 국립공원은 캐나다 대서양 연안의 첫 국립공원이자 노바스코샤 최대의 자연보호 구역이다. 이곳은 캐나다에서 가장 아름다운 국립공원 중 하나로 꼽히며 950㎢의 광대한 면적을 자랑한다. 케이프 브레튼 고원은 이 공원의 가장 인상적인 지형으로, 캐벗 트레일의 북쪽 구간이 이 공원의 경계를 따라 지난다. 공원은 서쪽의 세인트 로렌스만 ❶ 셰티캠프Chéticamp에서 동쪽의 대서양 ❷ 잉고니시Ingonish 해변까지 이어지며, 다양한 하이킹 코스와 해변, 캠핑장 등을 갖추고 있다. 이 공원은 하이킹, 사이클링, 캠핑 등 다양한 방법으로 탐험할 수 있다. 가장 일반적인 방문 코스는 캐벗 트레일을 따라 해안 도로를 드라이브하며 전망 포인트에서 숨 막히는 경치를 감상하고, 하이킹을 즐기는 것이다. 공원 내 26개 트레일 중에서도 세인트 로렌스만과 거친 절벽, 울창한 숲의 전망을 볼 수 있는 ❸ 스카이라인 트레일Skyline Trail이 가장 인기 있다. 공원에는 흑곰, 말코손바닥사슴, 흰머리 독수리가 서식하며, 해안 트레일에서는 고래나 북부가넷을 자주 볼 수 있다. 또한 산림지대의 개똥지빠귀나 바위가 많은 구릉지대의 뾰족뒤쥐 등도 관찰할 수 있다.

CAD 성인 CAD 9, 65세 이상 CAD 7.75, 17세 이하 무료, 가족 & 그룹 CAD 17.5

PRINCE EDWARD ISLAND(PEI)

프린스 에드워드 아일랜드

노바스코샤와 뉴브런즈윅 사이에 자리 잡은 PEI는 캐나다에서 면적이 가장 작은 주이며 약 15만 명의 인구가 거주한다. 현대화의 물결이 비교적 더디게 찾아든 덕분에 고즈넉한 분위기의 농가 마을이 곳곳에 남아 있어, 끝없이 펼쳐진 평원을 누비며 여유로운 여행을 만끽할 수 있다. 이 아름다운 섬은 소설 〈빨간 머리 앤〉의 작가 루시 모드 몽고메리의 고향이기도 한데, 북쪽 해안가의 마을 캐번디시는 소설 속 배경이 된 실제 무대다. 소설 덕분에 전 세계 관광객들이 찾는 명소가 되었으며 캐번디시의 그린 게이블스는 그 가치를 인정받아 국립 역사 지구로 지정되었다. 캐번디시를 시작으로 샬럿타운, 달베이 바이 더 시에 이르기까지, 섬 곳곳에서 〈빨간 머리 앤〉의 흔적을 찾을 수 있다.

CHARLOTTETOWN
샬럿타운

PEI의 주도인 샬럿타운은 캐나다 연방을 결성하기 위해 회의를 개최했던 곳으로 역사적인 의미를 간직한 도시다. 캐나다 역사의 시작점인 주 의사당과 〈빨간 머리 앤〉 뮤지컬 공연장, 소설의 흔적이 남아 있는 이 도시에는 해안가를 따라 빅토리아 공원의 산책로와 해산물 레스토랑이 늘어서 있어 잔잔하지만 관광객의 흥미를 끄는 매력이 가득하다.

ⓘ 관광 안내소

6 Prince St, Charlottetown
월~목요일 09:00-18:00, 금~토요일 09:00-20:00, 일요일 09:00-17:00

· 찾아가기 ·

AIRPLANE
항공

샬럿타운 공항Charlottetown Airport은 시내에서 차로 약 10분 거리에 있다. 우리나라에서 직항 스케줄은 없으며 에어캐나다를 이용해 환승하는 것이 가장 편리하며 경유 시 비행 시간은 약 19시간이다. 캐나다 국내에서는 몬트리올, 핼리팩스, 토론토, 오타와 등 대도시에서 에어캐나다, 웨스트젯 항공편을 이용해 갈 수 있다.

샬럿타운 공항에서 시내로

택시 Taxi

공항 도착 층 택시 승강장 → 다운타운까지 약 10분 소요 / CAD 20~30 / * 요금의 10~15%를 팁으로 주는 것이 관행 → 샬럿타운 다운타운 및 원하는 목적지

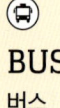
BUS
버스

샬럿타운의 버스 터미널은 시내에서 차로 5분, 도보 20분 거리에 있다. 시내에서 택시를 타거나 T3 버스 3번 노선을 이용해 갈 수 있다. 버스 터미널에서는 몽튼, 세인트 조지, 핼리팩스 등 애틀랜틱 캐나다 도시로 운행하는 마리타임 버스를 이용할 수 있다.

주요 도시~샬럿타운 버스 이동 시간 & 비용

핼리팩스	약 5시간(환승 1회)	CAD 58.25~
몽튼	약 3시간(환승 1회)	CAD 41.75~

> **TIP 노섬벌랜드 페리** Northumberland Ferries
>
> 노섬벌랜드 페리는 프린스 에드워드 아일랜드와 노바스코샤 사이에 있는 노섬벌랜드 해협 Northumberland Strait을 운항해 두 주를 연결한다. 프린스 에드워드 아일랜드의 우드 아일랜드 Wood Island 항과 노바스코샤의 카리부 Caribou 항을 연결하는 페리는 5~12월에 운행하며 봄~가을에는 하루 4편, 여름 성수기는 8편, 겨울에는 3편씩 운행하며 소요 시간은 1시간 15분이다. 페리에 차를 싣고 이동할 수 있어 렌터카로 애틀랜틱 캐나다를 여행하는 관광객이 이용하면 좋은 교통수단이다.
>
> **CAD** 왕복 성인 CAD 23, 60세 이상 CAD 20, 6~13세 CAD 16, 5세 이하 무료
> 차량 1대 CAD 86
> ▶ www.ferries.ca

· 시내 교통 ·

샬럿타운의 관광지는 시내에 모여 있고 대부분 도보로 다닐 수 있어 버스 탈 일이 거의 없다. 근교 도시로 이동하는 버스 터미널로 갈 때만 시내버스 3번 루트를 이용하면 된다. 시내버스에는 T3 로고가 크게 적혀 있고 버스 정류장에도 초록색 간판에 T3이 표시되어 있어 쉽게 찾을 수 있다. 3번 버스는 컨페더레이션 아트 센터에서 출발해 샬럿타운 몰까지 이동하는 Downtown-Charlottetown Mall 루트다. 버스는 06:45-17:45까지 운행하며 요금은 성인 CAD 2, 어린이 무료. 요금은 버스를 탈 때 현금으로 지불하면 되고 거스름돈을 주지 않으니 동전을 맞춰 준비해두자.

▶ t3transit.ca

> **TIP 캐번디시 셔틀** Cavendish Shuttle
>
> 샬럿타운 시내에서 캐번디시를 다니는 셔틀로 7월 초~9월 초까지만 운행한다. 셔틀은 하루 4편 운행하고 샬럿타운 로열티 크로싱 몰 앞에서 출발한다. 렌터카 없이 캐번디시를 방문하는 관광객이 편하게 이용할 수 있다.

TRAVEL HIGHLIGHTS

세인트 던스탄 대성당 St. Dunstan's Basilica Parish

양쪽으로 높게 솟은 첨탑이 인상적인 세인트 던스탄 대성당은 로마 가톨릭 성당이다. 1896년에 지어졌으나 1913년 화재가 발생한 후 외관이 유실되었고 1919년 새롭게 재건해 현재 모습에 이르렀다. 복구 당시 뉴욕시 세인트 패트릭 성당에서 영감받아 우아한 프렌치 고딕 양식 성당으로 재탄생시켰다. 성당 내부에는 23명의 성자와 천사의 동상이 있으며 화려한 스테인드글라스에는 천사의 모습을 표현했다.

- 45 Great George Street
- 매일 08:00-17:00

주 의사당 Province House National Historic Site

신고전주의 스타일로 건축된 주 의사당 건물은 1847년에 지어졌으며 캐나다에서 두 번째로 오래된 정부 기관이다. 1864년 9월 최초의 식민지 연합 회의가 개최되었다는 점에서 역사적 가치가 높아 1973년 국립 역사 지구로 지정되었다. 방문객은 1860년대에 사용한 회의실 등 내부를 둘러볼 수 있으며 영상을 통해 연방 정부 탄생의 역사에 대해 알아볼 수 있다. 현재 주 의사당 건물은 공사 때문에 휴관했지만 공사하는 동안 본관 옆 건물에서 간단한 전시나 영상 관람은 가능하다.

- 165 Richmond Street

빅토리아 공원 Victoria Park

샬럿타운의 가장 큰 공원인 빅토리아 공원은 번화가에서 도보 약 20분 거리에 있다. 공원에는 테니스 코트, 수영장, 소프트볼 경기장 등이 있어 다양한 야외 활동이 가능해 현지인에게 많은 사랑을 받는 곳이다. 해안가를 따라 산책로가 조성되어 바다 풍경을 감상하며 여유로운 시간을 보내기 좋다.

컨페더레이션 아트 센터
Confederation Centre of the Arts

1964년 개관한 아트 센터는 〈빨간 머리 앤〉 뮤지컬 Anne of Green Gables 상영으로 유명한 곳이다. 매년 여름(6~8월) 뮤지컬을 보기 위해 많은 관광객이 방문한다. 아트 센터는 극장, 갤러리, 도서관 등 문화 예술 공간이 있는 복합 센터다. 극장에서는 1965년부터 85편의 독창적인 뮤지컬 공연이 펼쳐졌고, 박물관에는 역사 및 현대 작품을 포함해 1만 7,000점 이상의 예술품을 소장 및 전시한다. 갤러리는 기부금 입장이 가능하고 〈빨간 머리 앤〉 뮤지컬은 스케줄을 확인한 후 예약하는 것이 좋다.

- 145 Richmond Street
- 티켓 박스 월~토요일 10:00-17:00, 일요일 휴무 / 갤러리 화~토요일 10:00-17:00, 일요일 13:00-17:00, 월요일 휴무
- confederationcentre.com/whats-on/anne-of-green-gables

> **TIP** 컨페더레이션 다리 Confederation Bridge
>
> 1997년 공식적으로 개통된 컨페더레이션 다리는 PEI와 캐나다 본토(뉴브런즈윅)를 연결한다. 총 길이는 약 12.9km이며 차로 15분 정도 소요된다. 다리를 건널 때 양옆으로 보이는 바다 풍경이 장관이며 PEI를 벗어나기 전 마린 레일 공원 Marine Rail Park에 들러 하얀 등대와 바다 건너로 끝없이 펼쳐진 다리를 사진으로 남겨보자. Port Borden Back Range Light에서 바라보는 등대와 브리지의 전망이 좋다. 이 공원은 바다 앞으로 탁 트인 풍경과 'PEI' 간판도 있어 사진 명소로 유명하다. PEI 섬에 들어갈 때는 통행료를 내지 않고, 나올 때 통행료가 부과되며 CAD 50.25다.

Restaurant & Cafe

Water Prince Corner Shop
| 랍스터 요리 |

저렴한 가격에 랍스터 플레이트를 맛볼 수 있는 곳. 대서양에서 잡아 올린 랍스터, 가리비, 오이스터, 블루 홍합, 조개, 연어 등 신선한 해산물을 판매한다. 가장 추천하는 메뉴는 가리비 버거와 랍스터 찜, 가리비 튀김, 홍합, 감자 샐러드나 구운 감자 등이 함께 나오는 워터 프린스 플래터Water Prince Platter다. 테이크 아웃 시 매장보다 저렴한 가격에 즐길 수 있다.

- 141 Water Street
- 매일 09:00-21:00
- CAD CAD 14.99~36.99(랍스터는 시장 가격에 따라 변동)

Lobster on The Wharf Restaurant
| 해산물 요리 |

1981년 오픈한 해산물 레스토랑으로 샬럿타운에서 가장 규모가 큰 곳이다. 샬럿타운 항구 너머 바다가 바라다보이는 뷰가 멋지다. 메뉴는 랍스터 찜, 홍합 찜, 대구 필레, 대서양 연어 등 해산물 본연의 맛을 즐길 수 있는 기본 메뉴부터 랍스터 맥 & 치즈, 랍스터 푸틴 등 퓨전 스타일까지 다양하다. 추천 메뉴는 시푸드 플래터로 새우, 홍합, 조갯살, 관자, 오이스터, 랍스터 등 원하는 해산물을 골라 한 접시에 담아내 다양하게 맛볼 수 있다.

- 2 Prince Street
- 매일 11:00-20:00
- CAD 단품 CAD 16~38, 시푸드 플래터 CAD 19~32(랍스터는 시장 가격에 따라 변동)

Sims Corner Steakhouse & Oyster Bar
| 스테이크 |

2007년 오래된 건물을 재단장해 오픈한 모던 스타일의 스테이크 하우스로 바다에 둘러싸여 해산물이 유명한 샬럿타운에서 질 좋은 스테이크로 높은 평가를 받는 곳이다. 이곳은 곡식과 감자만 먹고 자란 소고기를 최소 45일간 숙성해 만들어 고기의 탄력이 느껴지며 진한 스테이크의 풍미가 입안에 퍼진다. 스테이크 하우스 한편에는 오이스터 바가 마련되어 있어 PEI산 굴을 맛볼 수 있다.

- 86 Queen Street
- 월~목요일 11:00-21:30, 금~토요일 11:00-22:00, 일요일 11:00-21:00
- CAD 오이스터 1개당 CAD 3.25, 런치 CAD 17~29, 스테이크 CAD 54~150

Leonhard's | 샌드위치, 에그 베네딕트

아늑한 분위기의 베이커리 카페로 간단한 식사가 가능하다. 2016년부터 4년간 트립 어드바이저에서 샬럿타운의 으뜸 시설로 선정되었다. 양질의 천연 재료를 사용해 건강하고 맛있는 음식을 선보이며 이른 아침 방문해 커피와 함께 가벼운 식사를 즐기기 좋다.

- 142 Great George Street
- 매일 09:00-17:00
- 커피 CAD 2.26~4.78
  아침 CAD 10.65~17.83
  점심 CAD 18.26~26.08

The Gahan House | 브루펍

2001년 샬럿타운 다운타운에 오픈한 양조장 겸 레스토랑으로 맥주가 큰 인기를 끌며 PEI를 대표하는 맥주가 되었다. 여러 맥주 중에서도 과일 향이 풍부한 블루베리 에일 맥주가 어느 요리와도 잘 어울려 가장 높은 평가를 받는다. 이곳의 맥주는 온타리오, 앨버타, 노바스코샤, 뉴브런즈윅, 뉴펀들랜드의 일부 주류 판매점에서도 구매할 수 있다.

- 126 Sydney Street
- 일~목요일 11:00-22:00, 금~토요일 11:00-24:00
- 맥주 CAD 6~, 굴+맥주 2잔 CAD 25, 애피타이저 CAD 15~21, 메인 CAD 19~38

Receiver Cafe & Bistro | 카페

샬럿타운 중심부에 2개의 매장을 운영 중인 로컬 카페로 엄선한 원두를 매장에서 직접 로스팅해 커피를 만드는 곳이다. 커피 맛이 좋아 현지인도 즐겨 찾는 인기 카페다. 베이커리를 함께 운영해 신선한 재료로 만든 브런치도 즐길 수 있다.

- 128 Richmond Street / 178 Water Street
- 매일 07:30-16:00
- 커피 CAD 2.65~5.5, 식사 메뉴 CAD 12~20

The Kettle Black | 카페 |

샬럿타운에 위치한 카페로 신선한 원두로 내린 스페셜티 커피와 맛있는 브런치 메뉴로 꾸준한 인기를 얻고 있다. 올데이 브렉퍼스트, 베이글, 오믈렛, 부리토, 팔라펠 샐러드 등 건강한 식재료를 활용한 다양한 메뉴가 있어 취향대로 즐기기에 좋다. 아늑한 분위기 덕분에 여유로운 시간을 보내기에도 제격이다.

- 45 Queen St
- 월~금요일 08:00-16:00, 토~일요일 08:00-17:00
- CAD 커피 CAD 2.75~5.75, 푸드 메뉴 CAD 9~17.5

COWS | 아이스크림 |

프린스 에드워드 아일랜드에서 시작된 천연 아이스크림 전문점으로 캐나다 동부와 서부에 걸쳐 12개 매장이 있다. 신선한 우유와 크림을 사용해 수제 방식으로 만드는 프리미엄 아이스크림으로 유명하며 이름처럼 재치 있는 소 테마 디자인과 독특한 맛의 조합으로 많은 사랑을 받고 있다. PEI에서 재배된 신선한 딸기를 사용한 'PEI Strawberry', 아이스크림에 초콜릿, 견과류 등을 더한 'Wowie Cowie' 등이 대표 메뉴다.

- 12 Milky Wy, Charlottetown
- 일~목요일 10:00-18:00, 금~토요일 10:00-20:00
- CAD 싱글 스쿱 CAD 5.45, 밀크셰이크 CAD 7.95

Truckin' Roll | 아이스크림 트럭 |

샬럿타운의 명물 아이스크림 트럭으로 인공 첨가물을 넣지 않은 천연 아이스크림을 판매한다. 태국식 롤 아이스크림 기술을 사용하며 주문과 동시에 차가운 판 위에 아이스크림을 얇게 펴 바른 후 살짝 언 아이스크림을 돌돌 말아 각종 토핑과 함께 내준다. 맛은 물론이고 비주얼도 훌륭하다.

- 매장 Amelia's by Truckin' Roll 117 Queen Street / 트럭(여름 시즌에만 오픈) on the Corner of Grafton and Church St
- 5~12월, 비정기 휴무
- CAD 아이스크림 CAD 9.5~10.5
- truckinroll.com

Shopping

The Anne of Green Gables Store

소설 〈빨간 머리 앤〉과 관련된 공식 기념품을 판매하는 매장이다. 소설책, DVD, 인형, 그림, 엽서, 머그컵, 코스튬 등 종류가 굉장히 다양하고 PEI의 기념품도 구매할 수 있으니 샬럿타운에 왔다면 꼭 들러보자.

- 72 Queen Street
- 월~토요일 10:00-17:00, 일요일 휴무

Anne of Green Gables Chocolates

샬럿타운 다운타운의 아름다운 선물 가게인 초콜릿 숍은 소설 〈빨간 머리 앤〉을 테마로 한 기념품을 비롯해 초콜릿, 사탕, 쿠키 등 달콤한 간식을 구매할 수 있다. PEI의 개성 있는 기념품도 구매할 수 있으며 초콜릿이나 사탕은 선물용으로 좋다.

- 100 Queen Street
- 월~토요일 10:00-19:00
  일요일 11:00-18:00

· SPECIAL ·

Anne of Green Gables : Following Her Free Spirit

빨간 머리 앤, 그 자유로운 영혼을 찾아서

바람이 스치는 들판과 고요히 물결치는 바닷가 마을은 앤의 영혼을 닮은 듯 방문객을 포근히 맞아준다. "만약 '앤'이라고 부르실 거면 'E'를 붙인 ANNE이라고 불러주세요"라고 말하며 어디선가 앤이 불쑥 나타날 것만 같다. 그린 게이블스의 초록 지붕 아래에서는 앤의 웃음소리가 여전히 들리는 듯하고, 그곳에 깃든 루시 모드 몽고메리와 앤의 꿈이 시간을 넘어 우리의 상상력을 깨운다. 소설 속 초록 언덕과 꽃길, 유령의 숲 산책로를 거닐며 앤이 사랑했던 풍경으로 들어가보자.

CAVENDISH
캐번디시

캐번디시는 PEI의 중북부 해안가에 위치한 전원 마을로 소설 〈빨간 머리 앤〉의 작가 루시 모드 몽고메리의 고향이자 책 속 이야기의 배경이 된 곳이다. 작가 루시 모드 몽고메리의 어릴 적 추억에서 영감받아 소설을 집필한 것으로 알려져 많은 관광객이 방문하는 세계적 명소다. 고즈넉한 시골 풍경의 그린 게이블스는 당장이라도 앤을 만날 것 같은 동화 속 분위기를 간직하고 있다. 그린 게이블스 박물관, 루시 모드 몽고메리 생가와 묘지 등 캐나다 유명 소설가의 발자취를 따라 여행을 즐겨보자.

📍 샬럿타운에서 차로 약 40분 거리, 캐번디시 셔틀 또는 렌터카 이용

ℹ️ **관광 안내소**
- 7591 Cawnpore Ln, North Rustico
- 매일 09:00-17:00

소설 〈빨간 머리 앤 Anne of Green Gables〉

1908년 출판된 소설 〈빨간 머리 앤〉은 캐나다 소설가 루시 모드 몽고메리의 대표작이다. 몽고메리의 고향인 PEI를 배경으로 하며 그녀의 어린 시절 이야기가 반영되어 있다. 주인공 앤 셜리가 에이번리의 커스버트 남매에게 입양되며 겪는 일과 그녀의 성장기를 다루었으며 주인공과 주변인들의 감정을 섬세하게 묘사했다. 소설은 베스트셀러가 된 후 애니메이션, 영화, 드라마 등으로 제작되어 전 세계에서 큰 인기를 얻었다.

그린 게이블스 Green Gables Heritage Place

소설 속 앤이 살았던 초록 지붕 집을 그대로 재현해놓은 곳으로 시골 전원의 소박하고 평화로운 분위기를 느낄 수 있으며 집 안에는 소설에 등장한 주인공들의 방과 부엌, 사용했던 소품을 생생하게 재현했다. 이곳은 몽고메리 소설에 대한 세계적인 호평으로 20세기 초부터 인기 있는 관광지로 거듭나 국립 역사 지구로 선정되었다. 성수기에 방문하면 앤의 분장을 한 직원이 돌아다녀서 재미있는 경험을 할 수 있다.

- 8619 Cavendish Road, Cavendish
- 5~10월, 매일 09:00-17:00
- CAD 성인 CAD 9, 65세 이상 CAD 7.5, 17세 이하 무료(시즌에 따라 요금 다름)

캐번디시 우체국 Cavendish Post Office

몽고메리 작가가 일했던 우체국으로 몽고메리 기념관에서 전시품을 볼 수 있고 실제로 일했던 장소도 보존해두었다. 글을 쓸 당시 우체국에서 일하며 아무도 모르게 출판사에 원고를 보내 책을 출간할 수 있었다고 한다. 이곳에 방문하면 그린 게이블스 도장이 찍힌 편지와 엽서를 보낼 수 있으니 꼭 방문해보자.

- 8555 Cavendish Road, Cavendish
- 월~금요일 09:00-17:00, 토요일 09:00-13:00, 일요일 13:00-17:00

캐번디시 묘지 The Cavendish Cemetery

우체국 건너편에 있는 캐번디시 묘지는 작가 루시 모드 몽고메리가 묻혀 있는 곳이다. 1942년 사망한 몽고메리는 캐번디시 유나이티드 교회에서 장례를 치른 후 이곳에 잠들어 있다.

- PE-13, Cavendish

루시 모드 몽고메리 캐번디시 홈
Lucy Maud Montgomery's Cavendish Home

이곳은 루시 모드 몽고메리 조부모의 농장으로 그녀는 1876~1911년까지 이곳에 머물며 〈빨간 머리 앤〉, 〈에이번리의 앤〉, 〈과수원 세레나데〉 등 수백 편의 단편소설과 시를 집필했다. 캐나다 국립 역사 지구로 지정되었으며 현재는 소규모 박물관과 서점, 기념품 가게로 사용하고 있다. 5월 중순부터 10월 중순까지만 오픈하니 참고하자.

- 8521 Cavendish Road
- 5/20~6/30 & 9/1~10월 중순 10:00-17:00, 7/1~8/31 09:30-17:30
- CAD 성인 CAD 6, 65세 이상 CAD 5, 17세 이하 무료

루시 모드 몽고메리 생가
Lucy Maud Montgomery Birthplace

1874년 루시 모드 몽고메리가 태어난 생가는 캐번디시에서 서쪽으로 약 10분 거리인 뉴 런던 지역에 있다. 빅토리아 스타일의 집은 몽고메리가 결혼식 때 입은 드레스나 액세서리, 태어난 방 등 몽고메리 작가와 그녀의 가족에 관련된 유물과 사용한 가구 등으로 꾸며져 있다.

- 6461 PE-20, New London
- 5월 중순~추수감사절 매일 09:00-16:00, 추수감사절 이후 휴무
- CAD CAD 6

빨간 머리 앤 박물관 The Anne of Green Gables Museum

루시 모드 몽고메리 작가의 삶과 작품을 주제로 전시를 진행하는 박물관이다. 캐번디시에서 서쪽으로 약 25분 거리의 애니 캠벨 가족의 농장 안에 있다. 애니 캠벨은 몽고메리의 이모이며, 몽고메리가 이곳을 '경이로운 성'이라고 불렀을 만큼 반짝이는 호수와 주변 경치가 매우 아름다워 젊은 시절 자주 방문해 소설에 대한 영감을 얻은 것으로 알려져 있다. 5월 중순부터 10월 중순까지만 오픈하며 날짜는 변동될 수 있다.

- 4542 PE Route, 20 Park Corner Ln
- **5/20~5/31** 11:00-16:00 **6/1~6/30** 10:00-16:00
  7/1~8/31 09:00-17:00 **9/1~9/30** 10:00-16:00
  10/1~10/15 11:00-16:00
- CAD 성인 CAD 9, 6~16세 CAD 3, 5세 이하 무료

Olde Village Bakery | 베이커리

그린 게이블스 마을에 자리한 작은 빵집으로 6월에서 9월까지만 오픈한다. 다양한 종류의 빵은 물론 레몬 커스터드, 쿠키, 타르트 등의 디저트도 갖추고 있으며, 빵과 함께 곁들이기 좋은 스프레드와 파스타 샐러드 등도 있어 간단하게 식사하기에 좋다.

- 7 Winter St, North Rustico, PE C0A 1N0
- 6~9월 09:30-18:00, 비정기 휴무

달베이 바이 더 시 Dalvay-by-the-Sea National Historic Site

PEI의 중북부 해안가 프린스 에드워드 아일랜드 국립공원에 있는 달베이 바이 더 시는 캐나다 국립 역사 지구이며 언덕 위에 지어진 퀸 & 리바이벌 양식의 영국풍 호텔로 유명하다. 이 호텔은 〈빨간 머리 앤〉에서 앤이 시를 낭독했던 White Sands Hotel의 실제 모델이다. 호텔 앞으로는 달베이 호수를 내려다보며 뒤편으로는 세인트 로렌스만의 해변가가 펼쳐져 있어 한 폭의 그림 같은 풍경을 연출한다. 1층에 자리한 The MacMillan Dining Room에서 창밖으로 펼쳐지는 풍경을 보며, 오후 칵테일 또는 애프터눈 티를 즐겨보는 것을 추천한다.

◎ 16 Cottage Crescent, York

Dalvay by the Sea Hotel

1895년에 지어진 호텔로 전 세계에서 가장 로맨틱한 장소로 꼽힌다. 호텔은 참나무와 마호가니로 만든 클래식한 가구와 설립자가 전 세계에서 들여온 수입 가구로 채워져 있어 우아하고 고풍스러운 분위기를 자아낸다.

📞 +1 902 672 2048
CAD 비수기 CAD 159~
　　성수기 CAD 279~
➤ www.dalvaybythesea.com

NEW BRUNSWICK
뉴브런즈윅

뉴브런즈윅은 캐나다 본토 동쪽 끝에 위치하며 퀘벡주의 가스페 반도 및 미국의 메인주와 인접해 있다. 본토에서 뉴브런즈윅을 통해 노바스코샤, PEI로 갈 수 있어 애틀랜틱 캐나다 교통의 중심이다. 뉴브런즈윅은 캐나다에서 유일하게 영어와 프랑스어를 공용으로 사용하며 퀘벡 다음으로 많은 프렌치 캐나디안이 거주한다. 주도는 프레더릭턴이며 주요 관광 도시는 세인트 존, 몽튼 등 펀디만과 인접한 해안 도시다. 내륙 지역은 대부분 산지로 뒤덮여 있기 때문에 바다와 인접한 도시에 인구의 대부분이 거주하고 있다.

FREDERICTON
프레더릭턴

프레더릭턴은 뉴브런즈윅의 주도이자 세인트 존, 몽튼에 이어 세 번째로 큰 도시다. 도시 중심으로 세인트 존 강이 흐르고 강 유역에 다운타운이 발달했으며 뉴브런즈윅 대학교, 비버브룩 아트 갤러리, 뉴브런즈윅 디자인 컬리지 등 교육, 예술 기관이 많다. 도시 자체는 크지 않기 때문에 30분 이내면 모두 둘러볼 수 있고 주요 관광지는 시청이 있는 퀸 스트리트에 모여 있다.

관광 안내소
- 371 Queen Street, Fredericton
- 5~10월 월~금요일 08:30~16:30, 토~일요일 휴무

· 찾아가기 ·

AIRPLANE
항공

토론토, 몬트리올, 핼리팩스 등 캐나다 동부 도시에서 에어캐나다와 웨스트젯 직항 항공편 운행

RENT A CAR
렌터카

핼리팩스에서 4시간 30분, 몬트리올에서 8시간, 몽튼에서 2시간

SAINT JOHN
세인트 존

뉴브런즈윅에서 가장 많은 인구가 거주하는 곳이며 펀디만의 유일한 항구도시다. 뉴브런즈윅 박물관, 세인트 존 시티 마켓, 로열리스트 하우스 등 주요 관광지와 레스토랑은 다운타운의 마켓 스퀘어와 킹스 스퀘어 주변에 늘어서 있다. 세인트 존은 뉴브런즈윅 중심을 흐르는 세인트 존 강이 펀디만으로 흘러 들어가며 하루 두 번 조수 간만의 차로 만들어지는 급류와 소용돌이 현상으로 유명하다. 다운타운에서 10분 거리의 리버싱 폴스 브리지Reversing Falls Bridge에서 급류가 만들어지는 신비로운 자연현상을 관찰할 수 있다.

ⓘ 관광 안내소

- 348 Water Street, St. John's
- 5/6~5/17 월~금요일 09:00-16:30, 토~일요일 휴무, 5/21~10월 초 매일 09:00-16:30

· 찾아가기 ·

AIRPLANE
항공

토론토, 몬트리올, 핼리팩스, 오타와 등 캐나다 동부 도시에서 에어캐나다와 포터 에어라인 직항 항공편 운행

RENT A CAR
렌터카

핼리팩스에서 4시간 20분, 샬럿타운에서 3시간 30분, 몽튼에서 1시간 30분

MONCTON
몽튼

뉴브런즈윅 남동부 도시인 몽튼은 캐나다 본토에서 PEI와 노바스코샤로 이동하는 길목에 위치해 관광과 교통의 중심이 된다. 몬트리올을 출발해 핼리팩스로 향하는 비아레일이 지나고 샬럿타운에서 컨페더레이션 다리를 건너면 만날 수 있다. 뉴브런즈윅에서 가장 인기 있는 관광지 호프웰 록스 공원을 방문하기 위해 거점으로 삼는 도시이기도 하다. 호프웰 록스 공원은 세계에서 가장 조수 간만의 차가 큰 곳으로 신비로운 자연현상을 체험할 수 있다. 몽튼에서 식사를 즐기고 싶다면 1999년에 문을 연 펌프 하우스Pump House를 추천한다. 이곳은 수제 맥주와 함께 치킨, 피자, 버거 등 다양한 메뉴를 곁들여 즐길 수 있으며 관광 안내소에서 남쪽으로 도보 8분 거리에 있다.

관광 안내소

- 20 Mountain Road, Moncton
- 월~수요일, 금~토요일 10:00-17:00, 목요일 10:00-20:00, 일요일 12:00-17:00

· 찾아가기 ·

AIRPLANE
항공

토론토, 몬트리올, 핼리팩스, 오타와 등 캐나다 동부 도시에서 에어캐나다, 웨스트젯, 포터 에어라인 직항 항공편 운행

TRAIN
기차

비아레일로 몬트리올에서 18시간 10분, 핼리팩스에서 4시간 20분

RENT A CAR
렌터카

핼리팩스에서 2시간 40분, 샬럿타운에서 2시간, 세인트 존에서 1시간 35분

호프웰 록스 공원 Hopewell Rocks Park

펀디만 상류에 있는 호프웰 록스 공원은 만조와 간조의 차이가 16m로 세계에서 조수 간만의 차가 가장 높다. 만조 때는 물이 가득 차올라 카약을 타고 바위 사이를 오가며 바닷물에 의해 침식된 암석을 볼 수 있다. 간조 때면 바닥이 훤히 드러나도록 물이 빠져 놓고 거대한 암석 사이를 걷거나 해변을 걸을 수도 있다. 공원은 5~10월까지 방문할 수 있으며 시즌별로 조수 시간이 다르니 방문 전 반드시 시간을 확인해야 한다.

- 131 Discovery Road, Hopewell Cape
- **5/17~6/21** 09:00-17:00 **6/22~8/17** 08:00-20:00 **8/18~9/2** 08:00-18:00 **9/3~10/27** 09:00-17:00
- CAD 성인 CAD 15.85, 65세 이상 CAD 13.59, 학생 CAD 13.59, 5~18세 CAD 9.06, 4세 이하 무료(구매 후 2일간 사용 가능)

TIP 케이프 하우스 레스토랑 Cape House Restaurant

호프웰 록스 공원에서 약 30분 거리에 위치한 전망 레스토랑으로, 펀디만의 전경을 감상할 수 있다. 랍스터 롤, 버거 등 다양한 메뉴를 선보이며 레스토랑에서 바라보는 탁 트인 풍경으로 유명하다. 식사 후에는 산책로를 따라 1838년에 세워진 등대를 구경하거나, 바다를 내려다보며 하늘을 가로지르는 짚라인을 체험할 수 있다.

- 650 Cape Enrage Road
- 일~월요일 09:00-18:00, 화~토요일 11:00-18:00
- CAD 애피타이저 CAD 6.95~19.95, 메인 CAD 12.95~23.4

NEWFOUNDLAND & LABRADOR

뉴펀들랜드 & 래브라도

뉴펀들랜드 섬과 래브라도 반도 동쪽 지역으로 구성된 뉴펀들랜드 래브라도주는 캐나다 최동단에 위치한다. 오랜 시간 영국 식민지 자치령으로 있었으나 1949년 정식으로 캐나다 연방에 합류했다. 대서양 최고의 대구 어장으로 유럽 어부들이 건너와 정착하기 시작했으며 캐나다에서 가장 오랜 시간 유럽과 교류를 맺고 있는 곳이다. 지리적으로 대도시에서 멀리 떨어진 지역인 만큼 때 묻지 않은 순수한 대자연을 경험할 수 있다.

ST. JOHN'S
세인트 존스

뉴펀들랜드 래브라도주의 주도인 세인트 존스는 북미에서 가장 오래된 마을이다. 1497년 존 캐벗이 뉴펀들랜드 섬을 발견하면서부터 영국, 아일랜드계 이민자들이 건너와 그들의 문화를 유지하며 살아가는 곳이다. 세인트 존스의 타운은 항구 주변으로 발달했으며 도시는 크지 않아 대부분 도보 관광이 가능하다. 봄부터 초여름은 북극에서 떠내려온 빙산과 혹등고래 관찰 투어가 유명해 관광객이 모여든다.

ⓘ 관광 안내소

- 348 Water Street St. John's, NL
- 5월 초~5월 중순 월~금요일 09:00-16:30, 5월 말~10월 초 매일 09:00-16:30

· 찾아가기 ·

AIRPLANE
항공

세인트 존스 국제공항St. John's International Airport은 뉴펀들랜드 래브라도의 교통 관문으로 캐나다 동부의 토론토, 몬트리올, 핼리팩스 등 대도시뿐만 아니라 뉴펀들랜드 섬의 디어 레이크Deer Lake, 갠더Gander와 래브라도 반도의 구스 베이Goose Bay 지역도 항공편을 운영한다. 한국에서 세인트 존스까지 직항은 없어 토론토를 경유해야 하고 비행 시간은 약 19~20시간 소요된다.

세인트 존스 공항에서 시내로

택시 Taxi

| 공항 도착 층 택시 승강장 | → 다운타운까지 10~15분 소요 CAD 35~40 *요금의 10~15%를 팁으로 주는 것이 관행 | 세인트 존스 다운타운 및 원하는 목적지 |

City Wide Taxi +1 709 722 7777

TRAVEL HIGHLIGHTS

TIP 캐벗 타워 Cabot Tower

1897~1900년에 세워진 캐벗 타워는 애틀랜틱 캐나다를 발견한 탐험가 존 캐벗을 기념하기 위한 것이다. 시그널 힐에서 가장 높은 곳에 있어 전망이 멋지다.

시그널 힐 Signal Hill National Historic Site

시그널 힐은 세인트 존스의 명소로 항구 마을과 대서양의 탁 트인 전망을 볼 수 있다. 이곳은 17세기부터 제2차 세계대전까지 세인트 존스 항구를 방어하고, 항구로 들어오는 배를 향해 깃발로 신호 보내는 역할을 했으며, 1901년 세계 최초로 유럽과 북미 간 대서양을 가로질러 무선송신을 성공한 곳이다. 캐나다의 방위 및 통신과 관련해 역사적 의미가 깊어 캐나다 국립 역사 지구로 지정되었다.

- 230 Signal Hill Road
- 6/1~10/11 매일 10:00-18:00
- CAD 성인 CAD 9, 65세 이상 CAD 7.5, 17세 이하 무료

더 룸스 The Rooms

세인트 존스 여행에서 빼놓을 수 없는 복합 공간인 더 룸스는 뉴펀들랜드 래브라도주의 자연, 역사, 원주민, 인물, 문화를 주제로 다양한 전시를 진행한다. 한 공간에 박물관, 미술관, 자료실이 모여 있으며 고대부터 현대에 이르기까지 7000점이 넘는 작품을 소장하고 있다. 2005년에 개관한 이래로 전시 및 교육 프로그램을 지속적으로 열고 있다. 세인트 존스와 주변 풍경이 한눈에 들어오는 카페도 있어 잠시 쉬어 가기 좋다.

- 9 Bonaventure Avenue
- 화, 목, 토요일 10:00-17:00, 수, 금요일 10:00-21:00, 일요일 12:00-17:00, 월요일 휴무
- CAD 성인 CAD 12, 60세 이상 CAD 7.8, 6~17세 CAD 6, 5세 이하 무료

퀴디 비디 Quidi Vidi

알록달록한 색의 집들이 늘어서 있는 퀴디 비디는 어부들이 거주하는 어촌 마을로 세인트 존스 다운타운과는 달리 소박하고 정겨운 매력을 풍긴다. 호수를 끼고 있는 작은 어촌 마을을 산책하고 빙하수로 만든 맥주가 유명한 퀴디 비디 브루잉 컴퍼니Qudi Vidi Brewing Company를 방문해 시원한 맥주를 맛보자.

- 다운타운에서 차로 7~10분

케이프 스피어 등대 Cape Spear Lighthouse National Historic Site

세인트 존스에서 차로 약 20분간 동쪽으로 향하면 캐나다의 최동단인 케이프 스피어에 닿는다. 이곳은 북미 대륙에서 가장 먼저 해가 뜨는 곳으로, 일출을 보기 위해 이른 아침부터 많은 관광객이 찾는다. 케이프 스피어의 산책로를 따라 걸으면 눈앞에 드넓은 대서양이 펼쳐지고, 바다를 바라보는 곳에 2개의 등대가 서 있다. 사각형 집에 빨간 지붕이 있는 등대는 1836년에 지어진, 뉴펀들랜드에서 가장 오래된 등대로 1955년 새로운 등대가 들어서기 전까지 대서양 앞바다를 지켜왔다. 지금은 등대지기의 19세기 생활 모습을 보존한 전시관으로 운영되고 있다. 또한 이곳에서는 제2차 세계대전 당시 뉴펀들랜드를 방어하기 위해 지어진 지하 요새를 볼 수 있으며 운이 좋다면 바다에서 헤엄치는 고래도 목격할 수 있다.

- 세인트 존스에서 차로 20분 거리
- Blackhead Road, Cape Spear
- 6/1~10/11 매일 10:00-18:00
- CAD 성인 CAD 9, 65세 이상 CAD 7.5, 17세 이하 무료

· SPECIAL ·

A Cinematic Iceberg Tour Adventure

영화 같은 장관! 환상적인 빙산 투어

뉴펀들랜드 래브라도주는 섬의 북부와 동부 해안에서 거대한 빙산을 볼 수 있어 흥미롭다. 빙산의 90%는 그린란드 빙하에서 떨어져 나온 것이며 10%는 캐나다 북극의 빙하에서 떠내려온다. 바다 위로 보이는 것은 빙산의 10%에 불과하지만 크기가 거대해 보트를 타고 바다로 나가 빙산 사이사이를 돌아보는 투어가 유명하다. 빙산을 관찰하기 좋은 시기는 4월 말에서 6월 초다. 투어를 이용하면 2시간 동안 해안선을 따라 항해하며 빙산을 보고, 세계 최대 규모의 혹등고래, 대서양퍼핀 등 야생동물도 함께 관찰할 수 있다.

- ⏲ 09:00, 11:30, 14:00, 16:30(변동될 수 있어 방문 전 홈페이지 확인 필수)
- CAD 성인 CAD 95, 9~17세 CAD 70, 어린이 CAD 60, 2세 미만 무료
- ▶ icebergquest.com

Restaurant & Cafe

Piatto Pizzeria + Enoteca

| 이탤리언 요리 |

정통 이탤리언 요리를 즐길 수 있는 레스토랑으로 세인트 존스 타운의 중심에 위치해 관광객이 방문하기 편리하다. 토마토 베이스를 기본으로 하는 나폴리식 화덕 피자와 갈릭 크림, 오일 등을 베이스로 하는 퓨전 피자까지 다양한 음식을 맛볼 수 있다.

- 377 Duckworth Street
- 월~목요일 11:30-21:00, 금~토요일 11:30-22:00, 일요일 11:30-21:00
- CAD 피자 CAD 15~22, 파스타 CAD 18~23, 샐러드 CAD 15

Mallard Cottage

| 캐나다식 요리 |

한적한 어촌 마을 퀴디 비디 지역에 위치한 레스토랑은 18세기 아이리시-뉴펀들랜드 스타일의 목조건물로 아늑한 가정집 같은 분위기에서 식사를 즐길 수 있다. 메뉴는 수시로 변경되어 SNS를 통해 확인해야 하며 브런치 가격에 CAD 10을 추가하면 머핀, 브라우니, 케이크 등 디저트가 마련된 케이크 테이블을 무제한 이용할 수 있다. 관광객과 현지인 모두에게 인기 있는 레스토랑으로 방문 전 예약을 권장한다.

- 8 Barrows Road
- 수~일요일 11:00-15:00, 17:00-20:30, 월~화요일 휴무
- CAD 애피타이저 CAD 13~25, 메인 CAD 20~40

Quidi Vidi Brewery

| 브루어리 |

1996년에 설립된 크래프트 맥주 양조장으로 아이스버그 비어Iceberg Beer로 유명하다. 이 대표 맥주는 라이트한 라거로 이름에서 알 수 있듯이 빙하에서 채취한 순수한 물로 양조해 특별한 청량감을 자랑한다. 아름다운 마을 풍경을 감상하며 피시 & 칩스를 곁들여 최고의 수제 맥주를 맛보자.

- 35 Barrows Road
- 월~토요일 12:00-22:00, 일요일 12:00-20:00
- CAD 맥주 CAD 9.49~, 음식 메뉴 CAD 16.99~25.99

· SPECIAL ·

Nature's Timeless Drama! Gros Morne National Park

시간을 초월한 대자연의 드라마! 그로스 몬 국립공원

1987년 유네스코 세계 자연유산으로 등재된 그로스 몬 국립공원은 12억 년에 걸친 대륙의 이동 과정이 생생하게 남아 있는 신비로운 곳이다. 지각 활동으로 하나의 대륙이 나누어진 흔적과 대륙 간 충돌로 상승한 지면을 볼 수 있다. 또한 상승한 대지가 빙하 활동으로 깎이면서 곳곳에 빙하 호수가 형성됐고, 호수 양옆으로 거대한 협곡이 장관을 이룬다. 공원에는 20개의 하이킹 트레일이 있어 공원 내부를 구석구석 여행할 수 있다. 그중에서도 가장 높은 봉우리까지 오르는 그로스 몬 마운틴 트레일 Gros Morne Mountain Trail(난도 상, 소요 시간 약 7~8시간)과 지반 충돌로 드러난 맨틀 바위를 걸으며 독특한 풍경을 볼 수 있는 테이블랜드 트레일 Tablelands Trail(난도 중, 소요 시간 약 1시간)이 인기가 높다. 그로스 몬 국립공원을 대표하는 사진에 항상 등장하는 웨스턴 브룩 호수 Western Brook Pond는 이곳의 지형 특성을 가장 잘 보여준다. 폭 16km, 깊이 165m의 거대한 호수로, 가장 안쪽 전망 포인트까지 하이킹하면 호수의 절경을 감상할 수 있다. 하지만 길 찾기가 어려워 전문 가이드 동행이 필수인데 비용이 높은 편이다. 이러한 이유로 대부분의 관광객은 보트 투어를 선택해 호수 안쪽까지 둘러본다.

- 뉴펀들랜드 서해안에 있으며 디어 레이크에서 25~30분 / 갠더에서 3시간 30분
- CAD 성인 CAD 11, 65세 이상 CAD 9.5, 17세 이하 무료 / 겨울 시즌 성인 CAD 9, 65세 이상 CAD 7.75, 17세 이하 무료

> **TIP 웨스턴 브룩 호수 보트 투어** Western Brook Pond Boat Tour
>
> 그로스 몬 국립공원에서 가장 크고 화려한 웨스턴 브룩 호수를 관광할 수 있는 보트 투어는 호수 양쪽으로 형성된 깎아지른 절벽과 폭포를 관찰하고 호수 주변에 나타나는 야생 동물을 볼 수 있다. 투어는 5월 중순~10월 중순까지만 운영하며 약 2시간 진행된다. 본 투어 Bontours 업체에서 보트 투어뿐만 아니라 가이드 하이킹 투어도 제공한다. 하이킹을 원한다면 이곳을 통해 가이드와 함께 전망 포인트까지 갈 수 있다.
>
> - Western Brook Pond Trail, Division No. 9(트레일 주차장에 주차 후 터미널까지 도보 40분)
> - 5월 중순~6월, 9월~10월 중순 12:30, 7~8월 10:00, 11:00, 12:30, 13:30, 15:00
> - CAD 성인 CAD 79, 2~17세 CAD 49 가이드 하이킹 성인 CAD 325~, 2~17세 CAD 210~
> - bontours.ca

TRAVEL INFO CANADA

한눈에 보는 캐나다 기본 정보

국가명 | 캐나다 Canada
수도 | 오타와 Ottawa
언어 | 영어, 프랑스어
면적 | 998만 4670km²

위치 | 북아메리카 대륙 북부
인구 | 약 4100만 명
국가 번호 | 1
홈페이지 | www.canada.ca

캐나다의 주

캐나다는 10개의 주와 3개의 준주로 나뉜다.

브리티시컬럼비아 British Columbia, 앨버타 Alberta, 매니토바 Manitoba, 서스캐처원 Saskatchewan, 온타리오 Ontario, 퀘벡 Quebec, 뉴브런즈윅 New Brunswick, 노바스코샤 Nova Scotia, 프린스 에드워드 아일랜드 Prince Edward Island, 뉴펀들랜드 & 래브라도 Newfoundland & Labrador, 유콘 Yukon, 노스웨스트 Northwest, 누나부트 Nunavut

시차

캐나다는 주마다 시차가 있다.

태평양 표준 시간 -17시간, 서머타임 -16시간 | 브리티시 컬럼비아, 유콘

마운틴 표준 시간 -16시간, 서머타임 -15시간 | 앨버타, 노스웨스트

중부 표준 시간 -15시간, 서머타임 -14시간 | 매니토바, 서스캐처원, 누나부트

동부 표준 시간 -14시간, 서머타임 -13시간 | 온타리오, 퀘벡

대서양 표준시간 -13시간 서머타임 -12시간 | 뉴브런즈윅, 노바스코샤, 프린스 에드워드 아일랜드

뉴펀들랜드 표준 시간 -12시간 30분, 서머타임 -11시간 30분 | 뉴펀들랜드 & 래브라도

비행시간

토론토 직항 기준 약 13~14시간
몬트리올 직항 기준 약 13시간 50분~14시간 40분
밴쿠버 직항 기준 약 10시간~11시간 30분

전압

110V, 돼지코 플러그 또는 멀티 어댑터 필요

비자

전자여행허가(eTA) 신청, 승인 후 입국 가능(비용 CAD 7)

eTA의 유효기간은 승인 후 5년(여권 만료 시 재신청), 유효기간 동안 복수 방문 가능하며 방문 시 최대 체류 기간은 180일이다. 허가 승인 후 메일로 받은 eTA 번호는 추후 확인하기 위해 꼭 보관해야 한다.

eTA 신청 링크

화폐

1 캐나다 달러는 약 1030원 / 5·10·25센트와 1·2달러는 동전, 5·10·20·50·100달러는 지폐로 사용한다.

공휴일(2025년 기준)

공휴일에는 관공서, 은행, 박물관이나 상점 등은 업무를 하지 않는다. 주별로 적용되는 공휴일이 다르므로 방문하기 전에 홈페이지를 확인하자.

1월 1일 | 새해 New Year's Day
2월 17일 | 가정의 날 Family Day
4월 18일• | 부활절 전 금요일 Good Friday
4월 21일• | 부활절 월요일 Easter Monday
5월 19일• | 빅토리아 데이 Victoria Day
7월 1일 | 캐나다 데이 Canada Day
8월 4일• | 시민의 날 Civic Holiday
9월 1일• | 근로자의 날 Labour Day
10월 13일• | 추수감사절 Thanksgiving Day
11월 11일 | 현충일 Remembrance Day
12월 25일 | 크리스마스 Christmas Day
12월 26일 | 박싱 데이 Boxing Day

• 표시는 해마다 변동

알아두면 유용한 캐나다 실용 정보

주문과 계산

레스토랑에서는 서버가 자리 배정을 해줄 때까지 기다려야 하며, 아무 곳에나 앉으면 안 된다. 주문은 보통 종업원이 먼저 받지만, 그렇지 않은 경우 메뉴판을 덮어두거나 지나가는 종업원을 바라보며 살짝 손을 들어 알리면 된다. 큰 소리로 부르는 것은 무례하게 보일 수 있다. 식사 후에는 종업원을 불러 계산서를 요청하면서 현금 또는 카드 결제 여부를 말하면 된다. 현금으로 계산할 경우, 계산서에 팁을 추가해 테이블에 두거나 종업원에게 건네면 되고, 카드 결제 시에는 종업원이 단말기를 가져오면 카드를 꽂고 금액을 확인한 뒤 팁(평균 15%, 만족 시 20%)을 선택하고 확인 버튼을 누르면 된다. 단말기에 원하는 팁 금액이 없을 경우 'Others'를 선택해 직접 입력할 수 있으며, 영수증에 이미 팁이 포함되어 있을 수 있으니 결제 전에 확인하는 것이 좋다. 패스트푸드점처럼 직접 주문하는 곳은 팁을 주지 않아도 되며, 남은 음식은 포장할 수 있다.

> **캐나다의 팁 문화**
>
> 캐나다는 팁 문화가 있기 때문에 서비스를 받는 경우 팁을 주는 것이 관행이다. 호텔에서는 대략 CAD 2~3, 레스토랑은 15~20%, 택시나 가이드 투어 이용 시 10~20%의 팁을 준다. 팁은 정해진 금액은 아니므로 본인의 결정에 따라 알맞게 지불하면 된다.

전화와 인터넷

대부분의 호텔에서는 와이파이를 무료로 제공하지만 대도시 그리고 대형 체인 호텔은 유료로 제공하는 곳이 많다. 이동 중에도 인터넷을 이용하려면 일행이 같이 쓸 수 있는 무선 인터넷 공유기(Pocket Wi-Fi)나 선불 SIM 카드를 준비하는 것이 편리하다.

여행 경비

개인차가 있지만 보통 하루 1인 약 10만 원 정도 사용하며 경비의 50% 현금, 50% 신용카드 사용을 추천한다.

여행 최적기

로키 여행 6~8월
단풍 여행 9월 말~10월 중순
오로라 여행 9~3월
스키 여행 11월 중순~4월 초

세금

캐나다에서 구매하는 모든 상품과 용역에는 세금이 부과된다. 최종 결제 시 보여지는 금액에서 상품 용역세(GST)와 주 판매세(PST)가 추가된다. GST와 PST를 합쳐 통합 판매세(HST)로 표기하는 주도 있다. GST는 모든 주가 동일하게 5%를 적용하고, PST는 주마다 다르다. 앨버타, 노스웨스트, 누나부트, 유콘에서는 PST를 받지 않아 같은 물건을 사더라도 주마다 최종 금액이 다르다. 주별 총 세금은 브리티시컬럼비아 12%, 앨버타 5%, 온타리오 13%, 퀘벡 14%다.(PST : 브리티시 컬럼비아 7%, 온타리오 8%, 퀘벡과 프린스 에드워드 아일랜드 약 9%).

물가

마트에서 구매하는 식료품, 패스트푸드, 커피숍의 물가는 우리나라와 비슷하거나 좀 더 저렴한 편이지만, 일반 레스토랑의 외식 물가는 비싼 편이다. 샴푸나 치약 등의 여행 필수품도 우리나라보다 비싼 편이니 미리 준비해 가도록 하자.

주요 도시 월별 최고 · 최저 평균 기온

토론토

월	1월	2월	3월	4월	5월	6월	7월	8월	9월	10월	11월	12월
최고기온(℃)	4.1	11.1	12.9	16.9	27.8	32.4	31.2	32.2	26.8	24.5	13.8	9.7
최저기온(℃)	-17.1	-13.2	-8.4	-1.4	7.2	10.6	12.6	11.3	6.4	1.7	-4.7	-11.2

몬트리올

월	1월	2월	3월	4월	5월	6월	7월	8월	9월	10월	11월	12월
최고기온(℃)	5.8	7.8	11.8	20.6	25.6	32.6	31.1	31.4	28.5	22.7	14.2	7.9
최저기온(℃)	-17.4	-15.6	-11.7	-1.4	6.2	9.4	15.4	11.7	7.8	-2.8	-3.9	-17.8

출처 climate.weather.gc.ca

현지 연락처

긴급 전화 911(경찰, 구급, 소방)

주 캐나다 대한민국 대사관
- 150 Boteler Street, Ottawa, Ontario
- +1 613 244 5010 / 근무시간 외 긴급 연락처 +1 613 986 0482
- 월~금요일 09:00-17:00, 한국과 캐나다 공휴일 휴무
- overseas.mofa.go.kr/ca-ko/index.do

주 토론토 총영사관
관할지역 | 온타리오(오타와 제외), 마니토바
- 555 Avenue Rd, Toronto, Ontario
- +1 416 920 3809 / 근무시간 외 긴급 연락처 +1 416 994 4490
- 월~금요일 09:00-17:00, 한국과 캐나다 공휴일 휴무
- overseas.mofa.go.kr/ca-toronto-ko/index.do

주 몬트리올 총영사관
관할지역 | 퀘벡, 뉴브런즈윅, 노바스코샤, 프린스 에드워드 아일랜드, 뉴펀들랜드 & 래브라도
- 1250 Rene-Levesque Boulevard West, Suite 3600, Montreal
- +1 514 845 2555 / 근무시간 외 긴급 연락처 +1 514 261 4677
- 월~금요일 09:00-17:00, 한국과 캐나다 공휴일 휴무
- overseas.mofa.go.kr/ca-montreal-ko/index.do

캐나다 출입국 정보

입국

키오스크를 이용해 간단하게 출입국 신고 및 세관 신고를 할 수 있으며 한국어가 있어 이용하기 편리하다. 출입국 신고를 마친 뒤에는 외국 여권Foreign Passport 소지자 심사 줄에 서서 인터뷰를 진행하면 된다. 심사관에 따라 질문 내용이 다른데, 보통 방문 도시, 방문 목적과 일정 등을 묻는다. 입국 심사대를 통과한 후에는 수하물을 찾고 세관을 통과할 때 키오스크에서 받은 신고서를 제출하면 된다.

> **캐나다 입국 신고 키오스크 사용법**
> ❶ 한국어 선택
> ❷ 동반자 인원수 입력
> ❸ 거주지(한국) 선택 및 출발지(다른 국가에서 직항) 선택
> ❹ 여권 스캔(동반자를 입력한 경우 입력한 순서대로 동반자 여권도 함께 스캔)
> ❺ 키오스크 앞에서 본인 확인용 사진 촬영(모자나 안경을 벗고 사진 촬영)
> ❻ 체류 목적, 체류 일수, 세관 신고 내용 등 몇 가지 질문에 답변
> ❼ 최종 프린트물 수령 후 입국 심사대로 이동, 입국 심사
> ❽ 짐을 찾고 나가기 전 세관 직원에게 프린트물 제출
>
> • 온라인으로 사전 arriveCAN을 미리 신청한 경우 키오스크에 여권을 스캔하면 자동으로 입력된다. (2023년 10월부터 arriveCAN은 필수가 아닌 선택 사항이니 참고하자.)
> • 세관을 통과할 때까지 출력물을 분실하지 않도록 주의해야 한다.

> **TIP 입국 시 개인 물품 통관 기준**
> **주류** 와인 1.5ℓ, 맥주(355ml) 24캔(병), 기타 1.14ℓ
> **담배** 담배 200개비(20개비들이 기준 10갑 또는 1보루)
> * 주류와 담배는 허용 나이를 넘는 경우에만 반입 가능
> 현금 캐나다 달러 기준 1만달러 미만

> **TIP 캐나다 입국 시 반입 불가 품목**
> 모든 생과일과 채소 등의 농산품, 생고기나 조리된 고기(고기가 들어간 통조림 등의 가공품도 대상) 등의 육류, 살아 있는 동물과 조류, 생체 및 생화학적 물질, 흙이나 모래 등 토사, 씨앗, 뿌리 식물 등 음식과 식물에 대한 규정이 까다로우니 반입 시 유의하자. 좀 더 자세한 내용은 www.cbsa-asfc.gc.ca/services/fpa-apa 참고.

출국

일반적으로 국제선은 출발 3시간 전, 국내선은 2시간 전에 공항에 도착하는 것을 권장한다.

캐나다 교통

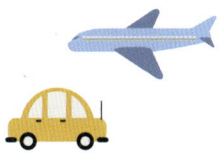

항공

우리나라에서 캐나다로 가는 직항 노선은 토론토, 캘거리, 몬트리올, 밴쿠버로 대한항공과 에어캐나다 및 웨스트젯이 운항한다. 단, 항공사 및 노선에 따라 변동 가능성이 있다. 경유 항공편의 경우 델타, 유나이티드 등의 미국 항공사를 이용하는 것도 가능하다. 캐나다 내부에서는 각 도시를 연결하는 에어캐나다 익스프레스, 웨스트젯, 에어 노스, 퍼시픽 코스탈 등의 항공사를 이용할 수 있다. 국내선을 이용할 경우에 이용 시간에 따라 보안 검색이 오래 걸리는 때가 종종 있으므로 가능한 한 2시간 전에 도착하는 것을 추천한다.

주요 도시 국내선 이동 시간 밴쿠버~캘거리 1시간 20분, 밴쿠버~토론토 4시간 30분, 밴쿠버~오타와 4시간 40분, 캘거리~토론토 3시간 40분, 토론토~퀘벡 1시간 50분

기차

가장 대표적으로 이용하는 비아레일은 토론토에서 밴쿠버까지 대륙을 횡단하는 노선부터 동부의 주요 도시와 도로가 잘 발달하지 않은 오지까지 약 450개 역을 운영한다. 로키를 관광하는 로키마운티니어 열차의 경우, 도시를 이동한다는 개념보다는 관광 열차로 이용된다. 미국 국경과 가까운 도시인 밴쿠버, 토론토, 나이아가라, 몬트리올에서는 미국으로 연결되는 암트랙도 이용할 수 있다.

렌터카

캐나다에서는 만 21세 이상부터 렌터카를 빌릴 수 있으며 국제운전면허증과 우리나라 면허증도 함께 가져가야 한다. (2019년 9월 16일 이후에 발행된 영문 면허증의 경우 국제면허증은 필요하지 않음). 렌터카 여행에 필요한 기본 정보는 아래와 같으며 좀 더 자세한 정보는 www.tc.gc.ca/en/transport-canada.html 참고.

캐나다 렌터카 여행 시 주의 사항

기본 법규

캐나다 도로는 한국과 같이 오른쪽 차선이 주행 차선, 왼쪽 차선이 추월 차선이며, 추월한 후에는 바로 주행 차선으로 돌아와야 한다. 계속 추월 차선을 이용하면 도로법에 저촉된다. 유턴 사인이 없는 곳에서 유턴하면 불법이므로 길을 한 바퀴 돌아도 오래 걸리지 않는 구조이니 가능한 한 유턴은 하지 않는 편이 좋다. 우회전할 때는 직진 신호가 빨간 불일 경우 반드시 정지 후 주변을 확인하고 우회전해야 한다. 비보호 좌회전을 할 때는 직진 신호 중에 안전한 경우 언제든 좌회전할 수 있다. 도로에서 스톱 사인이 보이면 반드시 3초 정도 정차한 후 좌우를 살피고 출발해야 한다. 안전벨트는 전 좌석 의무 착용이며 키가 145cm 이하인 어린이는 카시트를 이용해야 한다. 운전 중 항상 유효한 면허증과 여권, 렌터카 서류를 소지하자.

도로별 제한속도

도로 80~100km/h
일반 도로 60~80km/h
도심 및 주거지역 30~50km/h

도로 표시

기본적인 도로 교통 표지판은 한국과 비슷하다. 이 중 빨간색으로 금지 사항이 표시된 것을 가장 주의해야 하며, 검은색이나 흰색 바탕에 글씨가 표시된 것은 차선이 합쳐지거나 우회전 또는 직진만 가능한 규제 사항인 경우다. 노란색 바탕에 마름모 모양은 날씨나 공사에 따른 일시적 상황이나 앞으로 나올 도로 상황에 대해 미리 알려주는 경고 의미를 지닌다. 원형 교차로나 야생동물이 나타나는 경우 급커브 구간, 울타리가 없는 기찻길 등의 표지판을 볼 수 있다. 초록색 표지판은 도로나 도시명, 주요 시설을 알려준다.

고속도로

캐나다의 고속도로는 대부분 통행료가 없다. 캐나다 동부에 일부 유료도로(ETR)가 있는데 도로로 진입하기 전 이정표에서 ETR 표시를 확인할 수 있다. 하지만 진입할 때 별도의 톨게이트가 없어 유료 도로인지 판단하기 어렵다. ETR 사이트에서 온라인 납부를 해야 하며, 납부하지 않으면 렌터카 업체에서 통행료가 청구된다. 고속도로에 휴게소가 많지 않으므로 주유가 필요하거나 화장실을 이용할 경우 편의 시설에 대한 표지판이 나올 때 확인해두는 편이 좋다.

합승 레인 HOV Lanes

밴이나 버스, 트럭, 2명 이상의 승객이 탄 승용차와 같은 다인승 탑승 차량만 이용할 수 있는 도로로, 차량 통행량이 많은 도시에서 운영하는 일종의 합승 레인이다. 규정을 위반한 차량이 주행하는 경우 벌금이 부과될 수 있으니 주의하자.

회전 교차로 Roundabout

우리에게는 다소 생소한 방식인데, 통행량이 많지 않은 곳은 대부분 회전 교차로 방식을 사용하고 있다. 서클 안에 진행하고 있는 차에 무조건 우선순위가 주어지며 진입 전에 우선 정지의 의무가 있다. 진입 전 표지에서 자신이 나갈 출구가 몇 번째인지 확인하고 들어가면 출구를 쉽게 찾을 수 있다. 나가는 출구가 확실하지 않거나 놓친 경우 당황하지 말고 계속 돌면서 출구를 찾으면 된다. 회전 교차로에 들어갈 때는 왼쪽 깜빡이, 나올 때는 오른쪽 깜빡이를 켜서 표시해주어야 한다.

주차

대부분의 도시 주차장은 선불 미터기 방식을 사용하며 기계에 주차 구역 번호로 결제하면 된다. 주차권이 출력되지 않는 경우는 미터기에서 남은 시간을 확인할 수 있고, 주차권이 출력되는 경우는 차 앞 유리창 안쪽 대시보드에 잘 보이게 두면 된다. 스트리트 파킹의 경우, 주차 가능한 최대 시간, 주차 가능한 요일 등이 적혀 있는 안내 표지를 잘 확인해야 한다. 시간이 조금만 지나도 벌금이 부과될 수 있으니 반드시 엄수하자. 스트리트 파킹은 카드 결제가 불가한 기계도 있다.

주유

대부분 셀프서비스로, 주유소에 도착한 후 시동을 끄고 기계에서 주유 금액을 선택한다. 가득 채우고 싶다면 Up to$100의 옵션을 선택하면 된다. 대부분의 기계는 카드 결제만 가능하며 현금일 경우 매장에 들어가서 주유기 번호와 금액을 말하고 결제하면 된다. 결제 후 차량에 맞는 기름을 선택하고 노즐을 주유구에 넣은 뒤 손잡이를 당기면 주유가 시작되며 지정한 금액만큼 주유가 완료된 후에는 자동으로 멈춘다. 렌트할 때 자신의 차에 사용하는 기름의 종류가 경유Diesel인지 휘발유Gasoline인지 미리 체크해두자.

네비게이션

스마트폰으로 구글맵이나 웨이즈Waze를 많이 이용하며, 차량용 스마트폰 거치대만 준비해 간다면 편리하게 이용할 수 있다. 단, 이 경우에는 인터넷이 필요하므로 포켓 와이파이Pocket Wi-Fi나 선불 SIM 카드를 미리 준비해야 한다. 여행 중 생길 수 있는 돌발 상황을 위해 구글 오프라인 지도를 꼭 미리 다운받아두는 것을 추천한다. 내비게이션은 현지에서 옵션으로 추가해서 이용할 수도 있으며 한국어 서비스가 가능한 경우가 있으니 대여 전에 문의하자.

Chalet
TRAVEL & LIFE

TRAVEL BOOK

Iceland 아이슬란드 **Finland** 핀란드 **Austria** 오스트리아 **Switzerland** 스위스 **Italia** 이탈리아

    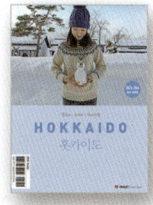

Canada 캐나다 **Singapore** 싱가포르 **Tokyo** 도쿄 **Fukuoka** 후쿠오카 **Hokkaido** 홋카이도

TRAVEL MOOK

   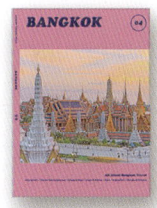 

Cancun 칸쿤 **Sicilia** 시칠리아 **Macau** 마카오 **Bangkok** 방콕 **Osaka** 오사카

샬레트래블북

CANADA

캐나다 동부

초판 발행 2025년 4월 25일

글 | 고진주, 신수경

사진 | 강승희

펴낸곳 | ㈜샬레트래블앤라이프

펴낸이 | 강승희, 강승일

출판등록 | 제313-2009-66

주소 | 서울시 마포구 서교동 어울마당로 5길 26. 1~5F

판매 & 내용 문의 | 02-323-1280

travelbook@chalettravel.kr

디자인 | 기민주·양혜진

지도 일러스트 | 김선애

ISBN 979-11-88652-38-9(13940)

값 18,000원

CHALET Travel Book은 ㈜샬레트래블앤라이프의 출판브랜드입니다.

이 책의 저작권은 저작권법에 보호받는 저작물이므로 무단 전재와 무단 복제를 금합니다.
잘못된 책은 구입하신 곳에서 교환해 드립니다.

www.chalettravel.kr